Wolfgang Kemmetmüller/Stefan Bogensberger

KOSTENRECHNUNG 1

Übungsbeispiele für Einsteiger

Wolfgang Kemmetmüller/Stefan Bogensberger

KOSTENRECHNUNG 1

Übungsbeispiele für Einsteiger

7., aktualisierte und erweiterte Auflage

Service Fachverlag
Wien 2004

Die Deutsche Bibliothek – CIP-Einheitsaufnahme

Ein Titeldatensatz für diese Publikation ist bei der Deutschen Bibliothek erhältlich.

ISBN 3-85428-462-4

Service Fachverlag, Berggasse 5, A-1090 Wien

Umschlaggestaltung: A+H Haller, Wien
Datenkonvertierung: Ecotext, Wien
Druck: Facultas AG, Wien
Printed in Austria 2004

VORWORT

Dieses Buch stellt eine Übungs- und Begleitunterlage für Einführungsveranstaltungen in die Kostenrechnung dar.

Aus der langjährigen Tradition der Einführungsveranstaltungen aus Kostenrechnung an der Wirtschaftsuniversität Wien hat sich der Bedarf an einer teilweise kommentierten Beispielsammlung mit Lösungen ergeben.

Die vorliegende Lernunterlage hat die Übungserfahrungen von Generationen Vortragender an der Wirtschaftsuniversität, an Fachhochschulen und am Wirtschaftsförderungsinstitut Wien zum Hintergrund. Zur Erstellung dieser Neuauflage wurden Studenten der Wirtschaftsuniversität eingebunden, die wertvolle Hinweise gaben.

Wolfgang Kemmetmüller — Wien, im Februar 2004

Inhaltsverzeichnis

TEIL I
ANGABEN

TEIL II
LÖSUNGEN

HINWEISE ZUR BENUTZUNG DES ÜBUNGSBUCHES

Zu Beginn eines jeden Abschnittes werden Literaturhinweise zu den entsprechenden theoretischen Grundlagen angegeben. Diese Hinweise beziehen sich auf folgende Quelle:

Kemmetmüller, Wolfgang: Handbuch der Kostenrechnung, 7. Auflage, Wien

Im Teil I finden sich die Angaben der Übungsbeispiele nach Kapiteln durchnumeriert, die entsprechenden Lösungen finden sich unter den gleichen Nummern im Teil II.

Innerhalb eines Abschnittes sind die Beispiele grundsätzlich nach steigendem Schwierigkeitsgrad gereiht, am Ende eines Abschnittes finden sich auch spezielle Problemstellungen.

Zum Einführungsbeispiel eines jeden Kapitels werden im Angabenteil erste Lösungshilfen gegeben, die aus didaktischen Erwägungen als Einsetzübungen konzipiert sind.

Schwierigere Lösungsschritte oder Sonderprobleme sind im Lösungsteil kommentiert.

Statt des für Unbekannte üblichen Symbols „x" wird das Zeichen „y" verwendet, um Verwechslungen mit den Mal-Zeichen auszuschließen.

Die Fortsetzung von Tabellen auf einer nachfolgenden Seite ist mit dem Symbol ➤ gekennzeichnet.

TEIL I
ANGABEN

A.
Beispiele zur Betriebsüberleitung

Literaturhinweis: *Kemmetmüller W., Handbuch der Kostenrechnung, Kapitel B.*

A.1. Beispiele mit vereinfachten Angaben

A.1.1

Ein Unternehmen hat für ein Geschäftsjahr folgende Aufwendungen:

Aufwandsart	€
Rohstoffe	100.000,–
Hilfs- und Betriebsstoffe	20.000,–
Personalaufwand	130.000,–
geringwertige Wirtschaftsgüter	1.100,–
Instandhaltung	10.000,–
Abschreibungen	20.000,–
Zinsen	6.500,–
Schadensfälle	30.000,–

Für die Überleitung der Aufwendungen in Kosten sind weiters folgende Angaben zu berücksichtigen:

a) Der Rohstoffverbrauch ist zu Anschaffungspreisen bewertet. Die Preissteigerungen auf den Beschaffungsmärkten des Unternehmens betragen im Durchschnitt 15%.

b) Auch die Hilfs- und Betriebsstoffe sind zu Anschaffungspreisen bewertet. Die Preissteigerungen betragen im Durchschnitt 10%.

c) Der Betrieb hat die Rechtsform einer Einzelunternehmung. Die Kosten einer Ersatzkraft für den Unternehmer (Stellvertreterprinzip) würden insgesamt € 25.000,– p. a. betragen.

d) Die Lebensdauer der am Beginn des Jahres angeschafften geringwertigen Wirtschaftsgüter (Kleinwerkzeug) beträgt im Durchschnitt 2 Jahre. Im Vorjahr wurden keine geringwertigen Wirtschaftsgüter angeschafft.

e) Für die Instandhaltung des betriebseigenen Pkws, den der Unternehmer auch privat benutzt, wurden € 1.500,– aufgewendet. Laut Fahrtenbuch beträgt die private Nutzung 30%.

f) In den buchmäßigen Abschreibungen sind € 4.000,– überhöhte Abschreibungen enthalten.

g) Das betriebsnotwendige Kapital beträgt € 200.000,–; Verzinsung 8% p. a.

h) Die Schadensfälle betreffen Forderungsverluste. Der jährliche Durchschnittswert beträgt € 25.000,–.

☛ *Lösungshinweise:*

Aufwands- bzw. Kostenarten	Aufwand	Abgrenzungen (Angaben in €)		Kosten
		–	+	
Rohstoffe	100.000,–			
Hilfs- und Betriebsstoffe	20.000,–			
Personal	130.000,–			
geringwertige Wirtschaftsgüter	1.100,–			
Instandhaltung	10.000,–			
Abschreibungen	20.000,–			
Zinsen	6.500,–			
Schadensfälle	30.000,–			
Summe	317.600,–			

A.1.2

Im Rahmen eines Betriebsüberleitungsbogens sollen Sie untersuchen, ob es sich um sachliche oder zeitliche Abgrenzungen handelt. Ihnen sind aus der Finanzbuchhaltung die folgenden Jahresdaten bekanntgegeben worden; tragen Sie in Tabellenform Aufwand, sachliche und zeitliche Abgrenzung und Kosten ein. Der Periodenzeitraum für die Kosten ist Juli–Dezember = ½ Jahr.

		€
a)	Spende für einen mildtätigen Zweck	1.000,–
	Spende für ein örtliches Volksfest	500,–
	Spende für eine politische Partei	400,–
	Die beiden letztgenannten Spenden haben Werbungscharakter. Alle Spenden fielen in der zweiten Kalenderhälfte an.	
b)	Für gemietete Lagerräume werden jährlich gezahlt	48.000,–
c)	Druckkosten für Arbeitszeitscheine p. a.	10.000,–
d)	Pacht für Werkssportplatz p. a., der der Fitneß der Mitarbeiter dient	800,–
e)	Für die Instandsetzung der Gebäude wurden zurückgestellt	480.000,–
	Die Instandsetzungsarbeiten wurden im Monat Juni durchgeführt. Die Endabrechnung im September beläuft sich auf € 480.000,–. Mit der nächsten Reparatur dieser Art ist in 8 Jahren zu rechnen.	
f)	Lizenzgebühr pro Halbjahr	36.000,–
g)	Depotgebühren der Bank p. a.	900,–
h)	Die Abschreibung für die Fernsehantenne am Wohngebäude für Betriebsangehörige beträgt p. a.	10.000,–
i)	Tatsächlich gezahlte Zinsen p. a.	120.000,–
	Berechnete kalkulatorische Zinsen p. a.	140.000,–
j)	Tatsächlich eingetretene Schadensfälle p. a.	15.000,–
	Berechnete kalkulatorische Wagnisse hierfür p. a.	12.000,–
k)	Für ein Reservegrundstück wird jährlich ein Pachtzins von entrichtet	24.000,–
l)	Für ein Werbeabonnement beträgt der Quartalsbetrag	25.000,–
m)	Bezahlung der Jahresprämie der Feuerversicherung von	30.000,–

A.1.3

Ermitteln Sie mit einem BÜB die in einem Betrieb in einem Jahr angefallenen Kosten. Tragen Sie in Tabellenform Aufwand, Abgrenzungen und Kosten ein. Leiten Sie weiters aus den Erträgen die Betriebsleistung ab.

Für die Überleitung stehen Ihnen folgende Informationen zur Verfügung:

a) Materialaufwand € 10,000.000,–; davon wurden 2% für private Zwecke entnommen. Die Preissteigerungen betragen 10%.

b) Der Personalaufwand beträgt € 7,600.000,–.

c) Der Betrieb hat die Rechtsform einer GmbH. Der Inhaber-Geschäftsführer würde bei einer vergleichbaren Tätigkeit in einem anderen Unternehmen im Jahr Personalkosten von € 60.000,– verursachen.

d) Für die Instandhaltung des betriebseigenen Pkw, den der Unternehmer auch privat benutzt, wurden € 20.000,– aufgewendet. Laut Fahrtenbuch beträgt die private Nutzung 20%.

e) Der Aufwand für Hilfs- und Betriebsstoffe beträgt € 250.000,–. Durch die Unaufmerksamkeit eines Lagerarbeiters sind € 20.000,– Hilfsstoffe verdorben. Die Preise für Hilfs- und Betriebsstoffe sind um 2% gesunken.

f) Der Abschreibungsaufwand beträgt € 800.000,–. Die kalkulatorischen Abschreibungen belaufen sich auf € 1,000.000,–.

g) Die an Maschinen und Anlagen tatsächlich eingetretenen Schadensfälle betragen € 40.000,–. Die kalkulatorischen Wagnisse belaufen sich hierfür auf € 45.000,–.

h) Die Lebensdauer der geringwertigen Wirtschaftsgüter beträgt im Durchschnitt 3 Jahre. Es werden in jedem Jahr geringwertige Wirtschaftsgüter im Wert von € 24.000,– angeschafft.

i) Im Aufwand ist eine Spende an eine politische Partei in der Höhe von € 5.000,– enthalten, die zur Erlangung eines Auftrages getätigt wurde.

j) An Fremdkapitalzinsen werden € 200.000,– bezahlt. Das betriebsnotwendige Kapital beträgt € 4,000.000,–.

Zum Bilanzstichtag galten folgende Zinssätze:	%
Sparbuch nach Abzug der Kapitalertragsteuer (KESt)	4
Anleihe der Republik Österreich nach Abzug der KESt	10
Inflationsrate	3

k) Das kalkulatorische Beständewagnis beträgt € 120.000,–. Tatsächlich mußten aber Schadensfälle in Höhe von € 170.000,– registriert werden. (In dieser Aufwandsposition ist der unter e) genannte Schadensfall nicht enthalten.) Versicherte Risiken sind hier nicht enthalten.

l) Umsätze von € 13,000.000,– wurden auf Ziel getätigt.
In den letzten 5 Jahren mußten bei jährlichen Zielverkäufen von € 11,000.000,– Kreditverluste von € 110.000,– verzeichnet werden. Im laufenden Jahr betragen die tatsächlichen Kreditverluste € 120.000,–.

m) Gesamtertrag: € 20,000.000,–.
In diesen Erträgen sind € 10.000,– an Kursgewinnen für nicht betriebsnotwendige Wertpapiere, € 50.000,– für Steuerrückerstattungen, ein außerordentlicher Ertrag für den Verkauf einer Maschine um € 120.000,– über dem Buchwert, sowie Versicherungszahlungen für eingetretene Schäden von € 80.000,– enthalten.

Im Laufe des Jahres wurden im Privathaus des Unternehmers durch den Betrieb Installationsarbeiten durchgeführt, die einem Kunden mit € 110.000,– in Rechnung gestellt worden wären und die der Unternehmer nicht bezahlt hat.
Die damit verbundenen Aufwendungen (entnommenes Material, Fertigungslöhne) wurden nicht als Privatentnahme verbucht.

A.2. Beispiele mit G + V nach dem Rechnungslegungsgesetz

A.2.1

Die G & V einer Personengesellschaft weist folgende Daten auf:

	in € 1.000,–
Umsatzerlöse	24.000,–
Bestandsveränderungen	200,–
Materialaufwand	–8.000,–
Personalaufwand	–3.000,–
Abschreibungen	–1.600,–
Sonstiger betrieblicher Aufwand	–4.000,–
Zwischensumme (Betriebserfolg)	**7.600,–**
Erträge aus Beteiligungen	20,–
Zinserträge	180,–
Zinsaufwendungen	–4.220,–
Zwischensumme (Finanzerfolg)	**–4.020,–**
Ergebnis der gewöhnlichen Geschäftstätigkeit	**3.580,–**
Außergewöhnliche Erträge	20,–
Außerordentliche Aufwendungen	– 40,–
Außerordentliches Ergebnis	**– 20,–**
Steuern vom Einkommen und Ertrag	– 800,–

➤

Jahresüberschuß	**2.760,–**
Zuweisung unversteuerter Rücklagen	– 160,–
Gewinnvortrag	2.800,–
Bilanzgewinn	**5.400,–**

Für die Betriebsüberleitung stehen folgende Informationen zur Verfügung:

Der Materialaufwand ist zu Anschaffungspreisen bewertet. Die aktuellen Wiederbeschaffungspreise sind um 10% gestiegen.

Eine vergleichbare Tätigkeit des geschäftsführenden Hauptgesellschafters würde in einem fremden Unternehmen zusätzliche Personalkosten in der Höhe von € 800,– verursachen.

Von den Abschreibungen entfallen € 500,– auf Gebäude und € 1.100,– auf Maschinen. Zum Anschaffungszeitpunkt der Gebäude betrug der Baukostenindex 200, der aktuelle Index beträgt 240. Die kalkulatorischen Abschreibungen für Maschinen betragen € 1.200,–.

Unter den sonstigen betrieblichen Aufwendungen sind Werbeaufwendungen von € 300,– enthalten. Weiters sind Forderungsausfälle von € 200,– enthalten. Die dafür angesetzten kalkulatorischen Wagnisse betragen € 240,–. Ferner sind Instandhaltungsaufwendungen in der Höhe von € 480,– enthalten, welche das Ausmalen der Büroräumlichkeiten betreffen und das nächste Mal in dieser Art wieder in sechs Jahren anfallen.

Das betriebsnotwendige Kapital beträgt € 120.000,–. Der kalkulatorische Zinssatz beträgt 8%.

A.2.2

Die G & V einer Ges.m.b.H. weist folgende Daten auf:

	in € 1.000,–
Umsatzerlöse	24.000,–
Herstellungskosten der zur Erzielung der Umsatzerlöse erbrachten Leistungen	–13.400,–
Bruttoergebnis vom Umsatz	**10.600,–**
Vertriebskosten	– 1.300,–
Verwaltungskosten	– 1.300,–
Sonstige betriebliche Aufwendungen	– 400,–

Zwischensumme (Betriebserfolg)	**7.600,–**
Erträge aus Beteiligungen	20,–
Zinserträge	180,–
Zinsaufwendungen	– 4.220,–
Zwischensumme (Finanzerfolg)	**– 4.020,–**
Ergebnis der gewöhnlichen Geschäftstätigkeit	**3.580,–**
Außergewöhnliche Erträge	20,–
Außerordentliche Aufwendungen	– 40,–
Außerordentliches Ergebnis	**– 20,–**
Steuern vom Einkommen und Ertrag	– 800,–
Jahresüberschuß	**2.760,–**
Zuweisung zu unversteuerten Rücklagen	– 160,–
Gewinnvortrag	2.800,–
Bilanzgewinn	**5.400,–**

Für die Betriebsüberleitung stehen folgende Informationen zur Verfügung:

Die Position Herstellungskosten der zur Erzielung der Umsatzerlöse erbrachten Leistungen setzt sich wie folgt zusammen (in € 1.000,–):

Aufwandsverteilung	Summe	Herstellungskosten	Verwaltungskosten	Vertriebskosten
Material	8.000,–	8.000,–		
Personal	3.000,–	2.600,–	200,–	200,–
Abschreibungen	1.600,–	1.000,–	300,–	300,–
Sonstige Aufwendungen	3.400,–	1.800,–	800,–	800,–
Summe	16.000,–	13.400,–	1.300,–	1.300,–

Der Materialaufwand ist zu Anschaffungspreisen bewertet. Die aktuellen Wiederbeschaffungspreise sind um 10% gestiegen.

Eine vergleichbare Tätigkeit des geschäftsführenden Hauptgesellschafters würde in einem fremden Unternehmen zusätzliche Personalkosten in der Höhe von € 800,– verursachen. Von den Abschreibungen entfallen € 500,– auf Gebäude und € 1.100,– auf Maschinen. Zum Anschaffungszeitpunkt der Gebäude betrug der Baukostenindex 200, der aktuelle Index beträgt 240. Die kalkulatorischen Abschreibungen für Maschinen betragen € 1.200,–.

Unter den sonstigen betrieblichen Aufwendungen sind Werbeaufwendungen von € 300,– enthalten. Weiters sind Forderungsausfälle von € 200,– enthalten. Die dafür angesetzten kalkulatorischen Wagnisse betragen € 240,–. Ferner sind Instandhaltungsaufwendungen in der Höhe von € 480,– enthalten, welche das Ausmalen der Büroräumlichkeiten betreffen und das nächste Mal in dieser Art wieder in sechs Jahren anfallen.

Das betriebsnotwendige Kapital beträgt € 120.000,–. Der kalkulatorische Zinssatz beträgt 8%.

A.2.3

Die G & V einer Ges.m.b.H. weist folgende Daten auf:

Gewinn- und Verlustrechnung für die Zeit vom 1. Jänner 2003 bis zum 31. Dezember 2003 in Mio. €:

	Mio. €
1. Umsatzerlöse	1.174,3
2. Erhöhung des Bestandes an fertigen und unfertigen Erzeugnissen	20,7
3. Im Anlagevermögen berücksichtigte Eigenleistungen	10,1
4. Sonstige betriebliche Erträge	
a) Erträge aus dem Abgang von Anlagevermögen	0,1
b) Erträge aus der Auflösung von Rückstellungen	2,2
c) übrige	8,8
	1.216,2
5. Materialaufwand und Aufwendungen für bezogene Leistungen	562,6
6. Personalaufwand	
a) Löhne	193,–
b) Gehälter	60,3
c) Aufwendungen für Abfertigungen und Pensionen	9,6
d) Aufwendungen für gesetzlich vorgeschriebene Sozialabgaben sowie vom Entgelt abhängige Abgaben und Pflichtbeiträge	72,9
e) Sonstige Sozialaufwendungen	10,7

➤

7. Abschreibungen auf immaterielle Vermögensgegenstände und Sachanlagen	67,6
8. Sonstige betriebliche Aufwendungen	
a) Steuern, soweit sie nicht unter Z 17 fallen	1,4
b) übrige	183,6
9. Zwischensumme aus Z 1 bis 8	54,5
10. Zinserträge, Wertpapiererträge	5,9
11. Zinsen und ähnliche Aufwendungen	14,8
12. Zwischensumme aus Z 10 bis 11	–8,9
13. **Ergebnis der gewöhnlichen Geschäftstätigkeit**	**45,6**
14. außerordentliche Erträge	–
15. außerordentliche Aufwendungen	–1,–
16. **außerordentliches Ergebnis**	**–1,–**
17. Steuern vom Einkommen und Ertrag	15,–
18. **Jahresüberschuß**	**29,6**
19. Auflösung unversteuerter Rücklagen	41,9
20. Zuweisung zu unversteuerten Rücklagen	8,7
21. Zuweisung zu Gewinnrücklagen	37,4
22. Gewinnvortrag (Verlustvortrag) aus dem Vorjahr	0,–
23. **Bilanzgewinn**	**25,4**

Leiten Sie unter Berücksichtigung der folgenden Informationen die Aufwendungen der G&V-Positionen 5, 6, 7, 8, 11, 15, 17, 20 und 21 in Kosten über:

Der Materialaufwand beträgt 260 Mio. € und ist zu Anschaffungspreisen bewertet. Die aktuellen Wiederbeschaffungspreise sind um durchschnittlich 15% gestiegen.

Eine vergleichbare Tätigkeit des geschäftsführenden Hauptgesellschafters würde in einem fremden Unternehmen zusätzliche Personalkosten in der Höhe von 130.000 € verursachen.

Von den Abschreibungen entfallen 25 Mio. € auf Gebäude und 40 Mio. € auf Maschinen. Bei der Einrichtung der Gebäude betrug der Baukostenindex 200. Der aktuelle Index beträgt 240. Die kalkulatorische und pagatorische Nutzungsdauer der Gebäude sind ident. Die kalkulatorischen Abschreibungen für Maschinen betragen 45 Mio. €.

Unter den sonstigen betrieblichen Aufwendungen sind Werbeaufwendungen von 15 Mio. € enthalten. Ferner sind Instandhaltungsaufwendungen in der Höhe von 24 Mio. €, welche das Ausmalen der Büroräumlichkeiten betreffen und das nächste Mal in dieser Art wieder in sechs Jahren anfallen, sowie Forderungsausfälle von 0,5 Mio. € enthalten. Die dafür angesetzten kalkulatorischen Wagnisse betragen 0,8 Mio. €. Die Steuern betreffen die Körperschaftsteuer.

Das betriebsnotwendige Kapital beträgt 250 Mio. €. Der kalkulatorische Zinssatz beträgt 8%.

B.
Beispiele zur Kostenartenrechnung

B.1. Beispiele zu Materialkosten

Literaturhinweis: *Kemmetmüller W., Handbuch der Kostenrechnung, Kapitel C.2.*

B.1.1

In einem Betrieb sind nach einer Rechnungsperiode bezüglich der Rohstoffe folgende Daten bekannt:

	Menge in kg
Abfassungen lt. Entnahmescheinen	6.000
Zukäufe lt. Belegen	5.500
Anfangsbestand lt. Inventur	10.000
Endbestand lt. Inventur	9.000

Wie hoch ist der Rohstoffeinsatz?

☛ *Lösungshinweise:*

	Menge in kg
Anfangsbestand lt. Inventur + Zukäufe lt. Belegen – Abfassungen lt. Entnahmescheinen	
= Sollendbestand – Istendbestand	
= Schwund	

Rohstoffeinsatz (Abfassung + Schwund) = ... kg

B.1.2

Führen Sie die Materialkartei für den Monat Februar nach dem Durchschnittspreisverfahren:

		Menge in kg	Preis/kg in €
1. 2.	Anfangsbestand	12.000	55,—
3. 2.	Zukauf	8.000	58,—
7. 2.	Abfassung	9.000	
10. 2.	Zukauf	9.000	57,—
15. 2.	Abfassung	13.000	
17. 2.	Zukauf	7.000	58,44
21. 2.	Abfassung	10.000	
22. 2.	Zukauf	4.000	58,50
25. 2.	Abfassung	5.000	
28. 2.	Endbestand	2.630	

Berechnen Sie die Materialkosten für einen Auftrag, den Sie am 21. Februar ausgeführt haben und für den Sie 1.000 kg Material verwendet haben. Der Materialschwund des Abrechnungsmonats entspricht dem langjährigen Durchschnitt.

☛ *Lösungshinweise:*

		Menge in kg	Preis/kg in €	Wert in €
1. 2. 3. 2.	Anfangsbestand Zukauf			
 7. 2.	Lagerbestand Abfassung			
 10. 2.	Lagerbestand Zukauf			
 15. 2.	Lagerbestand Abfassung			
 17. 2.	Lagerbestand Zukauf			
 21. 2.	Lagerbestand Abfassung			

➤

➤

22. 2.	Lagerbestand Zukauf			
25. 2.	Lagerbestand Abfassung			
28. 2.	Sollendbestand Istendbestand			
	Schwund			

1.000 kg
+ .... Zuschlag für Schwund

= .... zu verrechnende kg

zu verrechnende kg .... × Durchschnittspreis 21. 2. € .... = Materialkosten € ....

B.1.3

Erstellen Sie die Materialkartei aufgrund folgender Angaben nach dem Wiederbeschaffungspreisverfahren:

		Menge in kg	Preis/kg in €
1. 6.	Anfangsbestand	12.644	118,–
4. 6.	Zukauf 1	4.500	116,–
8. 6.	Abfassung 1	9.566	
10. 6.	Zukauf 2	5.000	115,–
15. 6.	Abfassung 2	3.925	
18. 6.	Abfassung 3	6.500	
21. 6.	Zukauf 3	5.000	118,–
25. 6.	Abfassung 4	2.495	
28. 6.	Abfassung 5	1.820	
30. 6.	Endbestand	2.750	

Marktpreis am 30. 6. € 117,–/kg

B.1.4

	Menge in kg	Preis/kg in €
Anfangsbestand	10.000	10,–
Zukauf 1	10.000	8,–
Abfassung 1	15.000	
Zukauf 2	20.000	10,–
Zukauf 3	5.000	12,–
Abfassung 2	26.000	
Inventurbestand	3.000	

Führen Sie die Kartei nach LIFO und FIFO.

B.1.5

Die Materialbuchhaltung eines Industriebetriebes weist für den Rohstoff A im Monat Oktober folgende Bestände und Bewegungen aus:

		Menge in kg	Preis/kg in €
1. 10.	Anfangsbestand	100	25,—
3. 10.	Zukauf 1	300	28,—
10. 10.	Zukauf 2	200	26,50
12. 10.	Abfassung 1	400	
15. 10.	Zukauf 3	100	28,50
18. 10.	Abfassung 2	200	
28. 10.	Zukauf 4	300	30,50

Führen Sie die Materialkartei für diesen Rohstoff nach dem Durchschnittspreisverfahren.

Am 16. 10. soll für eine Kalkulation eines Selbstkostenpreises ein Materialeinsatz von 300 kg bewertet werden. Mit welchem Wert geht diese Menge in die Kalkulation ein
a) bei Bewertung nach dem Durchschnittspreisprinzip,
b) bei Bewertung nach dem Tagespreisprinzip?

B.1.6

Lösen Sie die Materialverrechnung nach dem Identitätspreisverfahren, wobei
- die Abfassung 1 aus dem Anfangsbestand,
- die Abfassung 2 aus dem Anfangsbestand,
- die Abfassung 3 aus dem Zukauf 1,

– die Abfassung 4 aus dem Zukauf 2 und
– der Rest aus dem Zukauf 3
stammen:

		Menge in kg	Preis/kg in €
1. 1.	Anfangsbestand	5.000	10,–
20. 1.	Zukauf 1	2.500	9,–
25. 1.	Abfassung 1	1.250	
30. 1.	Abfassung 2	3.750	
15. 2.	Zukauf 2	1.250	10,–
20. 2.	Abfassung 3	2.500	
10. 3.	Zukauf 3	3.750	11,–
26. 3.	Abfassung 4	2.500	
31. 3.	Endbestand	2.450	

B.1.7

Ein österreichischer Unternehmer importierte 10.000 Stück eines Halbfabrikates aus der Schweiz.

Bruttostückpreis	sfr 138,– inkl. Fracht und Versicherung franko Grenze
Schweizer USt	15%
Wechselkurs	sfr 100,– = € 70,–
Zollsatz	12% (Wertzoll lt. Zolltarifnummer)
Einfuhr-USt	20%
Transportkosten	€ 18.400,– (ab Grenze, exkl. USt)
Transportversicherung	1,25% des Warenwertes (ab Grenze, exkl. USt)

Zahlungskonditionen: 3% Skonto bei Zahlung innerhalb von 20 Tagen. Der Käufer erklärt bei der Zollabfertigung, daß er den Skontoabzug in Anspruch nehmen wird.

Bemessungsgrundlage für den Zoll ist der Zollwert, das ist in der Regel der Rechnungspreis franko Grenze (zuzüglich Kosten für Verpackung, Transport und Versicherung bis zur Grenze, soweit diese Beträge nicht schon im Rechnungspreis enthalten sind) abzüglich Skonto, wenn der Käufer erklärt, den Skontoabzug ausnützen zu wollen.

Ermitteln Sie den Einstandspreis von einem Stück des Halbfabrikates.

B.2. Beispiele zu Personalkosten

Literaturhinweis: *Kemmetmüller W., Handbuch der Kostenrechnung, Kapitel C.3.*

B.2.1

a) Unterscheiden Sie Nettoentgelt, Bruttoentgelt und Personalkosten.

b) Unterscheiden Sie Leistungszeit, Anwesenheitszeit, Nichtanwesenheitszeit, Sonderzahlungen und soziale Lasten.

c) Unterscheiden Sie Lohnnebenkosten, lohnabhängige Gemeinkosten und Fertigungsgemeinkosten.

B.2.2

Ein Kleinbetrieb weist folgende durchschnittliche Personaldaten auf:

	Wochen
Urlaub	5
bezahlte Feiertage	2,2
Krankenstand	3,0
bezahlte Verhinderungszeit	1,3
Weihnachtsremuneration	4,3 Wochenlöhne
Urlaubszuschuß	4,3 Wochenlöhne
Sozialabgaben und Kommunalabgabe	30%

Die direkt verrechenbare Zeit beträgt 80% der Anwesenheitszeit.

Errechnen Sie die Belastung mit Lohnnebenkosten je Anwesenheitsstunde und die Belastung mit lohnabhängigen Gemeinkosten je Leistungsstunde.

☛ *Lösungshinweise:*

Ermittlung der Anwesenheitszeit in Wochen:	
Jahreswochen	52
– Urlaub	
– bezahlte Feiertage	
– Krankenstand	

➤

– bezahlte Dienstverhinderung	
= Anwesenheitszeit **Ermittlung der gesamten Personalkosten in Bruttowochenlöhnen** Jahreswochenlöhne + Weihnachtsremuneration + Urlaubszuschuß	 52
= Basis für soziale Lasten + soziale Lasten	
= Summe Personalkosten in Bruttowochenlöhnen **Ermittlung der Lohnnebenkosten** Summe Personalkosten in Bruttowochenlöhnen – Bruttowochenlöhne für Anwesenheitszeit	
= Lohnnebenkosten in Bruttowochenlöhnen LNK .... × 100 / Anwesenheitszeit ...... = ... % Zuschlagsatz der LNK auf Anwesenheitslöhne **Ermittlung der lohnabhängigen Gemeinkosten** Anwesenheitszeit – indirekt verrechenbare Zeit	
= Leistungszeit Summe Personalkosten in Bruttowochenlöhnen – Bruttowochenlöhne für Leistungszeit	
= lohnabhängige Gemeinkosten in Bruttowochenlöhnen lohnabhängige Gemeinkosten .... × 100 / Leistungszeit ...... = ... %	
Zuschlagsatz der lohnabhängigen Gemeinkosten auf Leistungslöhne	%

B.2.3

Ein Mittelbetrieb beschäftigt Arbeiter mit einem Bruttostundenlohn von € 10,–, die sozialen Lasten des Dienstgebers betragen insgesamt 30% des Bruttolohnes. Aus der Personalstatistik stehen Ihnen folgende Durchschnittswerte zur Verfügung:

	Wochen
Krankenstand	3
Urlaub	5
bezahlte Feiertage	2,2
bezahlte Verhinderungszeit	0,8
Weihnachtsremuneration	4,3 Wochenlöhne
Urlaubszuschuß	4,3 Wochenlöhne

a) Ermitteln Sie die Lohnkosten je Anwesenheitsstunde.

b) Kalkulieren Sie den Bruttoverkaufspreis einer Leistungsstunde, wenn 90% der Anwesenheitszeit direkt verrechenbar sind, die sonstigen Gemeinkosten € 8,– pro Stunde und die USt 20% betragen. Es wird mit einem Gewinnzuschlag von 10% gerechnet.

B.2.4

In einer Fertigungsstelle beträgt der durchschnittliche Bruttolohn € 10,– pro Stunde. Die Arbeiter haben einen Urlaubsanspruch von jährlich 4 Wochen. Ferner fallen insgesamt zwei Wochen bezahlte Feiertage und sonstige Verhinderungszeiten, eine Woche Krankenstand und acht Wochen Sonderzahlungen an. Hilfszeit 15%.

Der Bruttolohn für die Anwesenheitszeit ist mit 4% freiwilligem Sozialaufwand belastet. Die gesetzlichen sozialen Lasten werden für alle Lohnkomponenten vereinfacht mit 35% angenommen.

Aufgrund eines neuen Kollektivvertrages wird der bezahlte Urlaub um eine Woche verlängert. Um welchen Betrag steigen die Kosten eines Auftrages, der 1.000 Fertigungsstunden erfordert, infolge des neuen Kollektivvertrages?

B.2.5

In einem auf Kunststoffbeschichtung spezialisierten Gewerbebetrieb sind neben dem Unternehmer zwei Monteure beschäftigt. Beide arbeiten je 37 Stunden in der Woche. Im Jahr fallen pro Monteur 45 Anwesenheitswochen an. Der Unternehmer widmet sich vorwiegend der Geschäftsführung, rund 280 Stunden p. a. ist er auch in der Produktion tätig.

Von den angeführten Stundenleistungen aller drei Personen entfallen 10% auf innerbetriebliche Tätigkeiten und können den Kunden nicht direkt weiterverrechnet werden.

Im Betrieb fallen, vor allem infolge hoher Investitionstätigkeit und Werbung, hohe Gemeinkosten von € 98.000,– an, davon können € 3.000,– durch die Materialverrechnung gedeckt werden. Diese Gemeinkosten beinhalten nicht die lohnabhängigen Gemeinkosten.

Für die Materialverrechnung wird das Material direkt erfaßt und zur Abdeckung der Materialgemeinkosten in der Kalkulation mit einem Aufschlag von 10% angesetzt.

a) Wie hoch ist der Nettoverkaufspreis pro Stunde eines Monteurs, wenn mit einer Lohnhöhe von € 9,60 brutto, 150% lohnabhängigen Gemeinkosten und einem Gewinnzuschlag von 10% gerechnet wird?
b) Mit welchen Selbstkosten muß der Unternehmer für einen Auftrag rechnen, für den € 55,– an Materialeinzelkosten und 6 Stunden Arbeitszeit der Monteure anfallen?

B.2.6

In einer Einzelunternehmung sind neben dem ausschließlich in der Verwaltung tätigen Unternehmer zwei Werkmeister und 10 Gehilfen beschäftigt.

Das eingesetzte Eigenkapital beträgt € 180.000,–; derzeit geltende Zinssätze: Sparbuch 5%, langfristige Obligationen 11% (nach Abzug der Kapitalertragsteuer).

Das abnutzbare Anlagevermögen beträgt € 120.000,–, die durchschnittliche Lebensdauer ist mit 5 Jahren anzusetzen.

Ein Unternehmer-Stellvertreter ist mit einem kalkulatorischen Entgelt von € 37.200,– (Gehaltsnebenkosten bereits enthalten) zu veranschlagen.

Die Werkmeister sind insgesamt 3.300 Stunden, davon 1.800 direkte Leistungsstunden, tätig, der Bruttolohn je Stunde beträgt € 12,–.

Die gesamte Arbeitszeit der Gehilfen beläuft sich auf 15.000 Stunden, davon sind 80% direkt verrechenbar. Der Gehilfenbruttostundenlohn ist mit € 10,– anzusetzen.

In diesem Betrieb wird mit 100% Lohnnebenkosten gerechnet.

Die weiteren sonstigen Gemeinkosten betragen € 105.000,–.

Berechnen Sie die Selbstkosten einer Werkmeister- und einer Gehilfenstunde

a) mit Hilfe der Stundensatzmethode und mit einem Zuschlagsatz der lohnabhängigen Gemeinkosten;
b) mit Hilfe der Stundensatzmethode und mit einem Zuschlagsatz der Lohnnebenkosten;
c) mit einem Fertigungsgemeinkostenzuschlagsatz und
d) mit einem Stundensatz für die Fertigungsgemeinkosten.

B.2.7

Ein Unternehmensberater überlegt, einen weiteren Mitarbeiter ganzjährig einzustellen. Eine vertragliche Vereinbarung mit einem Geschäftspartner würde eine jährliche Auslastung dieses Mitarbeiters von 30 Wochen zu je 5 Tagen garantieren.

Die geschätzte Anwesenheitszeit beträgt 42 Wochen, die Belastung durch Soziallasten 30% der Bruttogehälter. Für den Urlaubszuschuß und die Weihnachtsremuneration müssen je 4,3 Wochen berücksichtigt werden.

Wie hoch wäre der jährliche Beitrag dieses Mitarbeiters zur Abdeckung der Fixkosten (z. B. Sekretariatskosten), wenn sein Bruttogehalt monatlich (= 4,3 Wochen) € 2.500,– beträgt und ein Tagsatz von € 800,– netto (ohne USt) verrechnet wird?

B.2.8

Ein vergleichbares Konkurrenzunternehmen verrechnet eine Personalstunde (Leistungsstunde, Bruttoverkaufspreis inklusive 20% USt) mit € 36,30.

Der Bruttostundenlohn beträgt in Ihrer Branche ca. € 10,–, der Satz der Lohnnebenkosten 96%. Etwa 21,6% der Anwesenheitszeit sind keine Einzelkosten.

Branchenüblich werden 10% den gesamten Lohnkosten zur Abgeltung sonstiger Gemeinkosten zugeschlagen.

Wie groß ist vermutlich der Gewinnzuschlag, den Ihr Konkurrent verrechnet?

B.3. Beispiele zu kalkulatorischen Abschreibungen

Literaturhinweis: *Kemmetmüller W., Handbuch der Kostenrechnung, Kapitel C.4.1.*

B.3.1

Aus der Buchhaltung sind Ihnen für eine Anlage folgende Daten bekannt:

Anschaffung: 3. 1. 1998, € 21.500,–; Index 125; im Jahr der Anschaffung wurde eine 30%ige Subvention gewährt.
Buchwert: 31. 12. 2001, € 64.500,–

Berechnen Sie die kalkulatorische Abschreibung 2001, wenn der Index Ende 2001 230 beträgt und die kalkulatorische Nutzungsdauer der buchhalterischen Nutzungsdauer entspricht.

☛ *Lösungshinweise:*

Nutzungsdauer nicht explizit gegeben.

	€
3. 1. 1998 Anschaffungswert – Subvention – ordentliche Abschreibung 1998 – ordentliche Abschreibung 1999 } Wertberichtigung – ordentliche Abschreibung 2000 – ordentliche Abschreibung 2001	
= Buchwert 31. 12. 2001 Anschaffungswert – Subvention	
= Einstandspreis – Buchwert	
= Σ ordentliche Abschreibung für 4 Jahre ordentliche Abschreibung = $\frac{\text{Anschaffungswert € ....}}{\text{jährliche Abschreibung € ....}}$ = buchhalterische Nutzungsdauer buchhalterische Nutzungsdauer = kalkulatorische Nutzungsdauer $\frac{\text{Anschaffungswert € ....} \times \text{Index 2001 . . .}}{\text{Index 1998}}$ = € .... Tageswert $\frac{\text{Tageswert € ....}}{\text{Nutzungsdauer ......}}$ = € .... kalkulatorische Abschreibung 2001	

B.3.2

Ein Spezialgerät wurde am Beginn des Jahres 2003 zum Preis von € 120.000,– inkl. 20% USt gekauft. Da einerseits die Periodenkapazität dieses Gerätes laufend abnimmt und andererseits die technische Entwicklung in diesem Bereich besonders große Fortschritte macht, wird für die Kostenrechnung die arithmetische degressive (digitale) Abschreibung unter Zugrundelegung einer Nutzungsdauer von 6 Jahren gewählt. Die Montagekosten betrugen € 10.000,–, an Demontagekosten werden voraussichtlich € 5.000,– anfallen, wobei auch diese Kosten digital abgeschrieben werden. Außerdem ist mit einem Schrottwert von € 10.000,– am Ende der Nutzungsdauer zu rechnen.

Berechnen Sie den kalkulatorischen Restwert für Ende 2006.

B.3.3

Als Abschreibung in der Buchhaltung sind am Wertberichtigungskonto für eine Maschine, welche Anfang März 2000 gekauft und in Betrieb genommen wurde € 285.600,– per 31. 12. 2002 verbucht. Die der buchhalterischen Abschreibung zugrunde gelegte Nutzungsdauer beträgt 5 Jahre. Die tatsächliche wirtschaftliche Nutzungsdauer wird jedoch auf 7 Jahre geschätzt. Der Maschinenindex betrug 2000 280, Ende 2002 betrug er 350.

Berechnen Sie
a) die kalkulatorische Abschreibung 2000,
b) die kalkulatorische Abschreibung 2002 und
c) den kalkulatorischen Restwert zum 31. 12. 2002.

B.3.4

Der Tagespreis einer Anlage beträgt	€ 105.000,–
Entsorgungskosten	€ 5.000,–
erzielbarer Schrottwert	€ 10.000,–
Nutzungsdauer 4 Jahre	

Stellen Sie den Abschreibungsverlauf
a) nach linearer und
b) nach digitaler (arithmetisch-degressiver) Abschreibung dar.

B.3.5

Der Kaufpreis einer Maschine beträgt € 48.000,– (inkl. 20% USt). Noch vor Inbetriebnahme erhöht der Hersteller den Preis um 15%. Die Nutzungsdauer wird erfahrungsgemäß auf 5 Jahre bei folgenden Jahresleistungen geschätzt:

Jahr	1	2	3	4	5
Leistungen in Stück	25.000	45.000	30.000	50.000	50.000

Wie hoch ist in jedem Jahr die kalkulatorische Abschreibung für diese Maschine?

B.3.6

Der Anschaffungswert einer Maschine betrug am 2. 1. 1998 € 355.000,–. Die Montagekosten betrugen € 15.000,–. Die wirtschaftliche Nutzungsdauer wurde auf 10 Jahre geschätzt. Die Entsorgungskosten am Ende der Nutzungsdauer werden etwa € 10.000,– betragen, der Schrottwert wird € 20.000,– betragen. Der Maschinenindex betrug zum Kaufzeitpunkt 180. Zu Beginn des Jahres 2002 wurde ein Zusatzgerät zum Preis von € 65.000,– in die Maschine eingebaut, welches bis zum Ende der Nutzungsdauer der Maschine verwendet werden kann. Durch dieses Gerät steigt der Schrottwert um € 5.000,–. Der ursprüngliche Schrottwert, die Entsorgungskosten und die Montagekosten haben sich wertmäßig nicht verändert. Der Index im Jahre 2002 betrug 240. Im Jahre 2006 wird festgestellt, daß die Maschine aufgrund der guten Wartung noch bis Ende 2000 genutzt werden kann. Der Index 2006 betrug 300. Für das Zusatzgerät wird der gleiche Index verwendet. Montagekosten, Entsorgungskosten und Schrottwert ändern sich nicht.

Berechnen Sie

a) die Abschreibung im Jahre 1998,
b) die Abschreibung im Jahre 2002 und
c) die Abschreibung im Jahre 2006.

B.3.7

Die XV-Ges.m.b.H. kauft am 3. 1. eine Maschine, die am 17. 1. geliefert und am 20. 1. betriebsfertig installiert wird. Die Maschine dient der Produktion eines Modeartikels. Für diesen Artikel wurde eine Lizenz mit einer Laufzeit von 9 Jahren erworben. (Danach darf das Produkt nicht mehr hergestellt werden.) Die Maschine hat eine Nutzungsdauer von 10 Jahren (jährlicher Maximalausstoß 11.000 Stück).

Das Absatzvolumen wird voraussichtlich bei 10.000 Stück beginnend jährlich um 1.250 Stück abnehmen.

	€
Anschaffungswert der Maschine	1,500.000,–
Transportkosten	40.000,–
Montage	30.000,–
Schrottwert	100.000,–
einmalige Lizenzgebühr	500.000,–

Ermitteln Sie die kalkulatorischen Abschreibungen der einzelnen Nutzungsjahre, die dem Kostenverursachungsprinzip am besten entsprechen.

B.3.8

Die Buchhaltung eines Erzeugungsbetriebes weist für einen am 1. 10. angeschafften und in Betrieb genommenen Pkw am 31. 12. desselben Jahres bei direkter Abschreibung und Beachtung der geltenden Rechtslage einen Buchwert von € 13.000,– auf (Hinweis zur geltenden Rechtslage: Aktivierung inkl. USt und Normverbrauchsabgabe, Halbjahresregel). Als buchhalterische Nutzungsdauer wurden 7 Jahre gewählt.

Dem Kostenrechner sind im Moment keine weiteren Daten zugänglich. Für die Kalkulation nimmt der Betrieb eine tatsächliche Nutzungsdauer von 5 Jahren, einen dann am Markt erzielbaren Veräußerungspreis von netto € 4.000,– und keinen linearen, sondern einen arithmetisch-degressiven Wertverzehr an.

Welche kalkulatorischen Abschreibungen wird der Betrieb während der Nutzungsdauer von 5 Jahren für den Pkw ansetzen?

B.3.9

Die Gesamtkosten für ein neues Verkehrsmittel betragen € 4 Mrd. Aufgrund des schrittweisen Abbaues von Akzeptanzproblemen rechnet man mit steigenden Fahrgastfrequenzen.

Die Fahrgastfrequenz beträgt im ersten Betriebsjahr 30 Mio.; jährliche Steigerungsrate 20% vom 1. bis zum 4. Jahr und dann 10%. Bis zur ersten Generalüberholung können 800 Mio. Fahrgäste befördert werden.

a) Errechnen Sie die kalkulatorische Abschreibung für die ersten drei Nutzungsjahre bei leistungsabhängiger Abschreibung.

b) Errechnen Sie die jährliche kalkulatorische Abschreibung bei zeitabhängiger Abschreibung.

B.3.10

Eine Maschine hat einen Wiederbeschaffungswert von € 457.000,–. Die Aufstellungskosten betragen € 5.500,–, die Entsorgungskosten € 1.500,–. Am Ende der Nutzungsdauer wird mit einem Schrottwert von € 24.000,– gerechnet. 60% des abzuschreibenden Betrages werden einem zeitabhängigen Verschleiß zugerechnet, der durch eine lineare Abschreibung bei einer Laufzeit von 5 Jahren erfaßt werden soll. 40% entfallen auf einen verbrauchsabhängigen Verschleiß, für dessen Erfassung die leistungsabhängige Abschreibung gewählt wird.

Die Leistungsabgabe von insgesamt 1.000 Betriebsstunden verteilt sich in folgender Weise auf die 5 Jahre:

Jahr	Stunden
1	300
2	250
3	200
4	150
5	100

Wie hoch sind die Abschreibungsbeträge in den 5 Jahren?

B.3.11

Ein Taxiunternehmen bezahlt für einen am 30. 4. 1999 angeschafften und in Betrieb genommenen Pkw € 49.200,– in bar. Als kalkulatorische Nutzungsdauer werden 8 Jahre gewählt, das Fahrzeug wird voraussichtlich bis zum 30. 4. 2004 im Unternehmen eingesetzt, der dann am Markt erzielbare Veräußerungspreis beträgt netto € 5.000,–. Zur Berechnung der kalkulatorischen Abschreibungen für die Kalenderjahre 1999 bis 2004 ist ein arithmetisch-degressiver Wertverzehr anzunehmen (d = ein Nutzungsjahr).

Wie hoch sind die Abschreibungsbeträge in den Jahren 1999 bis 2004?

B.4. Beispiele zu kalkulatorischen Zinsen

Literaturhinweis: *Kemmetmüller W., Handbuch der Kostenrechnung, Kapitel C.4.2.*

B.4.1. Beispiele mit vereinfachten Bilanzen

B.4.1.1

Die Bilanz eines Betriebes zum 31. 12. .... zeigt folgende Daten (vereinfachte Darstellung):

Aktiva	€	Passiva	€
Anlagevermögen	180.000,–	Eigenkapital	650.000,–
Vorräte	480.000,–	Lieferantenverbindlichkeiten	410.000,–
Forderungen	560.000,–	Bankdarlehen	470.000,–
Kassa	80.000,–	Passive Rechnungsabgrenzung	10.000,–
Bank	240.000,–		
Summe	1,540.000,–	Summe	1,540.000,–

Im Anlagevermögen bestehen Stille Reserven in der Höhe von € 50.000,–. Ein Gebäude mit einem Buchwert von € 40.000,– wird zu 50% privat genützt.

Berechnen Sie nach den Österreichischen Kostenrechnungs-Richtlinien (ÖKR) die kalkulatorischen Zinsen, wenn der Zinssatz 8% beträgt.

Lösungshinweise:

Ermittlung des betriebsnotwendigen Kapitals

	€
Vermögensseite der Bilanz – nicht betriebsnotwendiges Vermögen, soweit es in der Bilanz enthalten ist + betriebsnotwendiges Vermögen, soweit es nicht in der Bilanz enthalten ist	
= betriebsnotwendiges Vermögen zu Anschaffungsrestwerten ± Umwertungen auf den Tagesrestwert (z. B. Stille Reserven, Indexanpassungen)	
= betriebsnotwendiges Vermögen zu Tagesrestwerten – zinsenlose Lieferantenkredite – Anzahlungen von Kunden – Passive Rechnungsabgrenzungen	
= betriebsnotwendiges Kapital	

B.4.1.2

Die Bilanz eines Betriebes zeigt zum 31. 12. .... folgende Struktur (vereinfachte Darstellung):

Aktiva	€	Passiva	€
Grundstücke	1,500.000,–	Eigenkapital	1,000.000,–
Gebäude	700.000,–	Rücklagen	200.000,–
Maschinen	250.000,–	langfristige Bankdarlehen	950.000,–
Umlaufvermögen	850.000,–	Lieferantenverbindlichkeiten	1,090.000,–
		sonstige Verbindlichkeiten	60.000,–
Summe	3,300.000,–	Summe	3,300.000,–

Die Anschaffung eines vergleichbaren Ersatzgrundstückes würde derzeit € 2,300.000,– kosten. In den Positionen Gebäude und Maschinen sind infolge der Preissteigerungen Stille Reserven von € 800.000,– enthalten. Der Aufwand für Fremdkapitalzinsen im vergangenen Geschäftsjahr betrug insgesamt € 115.000,–.

Berechnen Sie die Eigenkapitalzinsen dieses Jahres, wenn der Zinssatz 7% beträgt, sowie die gesamten Zinskosten des Betriebes.

B.4.1.3

Ermitteln Sie die kalkulatorischen Zinsen nach der ÖKR-Methode nach folgenden Angaben:

Bilanz zum 31. Dezember 2006			
Aktiva	€	Passiva	€
Grundstücke	3,000.000,–	Eigenkapital	3,560.000,–
Gebäude	1,500.000,–	Verbindlichkeiten an Lieferanten	1,000.000,–
Maschinen	1,120.000,–	Erhaltene Anzahlungen von Kunden	100.000,–
Werkzeuge, Betriebs- und Geschäftsausstattung	400.000,–	Bankkredite	3,250.000,–
Roh-, Hilfs- und Betriebsstoffe	280.000,–	Passive Rechnungsabgrenzung	60.000,–
Halb- u. Fertigfabrikate	700.000,–		
Lieferforderungen	800.000,–		
Geleistete Anzahlungen	10.000,–		
Kassa	90.000,–		
Bank	50.000,–		
Aktive Rechnungsabgrenzung	20.000,–		
Summe	7,970.000,–	Summe	7,970.000,–

In der Position Grundstücke befindet sich ein Grundstück mit einem Bilanzwert von € 1,000.000,–, der als Parkplatz für Kunden und Belegschaft benützt wird.

Die Inbetriebnahme des Gebäudes erfolgte mit 2. 1. 1991, wobei der Bauindex zu diesem Zeitpunkt 1.574 betrug (Bauindex 31. 12. 2006: 6.738). Die tatsächlich zu erwartende Nutzungsdauer des Gebäudes wird wahrscheinlich um 25% länger sein als die in der Buchhaltung zugrundegelegte Nutzungsdauer. Die bisherigen Wertberichtigungen der Gebäude betragen € 1,000.000,–.

Bei den Maschinen, die alle zu Beginn des Jahres 2006 angeschafft wurden, beträgt der Anschaffungswert € 1,400.000,– (exkl. USt). Die tatsächlich zu erwartende Nutzungsdauer wird um 40% länger sein als die buchhalterische Nutzungsdauer.

In der Betriebs- und Geschäftsausstattung sind Stille Reserven in der Höhe von € 100.000,– enthalten.

Ende Juni 2006 wurden geringwertige Wirtschaftsgüter im Wert von € 30.000,– angeschafft, die vermutlich eine Nutzungsdauer von 3 Jahren haben werden.

Wie hoch sind die kalkulatorischen Zinsen, wenn zum Bilanzstichtag folgende Zinssätze nach Abzug der Kapitalertragsteuer gelten:

Sparbuch, täglich fällig	3,75%
Genußscheine	10–19%
Energieanleihe	9%
Inflationsrate	1%

B.4.1.4

Die Bilanz der nach einem Konkurs von den Mitarbeitern ins Eigentum übernommenen Pleite & Co Ges.m.b.H. weist in der Bilanz vom 31. 12. ein negatives Eigenkapital von € 1,200.000,– aus.

An Stillen Reserven sind vorhanden:

	€
überbewertete Rückstellungen	100.000,—
überbewertete Auslandsschulden	100.000,—
unterbewertete Grundstücke	800.000,—
unterbewertete Maschinen	300.000,—

Errechnen Sie die kalk. Eigenkapitalzinsen, wobei folgende Zinssätze bekannt sind (Inflationsrate 2%):

Sparbuch	3,75 %
Fremdwährungsanleihen	13 %
Inländische Anleihen	9 %

B.4.1.5

Die Bilanz der Cabana-GmbH zum Jahresende sieht vereinfacht wie folgt aus:

Aktiva	€	Passiva	€
Grundstücke	1,000.000,–	Grundkapital	6,000.000,–
Sonstiges Anlagevermögen	7,200.000,–	Rücklagen	20,400.000,–
Vorräte	10,000.000,–	Rückstellungen	2,000.000,–
Forderungen	2,200.000,–	Darlehen	2,400.000,–
Sonstige Forderungen	2,000.000,–	Kundenanzahlungen	400.000,–
Beteiligungen	4,800.000,–	Lieferantenverbindlichkeiten (zinslos)	1,400.000,–
Kassa, Bank	6,000.000,–	Sonstige Verbindlichkeiten	600.000,–
Summe	33,200.000,–	Summe	33,200.000,–

Die Anschaffung eines vergleichbaren Ersatzgrundstückes würde derzeit € 1,500.000,– kosten. Das ausgewiesene sonstige Anlagevermögen ist zum Buchwert dargestellt. Die Position sonstiges Anlagevermögen enthält € 4,000.000,– Gebäude und € 2,100.000,– Maschinen und € 1,100.000,– sonstiges Anlagevermögen. Der Baukostenindex betrug bei der Anschaffung der Gebäude 3.650, derzeit beträgt er 6.570. Die kalkulatorische Nutzungsdauer der Maschinen ist mit 12 Jahren um 50% höher als die bilanztechnische Nutzungsdauer. Die Maschinen wurden vor 2 Jahren angeschafft. Die Firmenautos mit einem Buchwert von € 15.000,– werden zu 40% privat genutzt.

Ermitteln Sie die kalkulatorische monatliche Zinsbelastung nach ÖKR-Methode für das Unternehmen, bei einem Zinssatz von 6% nach KESt und Inflationsrate.

B.4.2. Beispiele mit Bilanzen nach dem Rechnungslegungsgesetz

B.4.2.1

Bilanz zum 31. 12. .... (Beträge in €)			
AKTIVA			
A	Anlagevermögen		
I	Sachanlagen		
	Bebaute Grundstücke	850,–	
	Maschinen	300,–	1.150,–
II	Finanzanlagen		
	Beteiligungen		280,–
B	Umlaufvermögen		
I	Vorräte		
	Roh-, Hilfs- und Betriebsstoffe	220,–	
	Fertige Erzeugnisse	240,–	460,–
II	Forderungen		240,–
III	Kassenbestand		40,–
	Summe		2.170,–
PASSIVA			
A	Eigenkapital		1.000,–
B	Unversteuerte Rücklagen		
	Bewertungsreserve		200,–
C	Verbindlichkeiten		
	Bank	640,–	
	erhaltene Anzahlungen	120,–	
	Lieferungen	210,–	970,–
	Summe		2.170,–

Folgende zusätzliche Angaben stehen zur Verfügung:

In den bebauten Grundstücken ist eine Liegenschaft im Wert von € 120,– enthalten, die derzeit außerbetrieblich genutzt wird.

Die betrieblichen Grundstücke haben einen Tageswert von € 972,–.
Die Tageswerte der Maschinen liegen um 20% über dem Bilanzansatz.
Die Beteiligungen dienen zu 40% Spekulationszwecken. Sie sind zum Anschaffungspreis bilanziert, der Tagespreis liegt um 10% darüber.
Die fertigen Erzeugnisse sind zu Tageswerten bilanziert, die 40% unter den Anschaffungskosten liegen.
Die Bewertungsreserve betrifft Investitionsfreibeiträge bei den Maschinen.
Der Körperschaftsteuersatz beträgt 34%.
Die Roh-, Hilfs- und Betriebsstoffe enthalten Stille Reserven im Wert von € 50,–.
Der Zinssatz für langfristige Anleihen beträgt 9% p. a.

Errechnen Sie die kalkulatorischen Zinsen nach ÖKR.

B.4.2.2

Berechnen Sie auf Basis der vorliegenden vereinfachten Bilanz einer Fluggesellschaft die kalkulatorischen Zinsen nach ÖKR, wenn der Zinssatz für langfristige Anleihen nach Abzug der KESt 8,5% und die Inflationsrate in diesem Geschäftsjahr 3,5% beträgt. Körperschaftsteuersatz 34%.

Bilanz zum 31. 12.			
AKTIVA	€	PASSIVA	€
A. Aufwendungen für das Ingangsetzen, Erweitern und Umstellen des Betriebes	90.970,–	A. Eigenkapital	
		I. Grundkapital	2,600.000,–
		II. Kapitalrücklagen	1,899.370,–
		III. Gewinnrücklagen	95.204,–
B. Anlagevermögen		IV. Bilanzgewinn	130.806,–
I. Immaterielles AV	81.629,–		
II. Sachanlagen	8,443.118,–	B. Unversteuerte RL	2,241.896,–
III. Finanzanlagen	761.355,–		
		C. Rückstellungen	2,910.224,–
C. Umlaufvermögen			
I. Vorräte	245.740,–	D. Verbindlichkeiten	
II. Forderungen	1,276.148,–	1. Anleihen	2,085.270,–
III. Wertpapiere	2,236.283,–	2. gegenüber Banken	1,016.752,–
IV. Kassa, Schecks, Bank	926.109,–	3. Anzahlungen	22,–
		4. aus zinsenfreien Lieferungen	616.405,–
		5. Wechsel	300.000,–
		6. sonstige	889.436,–
D. Rechnungsabgrenzung	736.417,–	E. Rechnungsabgrenzung	12.384,–
Bilanzsumme	14,797.769,–	Bilanzsumme	14,797.769,–

B.5. Beispiele zu kalkulatorischen Wagnissen

Literaturhinweis: *Kemmetmüller W., Handbuch der Kostenrechnung, Kapitel C.4.3.*

B.5.1

Die Lebensmittelhandelskette MAP-MAP hat vier Filialbetriebe, die im letzten Jahr durchschnittlich folgende Monatsumsätze verzeichneten:

	€
MAP-MAP 1	860.000,–
MAP-MAP 2	490.000,–
MAP-MAP 3	340.000,–
MAP-MAP 4	780.000,–

Aufgrund von Aufzeichnungen der Unternehmensleitung in den letzten zehn Geschäftsjahren werden für Verderb, Qualitätsverluste und Schwund von Waren in Abhängigkeit vom Jahresumsatz folgende Prozentsätze veranschlagt:

GE	%
unter 500.000,–	0,5
500.000,– bis 1,000.000,–	1
1,000.000,– bis 5,000.000,–	1,5
5,000.000,– bis 7,500.000,–	2,5
7,500.000,– bis 10,000.000,–	4
über 10,000.000,–	6

Welcher Ansatz wird in den einzelnen Filialen für kalkulatorische Wagnisse im nächsten Geschäftsjahr zu wählen sein?

☛ *Lösungshinweise:*

	Monatsumsatz in € × 12 =	Jahresumsatz in €
MAP-MAP 1 MAP-MAP 2 MAP-MAP 3 MAP-MAP 4		

	Verderb, Qualitätsverluste und Schwund in % vom Jahresumsatz	kalkulatorische Wagnisse in €
MAP-MAP 1 MAP-MAP 2 MAP-MAP 3 MAP-MAP 4		
Summe		

B.5.2

Die Kalifen & Sultan Ges.m.b.H will für dieses Geschäftsjahr erstmals kalkulatorische Wagnisse für Garantie- und Gewährleistungsarbeiten ansetzen. Für die Berechnung des kalkulatorischen Gewährleistungswagnisses will die Unternehmensleitung den Durchschnitt des buchhalterischen Gewährleistungsaufwandes im Verhältnis zum Umsatz der letzten 5 Geschäftsjahre heranziehen.

Vorjahr	buchhalterischer Gewährleistungsaufwand in €	Umsatz in €
5	485.850,–	23,700.000,–
4	872.000,–	21,800.000,–
3	718.250,–	22,100.000,–
2	555.000,–	22,200.000,–
1	673.400,–	25,900.000,–

Berechnen Sie für dieses Geschäftsjahr das kalkulatorische Gewährleistungswagnis, wenn ein Umsatz von € 24,000.000,– erwartet wird.

B.5.3

In einer Unternehmung beträgt die durchschnittliche Ausfallzeit einer Drehmaschine pro Arbeitsschicht am Tag 4 Minuten. Der dadurch bedingte Produktionsausfall wird aufgrund von Erfahrungswerten mit € 6,70 pro Minute bewertet. Insgesamt wird im Betrieb zwischen 1. Mai und 31. Oktober (7-Tage-Woche) an 184 Tagen in je 3 Schichten gearbeitet; in der

übrigen Zeit, 151 Tage, in 2 Schichten (7-Tage-Woche; 151 = 365 – 184 – 30, da das Unternehmen im November völlig stillgelegt ist).
Berechnen Sie das Anlagenwagnis der Unternehmung.

B.6. Beispiele zu Steuerkosten[1]

Literaturhinweis: *Kemmetmüller W., Handbuch der Kostenrechnung, Kapitel C.5.*

B.6.1

Eine Aktiengesellschaft hat in diesem Geschäftsjahr folgende Abgaben abgeführt:

	€
Körperschaftsteuer	3,000.000,–
Jagdabgabe	9.000,–
Eichgebühren	17.300,–
Grundsteuer	26.500,–
Hundesteuer	2.000,–

Ermitteln Sie die Steuerkosten für diese Geschäftsperiode.

☛ *Lösungshinweise:*

Abgabenart	Kostencharakter ja/nein	Steuerkosten in €
Körperschaftsteuer Jagdabgabe Eichgebühren Grundsteuer Hundesteuer		
Summe		

1 Es liegt hier eine begriffliche Unschärfe vor, da in diesem Abschnitt nicht nur Steuerkosten, sondern auch Kosten für Abgaben behandelt werden. Beide Kostenarten wären unter den Terminus „Kosten der menschlichen Gesellschaft“ zu subsumieren.

B.6.2

Ein Fremdenverkehrsbetrieb verzeichnet für die Kostenträger Diätmenü, Mineralwasser, 1 Flasche Trockenbeerenauslese und Tofu-Eis folgende Wareneinsätze, Gemeinkosten- und Gewinnzuschlagsätze, Steuern und Bedienungszuschlagsatz:

	Diätmenü	Mineral-wasser	Trocken-beerenauslese	Tofu-Eis
Wareneinsatz in €	4,–	0,2	9,–	0,12
Gemeinkostenzuschlagsatz	150%	200%	320%	150%
Gewinnzuschlagsatz	6%	6%	6%	6%
Bedienungszuschlagsatz	10,5%	10,5%	10,5%	10,5%
USt	10%	20%	20%	10%

a) Kalkulieren Sie die einzelnen Kostenträger.
b) Welche Steuern sind für den Unternehmer überwälzbar, d. h. haben Durchlaufcharakter?

B.6.3

Errechnen Sie den Einstandspreis für folgende Fahrzeuge:

Pkw für die Geschäftsleitung	
Nettoentgelt	€ 50.000,–
Normverbrauchsabgabe (NoVA)	14%
Umsatzsteuer	20%
Kleinbus für die Beförderung von Mitarbeitern	
Nettoentgelt	€ 30.000,–
Normverbrauchsabgabe (NoVA)	10%
Umsatzsteuer	20%

B.6.4

Beispiel zum Lieferort:

Ein St. Pöltener Möbelhaus kauft in Stockholm Möbel um € 5,000.000,–.

a) Das St. Pöltener Möbelhaus gibt seine St. Pöltener UID-Nummer an.
b) Die Mitarbeiter des St. Pöltener Möbelhauses geben irrtümlich die Münchner UID-Nummer an, die das deutsche Tochterunternehmen hat.

Die Lieferung der Möbel erfolgt nach St. Pölten. Beide UID-Nummern sind der Stockholmer Lieferfirma vom UID-Büro bestätigt worden.

Wo liegt der Lieferort?

B.6.5

Beispiel Kleinunternehmer:

Ein Greißler mit einem Jahresumsatz von € 20.000,– kauft im Jahr in Österreich um € 10.000,– zuzüglich 20% USt. Ferner kauft er in Deutschland Waren um € 1.000,– zuzüglich 15% deutsche USt. Sein Umsatz beträgt in diesem Jahr € 20.000,– (netto).[1]

Wie hoch ist seine erzielte Spanne?

B.6.6

Beispiel Margenbesteuerung:

Ein Wiener Reisebüro bietet unter anderem folgende Produkte an:

a) Wedelkurs in St. Anton: 1 Woche um brutto € 1.020,–.
Unterkunft, Verpflegung und Schikurs werden dem Reisebüro vom Hotel in St. Anton um € 900,– inklusive USt in Rechnung gestellt.

b) Frühlingsaufenthalt in Venedig (nur Hotel) um € 620,–.
Das Hotel in Venedig fakturiert inklusive italienische USt € 500,–.

c) Einkaufswoche in einem New Yorker Hotel (ohne Flug) um € 496,–.
Das Hotel in New York fakturiert um netto € 400,–. (Es handelt sich ja um einen Export.)

Errechnen Sie die vom Reisebüro bei den drei Angeboten erzielten Margen.

B.7. Beispiele zu Fremdleistungskosten

Literaturhinweis: *Kemmetmüller W., Handbuch der Kostenrechnung, Kapitel C.6.*

B.7.1

Im abgelaufenen Geschäftsjahr beanspruchte die Equus-AG infolge von Rechtsstreitigkeiten mit der Kalifen & Sultan Ges.m.b.H. folgende Anwaltsleistungen. Gegenstand der Rechtsstreitigkeiten waren zwei Werklieferungsverträge mit einem Gesamtwert von € 62.800,– und € 138.000,–.

Streitwert in €	Beanspruchte Leistungen					
	RA1	RA2	RA3	RA4	RA5	RA6
50.000,– bis 75.000,–	9	1	–	–	4	–
100.000,– bis 140.000,–	13	3	2	1	3	7

1 Regelung Kleinunternehmer bis € 22.000,– p. a.

RA1: kurze Schriftsätze (z. B. Anzeigen, Mitteilungen)
RA2: Tagsatzungen u. a.
RA3: Klagen und Klagebeantwortungen, Streitverhandlungen, Anträge auf einstweilige Verfügungen u. a.
RA4: Berufungsverhandlungen
RA5: Besprechungen bis 10 Minuten
RA6: Besprechungen länger als 10 Minuten, je begonnene halbe Stunde

Von seiten des Rechtsanwaltbüros werden folgende Honorarsätze in Rechnung gestellt:

Streitwert in €	Honorarsätze in € (netto)					
	RA1	RA2	RA3	RA4	RA5	RA6
50.000,– bis 75.000,– 100.000,– bis 140.000,–	150,– 250,–	750,– 1.250,–	1.500,– 2.500,–	1.900,– 3.140,–	200,– 340,–	540,– 820,–

a) Ermitteln Sie die Fremdleistungskosten für die beiden Anwaltsleistungen.
b) Welche Kosten erwachsen der Equus-AG für den Rechtsstreit über den Werklieferungsvertrag mit € 138.000,–, wenn sie diesen gewinnt?

☛ *Lösungshinweise:*

Streitwert € 62.800,–			
Anwaltsleistungen	Einheiten	Honorarsatz pro Einheit in €	Einheiten × Honorarsatz in €
RA1 RA2 RA5			
Summe der Anwaltskosten (= Fremdleistungskosten) ohne USt			
Streitwert € 138.000,–			
RA1 RA2 RA3 RA4 RA5 RA6			
Summe der Anwaltskosten (= Fremdleistungskosten) ohne USt			

B.7.2

Im Rahmen der Unternehmensgründung der Firma Lemminge OHG werden Ausgaben und Einzahlungen festgehalten:

	€
Ansuchen um die Erteilung einer Befugnis zur Ausübung eines Gewerbes (Gebühren)	40,–
Verwaltungsabgaben	28,–
Bekanntmachung der Erteilung der Gewerbeberechtigung im Amtsblatt	27,–
Inkorporationsgebühr an die Handelskammer	430,–
Antrag auf Eintragung ins Firmenbuch, Ausfertigungskosten, Registerauszug (Gebühren)	88,–
Bekanntmachung der Firmenbucheintragung in der Wiener Zeitung	12,–
Gesellschaftsvertrag (Gebühren)	180,–
Errichtungskosten des Gesellschaftsvertrages (Honorarnote des Notars)	360,–
Einlage des Gesellschafters A	15.000,–
Einlage des Gesellschafters B	28.000,–
Aufnahme eines Bankkredites in der Höhe von	56.000,–
Bearbeitungs- und Kreditgebühren	176,–

Berechnen Sie die Fremdleistungskosten, die sich aus der Unternehmensgründung ergeben.

C.
Beispiele zu Kalkulationsverfahren zu Vollkosten

C.1. Beispiele zur einfachen Divisionskalkulation

Literaturhinweis: *Kemmetmüller W., Handbuch der Kostenrechnung, Kapitel D.1., D.2. und D.3.*

C.1.1

Errechnen Sie aufgrund folgender Fahrzeugdaten
a) den Kilometersatz und
b) den Stundensatz.

Fahrzeugdaten	
Kaufpreis inkl. 7 Reifen	€ 100.000,–
Restwert inkl. 1 Reifen	€ 19.000,–
Lebensdauer in Jahren	5
Lebensdauer in km	630.000
∅ Jahreskilometerleistung	126.000
∅ Jahreseinsatzstunden	3.500
Treibstoffverbrauch je 100 km in Liter	50
Preis je Liter	€ 1,–
Anzahl der Reifen ohne Reservereifen	6
Reifenstückpreis	€ 900,–
Lebensdauer der Reifen in km	100.000
kalkulatorische Zinsen in %	7
sonstige jährliche Kosten (inkl. anteilige Unternehmensgemeinkosten und Fahrpersonal)	€ 56.700,–

Lösungshinweise:

a) Kilometersatz

		€
①	Abschreibungen je km: Anschaffungswert – Bereifung (getrennte Abschreibung) – Restwert	
	= Abschreibungsbasis	
	$\frac{\text{Abschreibungsbasis in € ....}}{\text{Lebensdauer in km .....}} =$	
②	Treibstoff je km: $\frac{\text{Verbrauch in Litern ...... × Literpreis in € ....}}{\text{100 km}} =$	
③	Reifenkosten je km: $\frac{\text{Anzahl der Reifen ...... × Reifenpreis in € ....}}{\text{Lebensdauer der Reifen in km ......}} =$	
④	kalkulatorische Zinsen je km: Errechnung des Ø gebundenen Kapitals Errechnung der jährlichen kalkulatorischen Zinsen Errechnung der kalkulatorischen Zinsen je km Anschaffungswert – Restwert (ständig gebundenes Kapital)	
	= Summe der Abschreibungsbeträge (Reifen und Lkw)	
	davon 50% Ø gebunden + ständig gebundenes Kapital	
	Ø gebundenes Kapital davon 7% p. a. kalkulatorische Zinsen = : Jahreskilometerleistung = kalkulatorische Zinsen/km =	

⑤	sonstige Kosten je km: $\frac{\text{sonstige Jahreskosten in € ....}}{\text{Jahreskilometerleistung ......}} =$	
	Abschreibungen je km ① + Treibstoff je km ② + Reifenkosten je km ③ + kalkulatorische Zinsen je km ④ + sonstige Kosten je km ⑤	
	= Kilometersatz	

b) Stundensatz

		€
①	Abschreibungen p. a.: $\frac{\text{Abschreibungsbasis in € ....}}{\text{Nutzungsdauer in Jahren ......}} =$	
②	Treibstoff p. a.: Treibstoffkosten / km € .... × Jahreskilometerleistung ...... =	
③	Reifenkosten p. a.: Reifenkosten / km € .... × Jahreskilometerleistung ...... =	
④	kalkulatorische Zinsen p. a.: lt. Frage a) =	
⑤	sonstige Kosten p. a.: lt. Angabe =	
	Abschreibungen p. a. ① + Treibstoff p. a. ② + Reifenkosten p. a. ③	

+ kalkulatorische Zinsen p. a.	④	
+ sonstige Kosten p. a.	⑤	
= Σ Jahreskosten		
$\frac{\sum \text{Jahreskosten €} \ldots\ldots\ldots\ldots}{\text{Jahreseinsatzstunden} \ldots\ldots}$ = Stundensatz in €		

C.2. Beispiele zur stufenweisen Divisionskalkulation

Literaturhinweis: *Kemmetmüller W., Handbuch der Kostenrechnung, Kapitel D.1. und D.2.*

C.2.1

In einer Zementfabrik wurden in der abgelaufenen Rechnungsperiode 30.000 t Rohmaterial gefördert und aufbereitet. Die Kosten in der Erzeugungsstufe „Förderung und Aufbereitung" betrugen € 750.000,–. In der nächsten Fertigungsstufe wurden 25.000 t aufbereitetes Rohmaterial zu 20.000 t Rohmehl weiterverarbeitet, die Kosten dieser Verarbeitung betrugen € 280.000,–. Weiters wurden aus 32.000 t Rohmehl 16.000 t Klinker gebrannt, was Kosten in der Höhe von € 152.000,– verursachte. In der letzten Fertigungsstufe wurden 15.000 t Klinker zu 10.000 t Zement vermahlen. Bei diesem Erzeugungsvorgang fielen Kosten in der Höhe von € 280.000,– an.

Ermitteln Sie die Herstellkosten für 1 t Zement.

☛ *Lösungshinweise:*

Herstellkosten sind Material- und Fertigungskosten bzw. Selbstkosten abzüglich Verwaltungs- und Vertriebskosten.

		€
Stufe 1:	$\frac{\text{Förderkosten €} \ldots\ldots\ldots\ldots}{\text{Output der Stufe 1} \ldots\ldots}$ = € .... Förderkosten/t	
Stufe 2:	weiterverarbeitete Menge ...... × Förderkosten/t in € .... + zusätzliche Verarbeitungskosten	
	= Kosten der Stufe 2	
	$\frac{\text{Kosten der Stufe 2 €} \ldots\ldots\ldots\ldots}{\text{Output der Stufe 2} \ldots\ldots}$ = € .... Kosten / t	

Stufe 3:	weiterverarbeitete Menge ...... × Kosten/t Rohmehl in € .... + zusätzliche Verarbeitungskosten	
	= Kosten der Stufe 3	
	$\frac{\text{Kosten der Stufe 3 € ....}}{\text{Output der Stufe 3 ......}}$ = € .... Kosten/t Klinker	
Stufe 4:	weiterverarbeitete Menge ...... × Kosten/t Klinker in € .... = + zusätzliche Verarbeitungskosten	
	= Kosten der Stufe 4	
	$\frac{\text{Kosten der Stufe 4 € ....}}{\text{Output der Stufe 4 ......}}$ = € .... Kosten/t Zement	

Differenzen zwischen den in einer Stufe produzierten Mengen und den in der nächsten Stufe weiterverarbeiteten Mengen ergeben sich aus Bestandsveränderungen der Zwischenlager.

Wenn es in keinem Zwischenlager Bestandsveränderungen gibt, kann man die einfache Divisionskalkulation anwenden.

C.2.2

In einem Betrieb wurden im Vorjahr 120.000 t Rohmaterial gefördert. Die Kosten der Förderstufe (Stufe 1) betrugen € 10,740.000,–. In der nächsten Stufe (Stufe 2) wurden 110.000 t Rohmaterial weiterverarbeitet, wobei die Ausbringung dieser Stufe 96.000 t betrug. Die Kosten der Weiterverarbeitung in Stufe 2 betrugen € 1,195.000,–. In Stufe 3 wurden 100.000 t verarbeitetes Material aus Stufe 2 eingesetzt (4.000 t wurden Lagerbeständen entnommen). Außerdem wurden 3,5 t an zusätzlichen Chemikalien in Stufe 3 verarbeitet. Die Kosten betrugen € 120,– je kg. Die Verarbeitungskosten in Stufe 3 betrugen € 2,080.000,–. Die Ausbringungsmenge dieser Stufe betrug 80.000 t. In Stufe 4 wurden schließlich 75.000 t aus Stufe 3 eingesetzt und daraus 62.000 t des Endprodukts hergestellt. Die Verarbeitungskosten dieser Stufe betrugen € 1,011.000,–.

Ermitteln Sie die Herstellkosten für 1 t des Endprodukts.

C.2.3

In einem Betrieb wurden 4.580 t Rohmaterial gefördert. Die Förderkosten betrugen € 5,129.600,–. In der ersten Produktionsstufe wurden 4.200 t Rohmaterial zu Halbfabrikaten verarbeitet, wodurch 25.130 Stück entstanden. Die Fertigungskosten der Produktionsstufe 1 betrugen € 2,586.000,–. Außerdem wurden Hilfsstoffe im Wert von € 249.000,– in dieser Stufe verwendet.

In der Produktionsstufe 2 wurden insgesamt 30.000 Halbfabrikate zu Fertigerzeugnissen verarbeitet, wobei 4.000 Halbfabrikate zu einem Preis von € 400,–/Stück zugekauft werden mußten, da diese im eigenen Betrieb nicht termingerecht hergestellt werden konnten. Die Fertigungskosten der Produktionsstufe 2 betrugen insgesamt € 3,656.000,–. Von den 30.000 Fertigfabrikaten sind 10% Ausschuß, wobei dieser zu einem Schrottpreis von € 5,– pro Stück verkauft werden konnte.

Ermitteln Sie die Herstellkosten pro Fertigfabrikat.

C.2.4

In einem Ziegelwerk wurden in diesem Jahr 5.000 t Rohstoff in der Produktionsstufe I verarbeitet. Die Kosten des Rohstoffs betrugen € 3.000,– je Tonne. Die Fertigungskosten (Formen, Pressen, Trocknen) betrugen € 5,000.000,–.

Es wurden 1 Mio. Stück produziert. 10% der getrockneten Ziegel gingen in Zwischenlager.

In der Produktionsstufe II wurden 900.000 Stück der getrockneten Ziegel glasiert. Dabei fielen Fertigungskosten (exkl. Glasurmittel) von € 1,800.000,– an.

Das Ziegelwerk stellt das Glasurmittel selbst her. Dieser Produktionsprozeß verursachte Kosten von € 940.000,–. Bei diesem Produktionsvorgang fielen zwangsweise 2.000 Liter eines Nebenproduktes an, das um € 20,–/Liter weiterverkauft wurde.

Die Ziegel wurden unterschiedlich stark glasiert. Dadurch entstanden die Sorten A, B und C. Die Kosten für das Glasurmittel für ein A, ein B und ein C verhalten sich wie 1 : 2 : 3, wobei von jeder Sorte gleich viel erzeugt wurde.

Kalkulieren Sie die Herstellkosten für jeweils ein Stück der drei Sorten.

C.2.5

Ein Betrieb der kunststoffverarbeitenden Industrie erzeugt unter anderem auch Kunststoffbehälter. Das dafür notwendige Material muß zunächst aufbereitet werden. Nach der Aufbereitung erfolgt die Erzeugung der Behälter, welche in einem weiteren Arbeitsgang versandgerecht verpackt werden.

Im November wurden 3.000 kg Rohmaterial (Einstandspreis € 58,– je kg) aufbereitet. Die Aufbereitungskosten betrugen € 100.000,–. Durch diesen Aufbereitungsprozeß entstanden 500 kg Abfall, dessen Entsorgung € 6.000,– kostete.

In der Stelle „Behältererzeugung" wurden in der betrachteten Periode 2.200 kg des aufbereiteten Materials zu 60.000 Behältern weiterverarbeitet. Es entstanden dafür € 209.600,– an Kosten.

Die fertiggestellten Behälter werden entweder einzeln, in Kleinpackungen zu 20 Stück oder in Großpackungen zu 100 Stück verpackt. Von den 64.000 in der Abrechnungsperiode verpackten Behältern wurden 15.000 einzeln verpackt, 24.000 Stück wurden in Kleinpackungen und 25.000 Stück wurden in Großpackungen für den Versand vorbereitet. An

Verpackungskosten fielen insgesamt € 48.300,– an. Die Kosten der Verpackung für eine Einzelpackung, eine Kleinpackung und eine Großpackung verhalten sich wie 1 : 10 : 30.

Wie hoch sind die Herstellkosten für eine Einzelpackung, eine Kleinpackung und eine Großpackung?

C.2.6

Ein Weinbauer aus der Steiermark erntet in einen Jahr 15.000 kg Weintrauben, 5.000 kg verkauft er an die Winzergenossenschaft um € 0,3 je kg. Die Kosten für die Pflege des Weingartens und die Lese betragen in diesem Jahr € 7.000,–. Aus den verbleibenden 10.000 kg preßt er 8.000 Liter Most. Den Trester von 1.000 kg verkauft er an die Gemeindejagd um € 1,– je kg. 1.000 Liter Most verkauft er an die örtliche Gastronomie um € 0,8 je Liter. Den verbleibenden Most von 7.000 Liter läßt er zu Wein vergären. Die Kosten für den Kellerbetrieb belaufen sich auf € 1.200,–.

Ermitteln Sie die Kosten je Liter Wein nach der

a) Methode der Kuppelproduktkalkulation,

b) Methode der Stufendivisionskalkulation ohne Berücksichtigung der Erlöse der gekuppelten Produkte.

☛ *Lösungshinweis:*

Das Beispiel zeigt, daß je nach dem Kalkulationsverfahren unterschiedliche Ergebnisse entstehen. D. h. die Wahl des Verfahrens bestimmt unter Umständen auch das Ergebnis.

C.3. Beispiele zur Äquivalenzziffernkalkulation

Literaturhinweis: *Kemmetmüller W., Handbuch der Kostenrechnung, Kapitel D.1. und D.2.*

C.3.1

Vom Tafelessig „Pikanto“ werden 20.000 Großflaschen und 40.000 Normalflaschen hergestellt. Die Herstellkosten in Höhe von € 156.000,– sind zu verteilen:
Normalflaschen mit Äquivalenzziffer 1
Großflaschen mit Äquivalenzziffer 11

Die Kosten der Verwaltung und des Vertriebes von € 50.000,– sind zu verteilen:
Normalflaschen mit Äquivalenzziffer 1
Großflaschen mit Äquivalenzziffer 3

Wie hoch sind die Selbstkosten je Produktgruppe und Flasche?

☛ *Lösungshinweise:*

Die Herstellkosten von € 156.000,– sind auf 20.000 Großflaschen und 40.000 Normalflaschen so aufzuteilen, daß sich die Kosten von einer Großflasche zu den Kosten einer Normalflasche wie 11 : 1 verhalten.

Das heißt, wenn 1 Kostenteil der Normalflasche zugerechnet wird, müssen 11 Kostenteile der Großflasche zugerechnet werden.

Da 40.000 Normalflaschen gefertigt werden, beansprucht die Sorte (40.000 × 1 Kostenteil) 40.000 Kostenteile; ebenso benötigt die Sorte Großflasche (20.000 × 11 Kostenteile) 220.000 Kostenteile.

Die zu verrechnenden Kosten sind daher auf 260.000 Kostenteile zu übertragen. („Kostenteile je Stück" werden als Äquivalenzziffern bezeichnet und statt „Kostenteilen" spricht man von Rechnungseinheiten.)

Sorte	Menge in Stück	Äquivalenzziffer	Rechnungseinheiten	Herstellkosten je Stück in €
Normalflasche Großflasche	40.000 20.000	1 11		
Summe Rechnungseinheiten				

$$\frac{\text{Herstellkosten € ....}}{\text{Summe Rechnungseinheiten ....}} = \text{€ .... Kosten/Rechnungseinheit}$$

Die Verwaltungs- und Vertriebskosten sind so auf die beiden Sorten zu verteilen, daß sich die Kosten einer Großflasche zu den Kosten einer Normalflasche wie 3 : 1 verhalten.

Sorte	Menge in Stück	Äquivalenzziffer	Rechnungseinheiten	Verwaltungs- und Vertriebskosten je Stück in €
Normalflasche Großflasche				
Summe Rechnungseinheiten				

$$\frac{\text{Verwaltungs- und Vertriebskosten € ....}}{\text{Summe Rechnungseinheiten ....}} = \text{€ .... Kosten/Rechnungseinheit}$$

Selbstkosten je Stück:

Sorte	Herstellkosten je Stück in €	Verwaltungs- und Vertriebs- kosten je Stück in €	Selbstkosten je Stück in €	Selbstkosten je Sorte in €
Normalflasche Großflasche				
Gesamtkosten				

C.3.2

Ein Champagnerproduzent erzeugt 5 Sorten (A–E). Die Materialkosten (gepreßte Trauben und Zusätze) je hl A, B, C, D und E verhalten sich wie 0,6 : 0,8 : 1 : 1,2 : 1,4.
Die Materialkosten betrugen insgesamt € 2,450.000,–.

Die Verarbeitungskosten je hl A, B, C, D und E verhalten sich wie 1 : 1,2 : 1,5 : 1,8 : 2. Insgesamt betrugen die Verarbeitungskosten € 1,488.000,–.

Die Sorten A und B werden in 2-Liter-Flaschen abgefüllt, C wird in 1-Liter-Flaschen verkauft, während die Sorten D und E in 0,7-Liter-Flaschen abgesetzt werden. Die Kosten für Abfüllen, Verkorken, Etikettieren usw. für eine 0,7-Liter-Flasche, für eine 1-Liter-Flasche und für eine 2-Liter-Flasche verhalten sich wie 1,5 : 1 : 1,2. Insgesamt betrugen diese Kosten € 580.000,–.

Es wurden im vergangenen Jahr 1.500 hl A, 1.500 hl B, 1.000 hl C, 800 hl D und 600 hl E hergestellt, abgefüllt und verkauft.

Wie hoch sind die Herstellkosten je Flasche Champagner (ohne Flaschenpfand) für jede der fünf Sorten?

C.3.3

Ein Drahtziehwerk stellt in einer bestimmten Periode Drähte verschiedener Dimensionen her, und zwar 300 t in einer Stärke von 2,5 mm, 600 t der Stärke 1,25 mm, 700 t der Stärke 1 mm, 400 t der Stärke 0,5 mm und 500 t in der Stärke von 0,4 mm. Insgesamt fielen hiefür Kosten in der Höhe von € 8,430.000,– an.

Bedingt durch das Produktionsverfahren bestehen zwischen den Drähten verschiedener Dimensionen konstante Kostenrelationen. Die Herstellkosten von Drähten mit 2,5 mm Stärke bzw. 1,25 mm Stärke sind um 10% bzw. 5% geringer als jene für die gleiche Menge der Drahtsorte mit 1 mm Stärke. Die Herstellkosten für die gleiche Menge Drähte mit 0,5 mm bzw. 0,4 mm Stärke liegen um 30% bzw. 50% über denen der 1 mm starken Drahtsorte.

Die Verwaltungs- und Vertriebskosten von € 1,500.000,– werden je Tonne abgerechnet.

An Sonderkosten des Vertriebes fielen für die Drahtsorte der Stärke 0,5 mm € 28.000,– und für die Drahtsorte der Stärke 0,4 mm € 25.000,– an.

Berechnen Sie für jede Sorte die Selbstkosten je Tonne Draht.

C.3.4

Sie sind als Mitarbeiter im Rechnungswesen der Blechwalz-Starkfried-Ges.m.b.H. beschäftigt. Ihnen wird die Aufgabe übertragen, Bleche aus gleichwertigem Rohstoff mit unterschiedlichen Maschinendurchlaufzeiten zu kalkulieren. Gefertigt werden 2 Blechsorten. Die Herstellkosten betragen € 500.000,–. Von Blechsorte I werden 40 Tonnen, von Blechsorte II 80 Tonnen gefertigt. Die Maschinendurchlaufzeit von Blechsorte I beträgt die Hälfte derjenigen von Blechsorte II.

In der Kostenstelle Verwaltung/Vertrieb sind Kosten in der Höhe von € 120.000,– angefallen. Die produzierten Mengen können auch abgesetzt werden.

Ermitteln Sie die Herstellkosten/Tonne und die Selbstkosten/Tonne der beiden Blechsorten.

C.3.5

Ein Keramikbetrieb erzeugte Bierkrüge in drei verschiedenen Größen: $\frac{1}{3}$-l-Krüge, $\frac{1}{2}$-l-Krüge und 1-l-Krüge.

Die Material- und Produktionskosten je Stück $\frac{1}{3}$-l-Krug, $\frac{1}{2}$-l-Krug und 1-l-Krug verhalten sich wie 0,8 : 1 : 1,5.

Insgesamt betrugen diese Kosten € 2,632.000,–.

Die $\frac{1}{3}$-l-Krüge wurden ausschließlich in 10er-Packungen verkauft. Die Verpackungskosten pro 10er-Packung betrugen € 25,–; die $\frac{1}{2}$-l-Krüge wurden in 25er-Packungen verkauft, wofür Verpackungskosten von € 50,– pro Packung entstanden, und die 1-l-Krüge wurden in 6er-Packungen verkauft, wofür Kosten von € 18,– pro Packung entstanden. Es wurden 10.000 Packungen $\frac{1}{3}$-l-Krüge, 6.000 Packungen $\frac{1}{2}$-l-Krüge und 11.000 Packungen 1-l-Krüge produziert und abgesetzt.

Die Verwaltungs- und Vertriebsgemeinkosten in Höhe von € 507.000,– werden über einen Zuschlagsatz auf die Herstellkosten (Materialkosten und Produktionskosten inkl. Verpackung) abgerechnet.

Berechnen Sie die Verkaufspreise je Krug der 3 Sorten unter Berücksichtigung von 10% Gewinnzuschlag bezogen auf die Selbstkosten und 20% Umsatzsteuer.

☛ *Lösungshinweis:*

Die Nettoverkaufspreise und die Umsatzsteuer sind auf Cent zu runden.

C.3.6

In einem Ziegelwerk wurden in diesem Jahr 5.000 t Rohstoff in der Produktionsstufe I verarbeitet. Die Kosten des Rohstoffs betrugen € 3.000,– je Tonne. Die Fertigungskosten (Formen, Pressen, Trocknen) betrugen € 5,000.000,–.

Es wurden 1 Mio. Stück produziert. 10% der getrockneten Ziegel gingen in Zwischenlager.

In der Produktionsstufe II wurden 900.000 Stück der getrockneten Ziegel glasiert. Dabei fielen Fertigungskosten (exkl. Glasurmittel) von € 1,800.000,– an.

Das Ziegelwerk stellt das Glasurmittel selbst her. Dieser Produktionsprozeß verursachte Kosten von € 940.000,–. Bei diesem Produktionsvorgang fielen zwangsweise 2.000 Liter eines Nebenproduktes an, das um € 20,–/Liter weiterverkauft wurde.

Die Ziegel wurden unterschiedlich stark glasiert. Dadurch entstanden die Sorten A, B und C. Die Kosten für das Glasurmittel für ein A, ein B und ein C verhalten sich wie 1 : 2 : 3, wobei von jeder Sorte gleich viel erzeugt wurde.

Kalkulieren Sie die Herstellkosten für jeweils ein Stück der drei Sorten.

C.3.7

Für die Kalkulation eines Mittagessens der betriebseigenen Werksküche stehen Ihnen aus dem Vorjahr folgende Daten zur Verfügung:

250 Menüs wurden pro Tag ausgegeben,
250 Tage war die Werksküche in Betrieb.

Die Anzahl der Menüs verteilt sich wie folgt:

Menü 1	10.500
Menü 2	30.700
Menü 3	7.800
Menü 4	13.500

Folgende Kosten sind bei der Herstellung der Menüs angefallen:

Personalkosten Küche (Gemeinkosten)	€ 50.000,–
Bedienung (Einzelkosten)	€ 8.000,–
Abschreibungen der Gebäude für Speisesaal und Küche:	
Anschaffungskosten (inkl. 20% USt)	€ 120.000,–
Baukostenindex zum Zeitpunkt der Errichtung	120
Baukostenindex zum Zeitpunkt der Kalkulation	180
Nutzungsdauer in Jahren	30
jährliche Abschreibungen für die Einrichtungsgegenstände von Küche und Speisesaal	€ 5.000,–

Die Kosten für die Lebensmittel betrugen im letzten Jahr:	
Hauptbestandteile	€ 70.000,–
Beilagen etc.	€ 45.000,–

Die Einzelkosten (Hauptbestandteile und Beilagen) je Menü und Menüart verteilen sich nach den folgenden Kostenrelationen:

Menü 1	1
Menü 2	1,3
Menü 3	1,6
Menü 4	2

Berechnen Sie die Selbstkosten für ein Menü je Menüart auf folgende Arten:

a) Die Gemeinkosten sind von den Einzelkosten abhängig.
b) Die Gemeinkosten sind von der Anzahl der Menüs abhängig.

C.3.8

Ein Grinzinger Heurigenwirt möchte die Herstellkosten seiner drei Weinsorten Riesling, Pinot Blanc und Heuriger ermitteln.

Die Kosten für die Bearbeitung des Weingartens (Traktor, Spritzmittel etc.) und die Lese (Gastarbeiter) betrugen € 20.000,–. Als kalkulatorischen Unternehmerlohn setzt er € 10.000,– an. Es wurden 1.200 Butten im Durchschnitt zu 50 kg Trauben gelesen.

Die Hälfte der Lese verkaufte er an die Winzergenossenschaft netto ohne Mehrwertsteuer um € 0,60 je kg.

Die Kosten der Weinproduktion belaufen sich auf € 25.500,–.

Die Produktionskosten der Sorten Riesling, Pinot Blanc und Heuriger verhalten sich wie 1,5 : 2 : 1. Von den einzelnen Sorten wurden 50 hl Riesling, 50 hl Pinot Blanc und 200 hl Heuriger erzeugt.

Ermitteln Sie die Herstellkosten der drei Sorten je Liter, die sich nach Abzug der Verkaufserlöse an die Winzergenossenschaft ergeben.

C.3.9

In einem Wintersportzentrum haben sich die Eigentümer von fünf Liftgesellschaften zu einer Genossenschaft zusammengeschlossen, um die Vermarktung eines für alle Liftanlagen gültigen Schipasses zu ermöglichen. Die Verkaufserlöse der gemeinsamen Verkaufsstellen sollen entsprechend der tatsächlichen Nutzung der einzelnen Liftanlagen aufgeteilt werden. Zu diesem Zweck wurde ein EDV-gestütztes Zählsystem bei jedem Schilift installiert. Die Kosten für die Installation dieses Systems betrugen insgesamt € 345.000,–. Diese Kosten sind entsprechend den Beförderungskapazitäten/Betriebsstunde auf die einzelnen Liftgesellschaften aufzuteilen und werden auf fünf Jahre abgeschrieben. Die Kapazitäten der Liftanlagen betragen:

Liftanlage	Kapazität (mögliche beförderte Personen je Stunde)
A	9.700
B	5.700
C	7.900
D	4.500
E	6.700

Für dieses System sind weiters in der Abrechnungsperiode Betriebskosten in der Höhe von € 14.825,– angefallen, welche nach der tatsächlichen Auslastung der Liftanlagen auf die einzelnen Gesellschaften aufzuteilen sind.

Aufgrund der guten Schneelage der abgelaufenen Saison waren die Lifte der Gesellschafter A, B und D zu 90%, die Liftanlagen der Gesellschafter C zu 85% und von E zu 75% ausgelastet. Die Betriebszeiten waren bei allen Liften gleich.

Durch die zentralen Verkaufsstellen konnten die Gesamterlöse um 1% auf € 8,983.950,– gesteigert werden, wobei der Auslastungsgrad unverändert blieb.

Berechnen Sie für jede Liftgesellschaft jenen Betrag, um den die Investition in das neue System in der abgelaufenen Saison das Betriebsergebnis verbessert/verschlechtert hat.

C.3.10

In einer Bäckerei, welche ihre Produkte ausschließlich aus einer hochwertigen Spezialmehlsorte herstellt, werden in einem Monat durchschnittlich 12.000 Semmeln, 4.000 Salzstangerl, 3.000 Kipferl, 800 Striezel sowie 2.000 Brote der Sorte A, 1.800 Stück der Sorte B und 2.200 Stück der Sorte C hergestellt. Laut Rezepturen werden je Artikeleinheit folgende Spezialmengen verbraucht (alle Angaben in Gramm):

Semmeln	40
Salzstangerl	35
Kipferl	30
Striezel	700
Brotsorte A	800
Brotsorte B	950
Brotsorte C	725

a) Ordnen Sie die Mehlkosten von insgesamt € 15.437,50/Monat den einzelnen Produkten je Stück und je Sorte verursachungsgerecht zu.

b) Ein nahegelegenes Sanatorium möchte von der Bäckerei pro Monat 2.000 Semmeln beziehen und ist bereit, für eine Semmel € 0,50 (exkl. USt) zu bezahlen. Für die Kalkulation dieses Auftrages stehen folgende betriebsinterne Daten zur Verfügung:

Mehlkosten/Semmel	siehe Ergebnis a)
sonstige variable Materialkosten/Semmel	€ 0,10
variabler Materialgemeinkostenzuschlagsatz	10%
variable Fertigungsgemeinkosten/Fertigungsstunde	€ 120,–
Anzahl der fertiggestellten Semmeln/Fertigungsminute	10 Stück
variable Verwaltungs- und Vertriebsgemeinkosten der Herstellkosten	10%

Entscheiden Sie anhand dieser Informationen über die Annahme bzw. Ablehnung des Sanatoriumsauftrages und begründen Sie Ihre Entscheidung anhand der zu erwartenden betragsmäßigen Veränderung des Monatsbetriebsergebnisses.

C.3.11

Ein Süßwarenproduzent erzeugt fünf verschiedene Sorten Konfekt in folgenden Mengen:

Sorte	Menge in kg
A	1.000
B	1.400
C	1.700
D	800
E	700

Die Materialkosten der Sorten A, B, C, D und E von € 104.707,50 stehen im Verhältnis 1,2 : 1,4 : 1 : 0,9 : 0,7.

Bedingt durch die Rezeptur des Konfekts bestehen zwischen den Fertigungskosten der einzelnen Sorten folgende Kostenrelationen:

Die Kosten der Sorte A betragen das $1\frac{1}{2}$fache der Sorte C, jene der Sorte B liegen um $\frac{1}{4}$ über der Sorte C. Die Fertigungskosten der Sorte E liegen um $\frac{1}{10}$ unter jenen der Sorte C. C und D verursachen die gleichen Kosten pro kg. Die Fertigungskosten betragen insgesamt € 23.925,–.

Die Verpackungskosten (sind Teil der Herstellkosten) betragen € 2,– pro kg.

Die Verwaltungs- und Vertriebsgemeinkosten in der Höhe von € 22.373,20 werden über einen Zuschlagsatz auf die Herstellkosten abgerechnet.

Berechnen Sie den Bruttoverkaufspreis (USt 10%) der einzelnen Sorten je kg, wenn ein Gewinnzuschlag von 10% berücksichtigt werden soll.

C.3.12

Ein Weinproduzent, der seine Weine fast ausschließlich aus Trauben aus den eigenen Weingärten erzeugt, möchte die Herstellkosten für seine Weine ermitteln.

Die Kosten für die Bearbeitung der Weingärten sowie für die Traubenernte betrugen € 15.980,–. Es wurden insgesamt ca. 68.000 kg Trauben geerntet.

Nachdem ein Teil der Trauben bereits in den Weinbergen verkauft worden war, wurden 64.500 kg Trauben mittels Lkw in das Preßhaus transportiert. Für die Weinproduktion verblieben insgesamt 63.600 kg Trauben, welche zur Gänze gepreßt wurden. Der Rest sind Transportverluste.

Die Kosten für den Transport sowie für alle bis zum Preßvorgang angefallenen Tätigkeiten betrugen € 2.332,50. Die Erlöse für die verkauften Trauben sind bereits abgezogen.

Anschließend erfolgte die eigentliche Weinproduktion, wobei aus 100 kg Trauben ungefähr 75 l Wein gewonnen wurden. Es wurde 200 hl Sauerperle, 165 hl Rotwelsch und 112 hl Lebertraum erzeugt. Die Produktionskosten betrugen insgesamt € 20.986,– und verhalten sich folgendermaßen:

Sauerperle : Rotwelsch : Lebertraum = 10 : 12 : 18

Errechnen Sie die Herstellkosten je Liter für die drei Weinsorten.

C.4. Beispiele zur Kuppelproduktkalkulation

Literaturhinweis: *Kemmetmüller W., Handbuch der Kostenrechnung, Kapitel D.1. und D.2.*

C.4.1

In einem Stahlwerk fallen neben dem Hauptprodukt zwei Nebenprodukte an. Die Gesamtkosten dieser Kuppelprodukte belaufen sich auf € 10,000.000,–, die Erlöse aus dem Nebenprodukt 1 betragen € 300.000,–. Dabei fallen zusätzliche Bearbeitungskosten von € 50.000,– an.

Das Nebenprodukt 2 wird entsorgt, wobei zusätzliche Kosten von € 100.000,– anfallen.

Berechnen Sie die Kosten des Hauptproduktes.

☛ *Lösungshinweise:*

Kuppelprodukte (oder gekoppelte/gekuppelte Produkte) sind solche, die zwangsweise nebeneinander anfallen.

Nach dem Kostentragfähigkeitsprinzip werden den Nebenprodukten soviel Kosten angelastet, wie diese Produkte tragen können, ohne einen Stückverlust zu realisieren. Die verbleibenden Produktionskosten werden dem Hauptprodukt zugerechnet.

Beiträge der Nebenprodukte zur Kostentragung:

	€
Erlöse Nebenprodukte – zusätzliche Kosten Produkt 1 – zusätzliche Kosten Produkt 2	
= Beitrag der Nebenprodukte zur Kostentragung	
Kosten der Kuppelproduktion – Beiträge der Nebenprodukte	
= dem Hauptprodukt zuzurechnende Kosten	

C.4.2

Bei der Produktion des Hauptproduktes A (Weißbrot) fallen zwangsläufig die Nebenprodukte B (Semmelbrösel) und C (Semmelwürfel) an. Die gesamten Produktionskosten für das Jahr betrugen € 307.700,–. Es wurden 142.000 kg von A, 10.000 kg von B und 11.000 kg von C erzeugt.

Vom Produkt B konnten 5.000 kg zum Preis von € 4,–/kg und 3.000 kg um € 3,– je kg verkauft werden. Die restliche Menge von B mußte entsorgt werden, wofür zusätzliche Kosten von € 0,20/kg entstanden.

Das Produkt C konnte nach einer Weiterbearbeitung, wofür zusätzliche Kosten von € 1,50/kg entstanden, zur Gänze zu einem Preis von € 4,20/kg verkauft werden.

An Verpackungskosten entstanden weitere Kosten von € 6,– je 100 kg der Produkte B bzw. C. Die Vertriebskosten betrugen € 30,– pro 100 kg B und € 50,– pro 100 kg C.

Ermitteln Sie die Kosten pro kg A nach der Restwertmethode.

C.4.3

Bei der Produktion von Stahlprofilen fallen zwangsläufig zwei Abfallsorten (B und C) an. Die gesamten Produktionskosten für ein Jahr betrugen € 142.602.260,–.

Es wurden 142.000 kg Stahlprofile erzeugt, dabei fielen 5.000 kg Schrott B und 16.000 kg Schrott C an. Schrott B konnte zum Preis von € 130,– je kg verkauft werden; von Schrott C konnten 13.000 kg um € 0,32 je kg verkauft werden.

Die restliche Menge mußte entsorgt werden, wofür Kosten von € 0,60 je kg entstanden.

Den Nebenprodukten sind folgende Kosten zurechenbar:

		€
Frachtkosten:	Schrottsorte B	36.000,–
	Schrottsorte C	400,–
Vertriebskosten:	Schrottsorte B	13.000,–
	Schrottsorte C	700,–

Ermitteln Sie die Kosten je kg Stahlprofil nach der Restwertmethode.

C.4.4

Ein Betrieb fertigt im Zweigwerk I die Produkte A, B und C. Das Produkt C stellt das Hauptprodukt dar, während A und B zwangsläufig aufgrund des Fertigungsprozesses anfallen. Die Erzeugungskosten des Zweigwerkes I betrugen in der Abrechnungsperiode € 285.400,–.

A und B werden im Zweigwerk II weiterverarbeitet, wobei für eine Tonne A 3 Fertigungsstunden und für eine Tonne B 4 Fertigungsstunden notwendig sind. Der Fertigungsstundensatz beträgt € 1.200,–.

Die auf die Herstellkosten aller Produkte verrechneten Verwaltungsgemeinkosten betragen 8%. Die auf die Herstellkosten der abgesetzten Erzeugnisse bezogenen Vertriebsgemeinkosten werden mit 10% kalkuliert.

In der Abrechnungsperiode wurden erzeugt und verkauft:

		€
10 t Produkt A	Nettoerlöse	70.800,–
2 t Produkt B	Nettoerlöse	24.780,–
25 t Produkt C		

Berechnen Sie die Kosten/t des Produktes C im Zweigwerk I.

C.4.5

Ein Weinbauer aus der Steiermark erntet in einen Jahr 15.000 kg Weintrauben, 5.000 kg verkauft er an die Winzergenossenschaft um € 0,30 je kg. Die Kosten für die Pflege des Weingartens und die Lese betragen in diesem Jahr € 7.000,–. Aus den verbleibenden 10.000 kg preßt er 8.000 Liter Most. Den Trester von 1.000 kg verkauft er an die Gemeindejagd um € 1,– je kg. 1.000 Liter Most verkauft er an die örtliche Gastronomie um € 0,80 je Liter. Den verbleibenden Most von 7.000 Liter läßt er zu Wein vergären. Die Kosten für den Kellerbetrieb belaufen sich auf € 1.200,–.

Ermitteln Sie die Kosten je Liter Wein nach der

a) Methode der Kuppelproduktkalkulation,

b) Methode der Stufendivisionskalkulation ohne Berücksichtigung der Erlöse der gekuppelten Produkte.

☛ *Lösungshinweis:*

Das Beispiel zeigt, daß je nach dem Kalkulationsverfahren unterschiedliche Ergebnisse entstehen. D. h. die Wahl des Verfahrens bestimmt unter Umständen auch das Ergebnis.

C.4.6

Bei der Produktion von Weißbrot fallen zwangsläufig die Nebenprodukte Semmelbrösel und Semmelwürfel an. Die gesamten Produktionskosten für das Jahr betrugen € 186.860,–. Insgesamt wurden 163.000 kg Weißbrot erzeugt. Davon wurden 10.000 kg zu Brösel und 11.000 kg zu Würfeln weiterverarbeitet. Von den Bröseln konnten 5.000 kg zum Preis von € 4,–/kg und 3.000 kg um € 3,–/kg verkauft werden. Die restliche Menge der Brösel mußte entsorgt werden, wofür zusätzliche Kosten von € 0,20/kg entstanden.

Die Würfel konnten nach einer Weiterverarbeitung, wofür zusätzliche Kosten von € 1,90/kg entstanden, zur Gänze zu einem Preis von € 4,20/kg verkauft werden. An Verpackungskosten entstanden für je 100 kg von Bröseln und Würfeln je € 6,–. Die Vertriebskosten betrugen € 30,– pro 100 kg Brösel und € 50,– pro 100 kg Würfel. Berechnen Sie die Kosten pro kg Weißbrot nach der Restwertmethode.

C.5. Beispiele zur summarischen Zuschlagskalkulation

Literaturhinweis: *Kemmetmüller W., Handbuch der Kostenrechnung, Kapitel D.2. und D.3.*

C.5.1

Ein Handelsbetrieb setzte im abgelaufenen Geschäftsjahr vier Spezialmischungen eines Düngemittels ab. Die Gemeinkosten in Höhe von € 367.875,– werden auf Basis Einzelkosten verrechnet.

Sorte	abgesetzte Menge in kg	Einzelkosten je kg in €
T1	4.500	50,–
O	6.750	70,–
D	6.000	60,–
T2	2.250	75,–

Ermitteln Sie die Selbstkosten der Sorten und pro kg der jeweiligen Spezialmischung.

☛ *Lösungshinweise:*

$$\frac{\text{Gemeinkosten € ....} \times 100}{\text{Summe Einzelkosten € ....}} = \text{...... \% Gemeinkostenzuschlagsatz}$$

Sorte	(Angaben in €)			
	Einzelkosten	+ ...% Gemeinkostenzuschlag	Selbstkosten je Sorte	Selbstkosten je kg
T1	225.000,–			
O	472.500,–			
D	360.000,–			
T2	168.750,–			
Summe Gemeinkosten		367.875,–		

C.5.2

Ein kleines Landgasthaus hatte im Jahr .... € 661.000,– an Gemeinkosten. Der Wareneinsatz betrug in dieser Periode € 512.000,–. Kalkulieren Sie eine Speise mit einem Wareneinsatz von € 2,–, 10% Gewinnzuschlag auf die Selbstkosten, 10,5% Bedienungsentgelt und 10% Umsatzsteuer.

C.5.3

Ein Handelsbetrieb weist folgende Kostenstruktur auf:

Handelswareneinsatz	€
Obst & Gemüse	400.000,–
Fleisch & Wurst	1,500.000,–
Tiefkühlprodukte	1,800.000,–
sonstige Lebensmittel	4,000.000,–
Hartwaren	500.000,–
= Summe	8,200.000,–

a) Gemeinkosten insgesamt: € 820.000,–

Kalkulieren Sie die Selbstkosten für folgende Waren:

Einstandspreis	€
1 kg Orangen	1,80
1 kg Wurst	6,50
1 Packung Eis	3,00
1 Tafel Schokolade	1,05
1 Plastikkübel	2,80

b) Eine Überprüfung der Gemeinkosten des Unternehmens zeigt, daß Gemeinkostenteile den einzelnen Handelsbereichen wie folgt zugewiesen werden können:

Gemeinkosten	€
Obst & Gemüse	80.000,–
Fleisch & Wurst	285.000,–
Tiefkühlprodukte	94.500,–
sonstige Lebensmittel	108.000,–
Hartwaren	6.500,–
nicht zuweisbare Gemeinkosten	246.000,–
= Summe	820.000,–

Kalkulieren Sie die Selbstkosten für folgende Waren:

Einstandspreis	€
1 kg Orangen	1,80
1 kg Wurst	6,50
1 Packung Eis	3,–
1 Tafel Schokolade	1,05
1 Plastikkübel	2,80

C.5.4

Die Kostenstruktur der Kostenstellen Küche und Restaurant eines Clubhotels zeigt folgendes Bild:

Einzelkosten	€
Wareneinsatz Küche	1,000.000,–
Bedienungsgeld (wird in der Gastronomie mit 10,5% als Einzelkosten verrechnet)	500.000,–
Gemeinkosten	**€**
Personal	400.000,–
Raum	200.000,–
sonstige	200.000,–

Durch die Verrechnung von innerbetrieblichen Leistungen werden den Kostenstellen Küche und Restaurant weitere € 200.000,– zugerechnet.

Ermitteln Sie den Gemeinkostenverrechnungssatz für diese Kostenstellen (Basis: Wareneinsatz) und kalkulieren Sie den Preis einer Speise aufgrund nachstehender Angaben:

Wareneinsatz	€ 2,–
Gewinn	6%
Umsatzsteuer	10%
Bedienungsgeld	10,5%

C.5.5

Eine Stereoanlage kostet beim Elektrohändler brutto € 999,90 (inkl. 20% USt). Der Nettoverkaufspreis des Herstellers ist um 40% geringer als der empfohlene Verkaufspreis brutto. Die Manipulationskosten betragen 12% des Nettopreises für den Händler. Es werden 3% Kundenskonto vom Händler gewährt.

Soll der Elektrohändler die Stereoanlage aus seinem Sortiment nehmen, wenn bei dieser Artikelgruppe ein Gewinn von 20% der Selbstkosten erreicht werden soll?

C.6. Beispiele zur differenzierten Zuschlagskalkulation

Literaturhinweis: *Kemmetmüller W., Handbuch der Kostenrechnung, Kapitel D.4. und D.5.*

C.6.1

Der Betriebsabrechnungsbogen eines Gewerbebetriebes weist folgende Kostenstellensummen aus:

	Kostenstellen (Angaben in €)				
Kostenarten	Material	Fertigung I	Fertigung II	Verwaltung/ Vertrieb	Fuhrpark
Einzelkosten:					
Fertigungsmaterial	1,000.000,–				
Fertigungslöhne		3,000.000,–			
Gemeinkosten	165.000,–	3,555.000,–	2,473.500,–	656.000,–	436.500,–

Die Kostenstellen Material, Fertigung I sowie Verwaltung/Vertrieb sind durch Zuschlagskalkulation abzurechnen. In der Fertigungsstelle II wurden in der abgelaufenen Periode 3.000 Stunden geleistet. Von der Gesamtleistung der Hilfskostenstelle Fuhrpark gehen 30% an die Materialstelle, 10% an die Fertigung I, 17% an die Fertigung II, 40% an Verwaltung/Vertrieb und 3% sind Eigenleistung. Die Kosten der Verwaltungs- und Vertriebsstelle sind je zur Hälfte auf die Herstellkosten bzw. auf die Zahl der Aufträge zu beziehen. In der abgelaufenen Periode wurde die gesamte Produktion abgesetzt, so daß keine Bestandsveränderungen auftraten. Es wurden 1.045 Aufträge ausgeführt.

Kalkulieren Sie einen Kostenträger, für den folgende Daten erfaßt wurden:

Fertigungsmaterial € 3.000,–; Fertigungslöhne in Fertigung I € 2.000,–; 2 Stunden in Fertigung II; 5% Gewinnzuschlag; 20% USt.

☛ *Lösungshinweise:*

	Kostenstellen (Angaben in €)				
Kostenarten	Material	Fertigung I	Fertigung II	Verwaltung/ Vertrieb	Fuhrpark
Einzelkosten: Fertigungsmaterial Fertigungslöhne					
Gemeinkosten: lt. Angabe Umlage Fuhrpark					
Gemeinkostensumme Basis			...... h	HK; Aufträge	
Zuschlagsatz bzw. Verrechnungssatz	...... %	...... %	............/h	...... % ..../Auftrag	

Umlage Fuhrpark:

...... % der Leistung werden an andere Kostenstellen abgegeben, die Gesamtkosten des Fuhrparks werden daher auf 97-Prozentpunkte abgerechnet.

Z. B. Umlage Fuhrpark Materialstelle:

$$\frac{€\ \ldots\ldots\ldots\ldots \times \ldots\ldots\ldots\ldots}{\ldots\ldots} = €\ \ldots\ldots\ldots\ldots$$

Abrechnung Verwaltung/Vertrieb:

...... % der Gemeinkosten (€ ....) auf Basis Herstellkosten

	€
Materialeinzelkosten + Materialgemeinkosten + Lohneinzelkosten Fertigung I + Fertigungsgemeinkosten I + Fertigungsgemeinkosten II	
= Herstellkosten der erzeugten Menge (= Herstellkosten der abgesetzten Menge)	

...... % der Gemeinkosten (€ ....) auf Basis Aufträge; je Auftrag müssen € .... (€ .... : ...... Aufträge) verrechnet werden.

Kalkulation:

	€
Fertigungsmaterial	
+ ... % Materialgemeinkostenzuschlag	
+ Fertigungslöhne in Fertigung I	
+ ... % Fertigungsgemeinkostenzuschlag I	
+ ...... h × € .... Gemeinkostenstundensatz Fertigung II	
= Herstellkosten	
+ ... % Verwaltungs- und Vertriebsgemeinkostenzuschlag	
+ Gemeinkostensatz/Auftrag	
= Selbstkosten	
+ ... % Gewinnzuschlag	
= Nettoverkaufspreis	
+ ... % USt	
= Bruttoverkaufspreis	

C.6.2

Ein Betrieb weist in seiner Betriebsabrechnung folgende Gemeinkosten aus:

Kostenstelle	€
Material	4.000,–
Fertigung I	21.500,–
Fertigung II	25.000,–
Verwaltung	26.050,–
Vertrieb	15.320,–
Werksküche	7.000,–
Raumstelle	12.000,–

Die Raumstelle wird nach Flächenbedarf abgerechnet. Dieser beträgt für die folgenden Kostenstellen in m^2: Material 300, Fertigung I 350, Fertigung II 200, Verwaltung 100, Vertrieb 150, Werksküche 100.

Grundlage für die Umlage der Kosten der Werksküche sind die beschäftigten Personen. Diese verteilen sich wie folgt: Material 4, Fertigung I 5, Fertigung II 3, Verwaltung 2, Vertrieb 2, Werksküche 2.

Die Materialgemeinkosten werden durch das Fertigungsmaterial in Höhe von € 60.000,– verursacht. Die Gemeinkosten der Fertigung I sind von den Fertigungslöhnen in Höhe von € 25.000,– abhängig. In der Fertigungsstelle II wurden 250 Maschinenstunden geleistet; die dort anfallenden Fertigungslöhne betrugen € 15.000,–.

Basis der Verwaltungsgemeinkosten: Herstellkosten der erzeugten Menge.
Basis der Vertriebsgemeinkosten: Herstellkosten der abgesetzten Menge. 90% der hergestellten Mengen wurden abgesetzt.

Führen Sie die Betriebsabrechnung durch und ermitteln Sie den Bruttoverkaufspreis für folgenden Auftrag:

Materialbedarf Löhne in Fertigung I Maschinenstunden in Fertigung II	€ 250,– € 300,– 1,5 h
Der Betrieb verrechnet 10% Gewinnzuschlag und 20% USt.	

☛ *Lösungshinweise:*

Die Raumstelle und die Werksküche sind Hilfskostenstellen.

Da die Raumstelle u. a. auch an die Werksküche leistet, aber keine Leistungen der Werksküche empfängt, wird zuerst die Raumstelle abgerechnet. (Ein wechselseitiger Leistungsaustausch von Kostenstellen ist mit Hilfe eines simultanen Gleichungsansatzes zu lösen.)

Hauptkostenstelle 1	. . .	Hauptkostenstelle n	Hilfskostenstelle 1	Hilfskostenstelle 2
GK	. . . .	GK	GK	GK . . . .
Σ + GK teil ↑	. . . . . .	Σ + GK teil ↑	Σ + GK teil ↑	Σ GK – Σ GK
Σ + GK teil ↑	. . . . . .	Σ + GK teil ↑	Σ GK – Σ GK	0
Σ GK	. . .	Σ GK	0	
Zuschlags- bzw. Abrechnungsbasen				
Zuschlags- bzw. Verrechnungssätze				

Dem Kalkulationsschema kann entnommen werden, daß die Gemeinkosten der Fertigungsstelle II nicht auf die Fertigungslöhne abgerechnet werden können. Die Fertigungslöhne der Fertigungsstelle II sind daher keine Einzelkosten, sondern stellen Gemeinkosten dar, die mit den übrigen Gemeinkosten dieser Kostenstelle über einen Maschinenstundensatz abgerechnet werden.

	Kostenstellen (Angaben in €)						
Kostenarten	Material	Fertigung I	Fertigung II	Verwaltung	Vertrieb	Werksküche	Raumstelle
Einzelkosten: Fertigungsmaterial Fertigungslöhne Gemeinkosten: lt. Angabe Löhne in Fertigung II Umlage Raumstelle Umlage Werksküche	 60.000,– 4.000,–	 25.000,– 21.500,–	 25.000,–	 26.050,–	 15.320,–	 7.000,–	 12.000,–
Gemeinkostensumme Basis				①	②		
Zuschlagsatz bzw. Stundensatz							

① Basis Verwaltung:	€
Materialeinzelkosten + Materialgemeinkosten	} Materialkosten
+ Lohneinzelkosten Fertigung I + Fertigungsgemeinkosten I + Fertigungsgemeinkosten II	} Fertigungskosten
= Herstellkosten der erzeugten Menge	
② Basis Vertrieb:	**€**
0,9 × Herstellkosten der erzeugten Menge € .... =	Herstellkosten der abgesetzten Menge

Kalkulation:

	€
Materialeinzelkosten + ... % Materialgemeinkostenzuschlag + Lohneinzelkosten in Fertigung I + ... % Fertigungsgemeinkostenzuschlag I + ... Mh × € .... Stundensatz II	
= Herstellkosten des Auftrages + ... % Verwaltungsgemeinkostenzuschlag + ... % Vertriebsgemeinkostenzuschlag	
= Selbstkosten des Auftrages + ... % Gewinnzuschlag	
= Nettoverkaufspreis des Auftrages + ... % USt	
= Bruttoverkaufspreis	

C.6.3

	Kostenstellen (Angaben in €)						
Gemeinkosten	Material	Fertigung I	Fertigung II	Verwaltung	Vertrieb	Raumstelle	Werksküche
Hilfsmaterial	10.000,–	115.000,–	120.000,–	24.900,–	25.000,–	5.000,–	35.000,–
Hilfslöhne	50.000,–	130.000,–	100.000,–	164.000,–	140.000,–		50.000,–
Abschreibungen	20.000,–	200.000,–	900.000,–	140.000,–	60.000,–	90.000,–	40.000,–
Zinsen	5.000,–	50.000,–	225.000,–	35.000,–	15.000,–	122.500,–	10.000,–
sonstige Kosten	20.750,–	60.000,–	69.500,–	48.360,–	14.195,–	25.500,–	11.000,–
Fläche in m^2	50	300	200	60	120		80
beschäftigte Personen	2	18	10	2	2		2

Die Materialgemeinkosten werden auf Basis Materialeinzelkosten (€ 1,307.500,–) verrechnet, die Gemeinkosten der Fertigung I sind von den Fertigungslohneinzelkosten in Höhe von € 490.000,– abhängig. In der Fertigung II wurden 5.000 Maschinenstunden geleistet, die Fertigungslohneinzelkosten der Fertigung II betragen € 1,315.500,–. Die Fertigungsgemeinkosten der Fertigung II werden auf Basis geleisteter Maschinenstunden verrechnet.

Der Lagerbestand am Ende der Abrechnungsperiode ist um € 500.000,– (bewertet zu Herstellkosten) höher als zu Beginn.

Führen Sie die Betriebsabrechnung durch und ermitteln Sie den Bruttoverkaufspreis für ein Produkt nach folgenden Angaben:

Fertigungsmaterial	€ 3.000,–
Fertigungslöhne in Fertigung I	€ 2.800,–
Fertigungslöhne in Fertigung II	€ 2.000,–
Maschinenstunden in Fertigung II	3
Gewinnzuschlag	5%
Umsatzsteuer	20%

C.6.4

Der BAB eines Fertigungsbetriebes zeigt folgende Daten:

	Kostenstellen (Angaben in €)						
Kostenarten	Material	Fertigung I	Fertigung II	Verwaltung	Vertrieb	Fuhrpark	Werksküche
Fertigungsmaterial	900.000,–						
Fertigungslöhne		450.000,–	180.000,–				
Gemeinkosten	52.600,–	70.550,–	340.900,–	83.250,–	81.153,–	89.650,–	12.250,–

Vom Fuhrpark werden in der abzurechnenden Periode 14.000 km geleistet, wobei 30% der Leistung für die Materialstelle, 10% für die Fertigung I, 15% für die Fertigung II, 20% für die Verwaltung und 25% für den Vertrieb erbracht werden.

Die Kostenstelle Werksküche ist nach den in Anspruch genommenen Menüs umzulegen, die sich wie folgt verteilen:

Menüs: Materialstelle: 4, Fertigung I: 7, Fertigung II: 16, Verwaltung: 4, Vertrieb: 3, Fuhrpark: 1, Werksküche: 2.

Die Gemeinkosten der Materialstelle und die der Fertigungsstelle II sind von den jeweiligen Einzelkosten, die der Stellen Verwaltung und Vertrieb von den Herstellkosten abhängig. 15% der erzeugten Produkte gingen auf Lager. In der Fertigungsstelle I wurden 2.000 Fertigungsstunden geleistet.

Führen Sie die Betriebsabrechnung durch und ermitteln Sie den Bruttopreis für ein Produkt nach folgenden Angaben: Fertigungsmaterial € 500,–, 2,5 Fertigungsstunden in Fertigung I, Fertigungslöhne in Fertigung II € 450,–, 10% Gewinnzuschlag, 3% Skonto, 20% USt.

C.6.5

Im Betriebsabrechnungsbogen eines Erzeugungsbetriebes wurden folgende Daten erfaßt:

	€	in der Kostenstelle
Gemeinkosten		
	1,400.000,–	Allgemeine Stelle
	1,150.000,–	Hilfsstelle 1
	1,250.000,–	Hilfsstelle 2
	1,800.000,–	Fertigung 1
	3,000.000,–	Fertigung 2
	1,700.000,–	Fertigung 3
	2,150.000,–	Materialstelle
	3,175.600,–	Verwaltung
	2,588.000,–	Vertrieb
Einzelkosten		
Fertigungslöhne	2,000.000,–	Fertigung 1
	3,000.000,–	Fertigung 2
	3,020.000,–	Fertigung 3
Fertigungsmaterial	20,000.000,–	Material

Die Allgemeine Kostenstelle erbringt Leistungen für die Hilfsstellen 1 und 2, für die Fertigungsstellen 1, 2 und 3, für die Materialstelle, für die Verwaltung und für den Vertrieb im Verhältnis 0,5 : 0,5 : 6 : 3 : 2 : 0,5 : 0,5 : 1.

Die Hilfsstelle 1 erbringt Leistungen für die Fertigungsstellen 1, 2 und 3 im Verhältnis von 3 : 1 : 2. Die Hilfsstelle 2 erbringt Leistungen für die Fertigung 1, 2 und 3 im Verhältnis 5 : 4 : 4.

In der Fertigungsstelle 3 wurden 10.000 Maschinenstunden geleistet. Die Verwaltungs- und Vertriebsgemeinkosten sind auf die Herstellkosten zu beziehen. Die produzierte Menge lag um 10% unter der abgesetzten Menge, wobei die Differenz über Lagerbestandsreduktionen bereitgestellt werden konnte.

Ermitteln Sie die Selbstkosten eines Auftrages, für dessen Nachkalkulation folgende Daten erfaßt wurden:

Fertigungslöhne in Fertigung 1	€ 10.000,–
Fertigungslöhne in Fertigung 2	€ 20.000,–
Fertigungslöhne in Fertigung 3	€ 15.000,–
Maschinenstunden in Fertigung 3	200
Fertigungsmaterial	€ 30.000,–

C.6.6

Der Betriebsabrechnungsbogen der Equus KG zeigt folgende Daten:

	Kostenstellen (Angaben in €)				
Kostenarten	Material	Fertigung I	Fertigung II	Verw./Vertr.	Werksküche
Einzelkosten: Fertigungsmaterial Fertigungslöhne					
Gemeinkosten	56.000,–	2,360.000,–	670.000,–	509.096,–	90.000,–
Basis	Fertigungsmaterial	Fertigungslöhne in Fertigung I	Maschinenstunden in Fertigung II	Herstellkosten der Absatzleistung	beschäftigte Personen
beschäftigte Personen	4	20	15	6	3

Der Fertigungsbetrieb erzeugte und verkaufte in der vergangenen Periode 4 Produkte zu folgenden Einzelkosten und in folgenden Mengen:

	Produkte			
	A	B	C	D
erzeugte Mengen (Stk.)	300	200	400	700
verkaufte Mengen (Stk.)	200	100	300	600
Fertigungsmaterial/Stk. in €	500,–	800,–	700,–	300,–
Fertigungslöhne/Stk. in F I in €	600,–	500,–	450,–	200,–
Maschinenstunden/Stk. in F II	0,5	1,75	2	1

a) Führen Sie die Betriebsabrechnung durch und ermitteln Sie die Zuschlagsätze.

b) Die Betriebsleitung erwägt die Produktion eines Produkts E. Die Marktforschungsabteilung benötigt für eine Marktstudie den Bruttoverkaufspreis. Kalkulieren Sie das Produkt E.

Folgende Daten sind Ihnen bekannt:

Fertigungsmaterial	€ 700,–
Fertigungslöhne in F I	€ 200,–
Maschinenstunden in F II	1
Gewinnzuschlag	10%
Umsatzsteuer	20%

c) Wie hoch ist der Stückerfolg für das Produkt E im Export bei folgenden Verkaufskonditionen:

Exportpreis/Stk.	€ 2.700,–
Rabatt	5%
Skonto bei Bezahlung innerhalb von 3 Wochen	2%

Der Käufer nützt die Skontoabzugsmöglichkeit.

C.6.7

Ein Unternehmen in der Slowakei steht vor der Einführung einer Kostenrechnung. Ziel ist es, einen Betriebsabrechnungsbogen zu erstellen, ein geeignetes Kalkulationsschema zu entwerfen und beispielhaft einen Kostenträger zu kalkulieren (wählen Sie folgende Angaben dafür: Die Kosten des Fertigungsmaterials betragen € 800,–. Der Fertigungslohn im ersten Produktionsbereich beträgt € 700,–, im zweiten Produktionsbereich brauchen Sie 1 Stunde Arbeitszeit). Folgende Informationen der Planung stehen Ihnen dazu zur Verfügung:

Das Unternehmen rechnet aufgrund der Absatzerwartungen mit einem Fertigungsmaterialeinsatz in Höhe von € 390.000,–.

Die Produktion läuft in zwei Produktionsschritten ab. In jeder der beiden Produktionsbereiche wird mit Fertigungslöhnen in Höhe von je € 174.780,– gerechnet. Das Unternehmen plant 70% lohnabhängige Gemeinkosten. In der Materialstelle sind 2 Mitarbeiter beschäftigt, die Gehaltskosten (inkl. Nebenkosten) von je € 35.000,– verursachen. In der Verwaltung sind 3 Mitarbeiter und der Unternehmer selbst tätig. Jeder dieser Mitarbeiter verursacht Gehaltskosten (inkl. Nebenkosten) von € 35.000,–. Das Unternehmen hat die Rechtsform einer Einzelunternehmung, ein Geschäftsführer würde Kosten in Höhe von € 80.000,– verursachen. Im Vertriebsbereich sind 3 Mitarbeiter beschäftigt, die jeweils Gehaltskosten (inkl. Nebenkosten) von € 20.000,– verursachen. Für die Reinigung des gesamten Firmengeländes gibt es einen eigenen Mitarbeiter, der Kosten in Höhe von € 25.000,– (inkl. Nebenkosten) verursacht. Der Bedarf an Hilfsmaterial wird auf € 60.000,– geschätzt und wird zu 10% durch die Lagerung des Materials, zu jeweils 10% in den beiden Produktionsbereichen, zu 10% in der Verwaltung und zu 60% durch die Reinigung verursacht. Alle übrigen Gemeinkosten fallen wie folgt an: In der Produktion 1 fallen Kosten in Höhe von € 100.837,20 an. € 671.874,– im zweiten Produktionsbereich sind Abschreibungskosten für eine Großmaschine. Diese Großmaschine wird geplante 1.200 Stunden im Einsatz sein. € 166.958,– fallen auf den Bereich Verwaltung, € 209.478,70 auf den Bereich Vertrieb an.

€ 18.500,– entfallen auf den Bereich der Lagerung des Materials. € 14.000,– entfallen auf den Bereich der Reinigung.

Aufgrund der verschlechterten Auftragslage rechnet das Unternehmen mit einem Absatz, der 10% unter der produzierten Menge liegt. Das gesamte zu reinigende Areal erstreckt sich auf 2.250 m² für die Lagerung des Materials, 2.250 m² für den Produktionsbereich I, 1.500 m² für den Produktionsbereich II, 750 m² für die Verwaltung, 750 m² für den Vertrieb und 200 m² für die Reinigung selbst. Das Unternehmen strebt eine Umsatzrentabilität von 5% der Nettoumsätze ohne USt an. Die USt beträgt 20%.

C.6.8

Ein Produktionsunternehmen stellt Holztrockenanlagen her. In Fertigung 1 werden Kammern aus Stahlblech hergestellt. Da kundenindividuelle Produktgrößen vorherrschen, werden die verarbeiteten Mengen Stahlblech (insgesamt 10.000 m²) als Abrechnungsgröße für alle Kosten dieser Kostenstelle herangezogen. In Fertigung 2 werden die Kammern unter anderem mit Lüftungsventilatoren und Heizregistern ausgestattet. In dieser arbeitsintensiven Produktion sind die Lohneinzelkosten die geeignete Abrechnungsgröße. Die Lohnkosten betragen in Fertigung 1 € 1 Mio., und in Fertigung 2 € 2 Mio. An Fertigungsmaterialkosten sind € 0,5 Mio. angefallen. Die Gemeinkosten betragen in der Materialstelle € 50.000,–, in Fertigung 1 € 100.000,– und in Fertigung 2 € 200.000,–. Die Gemeinkosten in Verwaltung/Vertrieb von € 127.500,– werden auf Basis der Herstellkosten verrechnet.

In einer allgemeinen Kostenstelle werden Lohnkosten von € 300.000,– für Aufgaben erfaßt, die den anderen Hauptkostenstellen zu gleichen Teilen zugute kommen. Zur Bewältigung von Beschäftigungsspitzen werden Aushilfskräfte eingesetzt, die Kosten von insgesamt € 500.000,– verursachen, die im Verhältnis 2:2:1 den Fertigungsstellen 1 und 2 beziehungsweise der allgemeinen Stelle angelastet werden.

Ermitteln Sie die Zuschlags- und Verrechnungssätze und kalkulieren Sie einen Auftrag, für den folgende Informationen vorliegen: Materialeinzelkosten € 1.000,– für 100 m² Stahlblech in F1 und € 1.000,– Fertigungslohn in F2, 5% Gewinnzuschlag, 3% Skonto, 10% Rabatt und 20% USt.

C.6.9

Die Konvent-OHG möchte aufgrund des Betriebsabrechnungsbogens ein Kalkulationsschema entwerfen, um einen Kostenträger zu kalkulieren. Folgende Daten liegen vor: Die Kosten des Fertigungsmaterials betragen € 150,–; der Fertigungslohn in der Fertigung beträgt € 120,–; in der Montage benötigen Sie 2 Stunden.

Folgende Informationen aus der letzten Periode für den BAB liegen vor (in €):

Fertigungsmaterial	318.000,–
Fertigungslöhne	120.000,–
Hilfslöhne	38.000,–
Gehälter	111.265,–
Stromkosten	24.000,–
Miete	50.000,–
Reisekosten	32.000,–
Sonstige Gemeinkosten	147.160,–

Die Konvent-OHG hat 8 Kostenstellen: Strom, Reparatur, Betriebsleitung, Fertigung, Montage, Material, Verwaltung und Vertrieb.

Der Kostenrechner definiert folgende Verteilungsgrundlagen:

Die Fertigungslöhne der Kostenstellen Fertigung und Montage verhalten sich 2:1. Die Fertigungslöhne der Montagestelle werden als Gemeinkosten verrechnet. Die Hilfslöhne werden nach Aufwand der Stunden der Mitarbeiter verteilt. 25 Stunden für Strom, 150 Stunden für Reparatur, für Fertigung 125 Stunden, Montage 75 Stunden und Material 100 Stunden.

Die Gehälter werden nach der Gehaltsliste verteilt: Betriebsleitung € 16.000,–, Material € 14.000,–, Verwaltung € 33.270,– und Vertrieb € 47.995,–.

Die Personalnebenkosten betragen 70%.

Die Stromkosten werden zu 100% der Stromstelle zugeordnet.

Die Miete wird nach Quadratmetern aufgeteilt: Strom 80, Reparatur 240, Betriebsleitung 64, Fertigung 480, Montage 240, Material 480, Verwaltung 160 und Vertrieb 256.

Die Reisekosten fallen folgendermaßen an: Verwaltung € 2.400,– und Vertrieb € 29.600,–.

Sonstige Gemeinkosten fallen folgendermaßen an: Strom € 2.600,–, Reparatur € 11.600,–, Betriebsleitung € 7.200,–, Fertigung € 33.960,–, Montage € 35.640,–, Material € 8.600,–, Verwaltung € 30.160,– und Vertrieb € 17.400,–.

Die Stromkosten werden nach verbrauchten kWh aufgeteilt: Reparatur 2.200, Betriebsleitung 100, Fertigung 6.200, Montage 3.100, Material 2.800, Verwaltung 1.300 und Vertrieb 300.

Bei der Reparaturkostenstelle fallen folgende Stunden an: In der Betriebsleitung 2 Stunden, Fertigung 150 Stunden und Montage 60 Stunden.

Die Betriebsleitung wird prozentuell folgendermaßen zugeordnet: Fertigung 40% und Montage 60%.

In der Montage fallen 2.000 Stunden an. Die Fertigungslöhne der Montage werden als Maschinenstundensatz verrechnet. Aufgrund der wirtschaftlichen Situation ist der Absatz 15% unter der produzierten Menge. Das Unternehmen strebt eine Umsatzrentabilität von 8% der Nettoumsätze ohne USt an. Die USt beträgt 20%.

C.7. Beispiele zur Exportkalkulation

Literaturhinweis: *Kemmetmüller W., Handbuch der Kostenrechnung, Kapitel D.5.6., D.5.7., D.5.8.*

C.7.1[1]

Beispiel einer Exportkalkulation eines österreichischen Erzeugungsbetriebes nach New York:

Die Wiener Firma H. offeriert einem Importeur in New York auf dessen Anfrage 100 Stück Spezialsiebe „FOB-Hamburg".

Folgende Informationen liegen vor:

Herstellkosten eines Siebes lt. Vollkostenrechnung	€ 61.000,–
Selbstkosten eines Siebes lt. Vollkostenrechnung	€ 70.150,–
Die Kostenstelle Export zeigt einen Gemeinkostenzuschlagsatz von 14% der Herstellkosten.	
Die Auslandsmarktbearbeitungskosten werden mit einem 1%igen Aufschlag (auf die Herstellkosten) laut BAB kalkuliert.	
Die Exportverpackung für die 100 Siebe beträgt € 15.000,–, wobei die Verpackung auf 25 Paletten mit einem Volumen von je 3,4 m^3 und einem Gewicht von je 620 kg erfolgt.	
Die Transportkosten (Bahnfracht) von Wien nach Hamburg belaufen sich (inkl. Nebenspesen) auf	€ 54.613,–
Im Rahmen des Vortransportes fallen folgende Kosten an:	
Miete, Standgelder u. a.	€ 1.958,–
Lagerung im Hafen Hamburg (7 Tage, € 28,48 pro Palette und Tag).	
Kai-Umschlaggebühr pro Tonne	€ 178,–
Hafenkosten inkl. Abgaben pro Tonne	€ 106,80
FOB- und Verschiffungsprovision des Seefrachtspediteurs	€ 6.578,88
Speditionsversicherungsschein (SVS) pro Palette	€ 64,08
Rollfuhrversicherungsschein (RVS) pro Palette	€ 49,84

Ermitteln sie die Selbstkosten „FOB-Hamburg" für 100 Stück Spezialsiebe.

1 Zu den Lieferklauseln vgl. Kemmetmüller W., Handbuch der Kostenrechnung, Kapitel D.5.6.

C.7.2

Ein Recyclingunternehmen erzeugt aus Altmetall Mahlartikel und Ofenrohre. Für die Kostenrechnung ist das Unternehmen in die Kostenstellen Material, Fertigung I, Fertigung II, Verwaltung, Vertrieb, Werksküche und Energie untergliedert.

In der Materialstelle traten in der Abrechnungsperiode Fertigungsmaterialeinzelkosten in der Höhe von € 1.000,– und primäre Gemeinkosten in der Höhe von € 41,50 auf. In der Fertigung I fielen Fertigungslöhne in der Höhe von € 400,– und Gemeinkosten von € 222,50 an. In der Fertigung II betrugen die Fertigungslöhne € 500,– und die Gemeinkosten € 201,50. Die Gemeinkosten in der Verwaltung betrugen € 113,75, in der Vertriebsstelle € 999,–, in der Werksküche € 17,– und in der Kostenstelle Energie € 30,–.

Die Werksküche wird nach den zu versorgenden Personen abgerechnet, wobei in der Materialstelle 2, in der Fertigung I 5, in der Fertigung II 10, in der Verwaltung 2 und in der Vertriebsstelle 1 Person zu versorgen sind. Die Kostenstelle Energie erbringt 5% ihrer Leistung für die Materialstelle, 25% für die Fertigung I, 45% für die Fertigung II, 15% für die Verwaltung und 10% für die Werksküche.

Die Materialstelle wird nach den Materialeinzelkosten abgerechnet, die Fertigung I nach Produktionsminuten (21.166 Minuten und 40 Sekunden in der Abrechnungsperiode), die Fertigung II nach den Fertigungslohneinzelkosten und als Basis zur Verrechnung der Verwaltungsstelle dienen die Herstellkosten. Die Kostenstelle Vertrieb wird nach den in der Abrechnungsperiode kontaktierten, für die Auftragsbeschaffung und -abwicklung erforderlichen 5 Personen abgerechnet.

Errechnen Sie unter Berücksichtigung folgender Daten die Kosten „ab Werk", und „CIF Hongkong" eines Mahlartikels:

Materialeinzelkosten	€ 400,–
Produktionsminuten in F I	9.100
kontaktierte Personen im Vertrieb	2
Exportgemeinkosten	10% der Selbstkosten
Auslandsmarktbearbeitung	1% der Selbstkosten
Exportverpackung	€ 29,40
Transportkosten Wien–Genua	€ 282,–
Mieten, Standgelder	€ 11,–
Lagerung im Hafen Genua	7 Tage, 25 Kisten, € 0,20/Kiste und Tag
Kai-Umschlaggebühren	€ 0,10/Tonne, 1 Kiste wiegt 2 Tonnen
FOB und Verschiffungsprovision	€ 12,50
Speditionsversicherungsschein (SVS)	€ 0,10 pro Kiste

➤

Rollfuhrversicherungsschein (RVS)	€ 0,08 pro Kiste
Seefracht Genua-Hongkong	€ 370,–
Seeversicherungsprämie	1,5% der Kosten „CIF Hongkong“
Dokumentenkosten für die Seefracht	€ 43,–

D.
Beispiele zur Teilkostenrechnung

D.1. Beispiele zur Kostenauflösung

Literaturhinweis: *Kemmetmüller W., Handbuch der Kostenrechnung, Kapitel E.4.*

Texthinweis: Statt des für Unbekannte üblichen Symbols „*x*" wird das Zeichen „*y*" verwendet, um Verwechslungen mit dem Mal-Zeichen auszuschließen.

D.1.1

Die Stromgebühren einer Anlage, die 100 Stunden im Vorjahr in Betrieb war, belaufen sich auf € 22.500,–. Heuer werden sie für 150 Betriebsstunden mit € 30.000,– ausgewiesen.

Berechnen Sie mit Hilfe des proportionalen Satzes von Schmalenbach die fixe Grundgebühr dieser Anlage unter der Annahme, daß keine Preissteigerung erfolgte.

☛ *Lösungshinweise:*

Der proportionale Satz von Schmalenbach unterstellt eine lineare Kostenfunktion, die sich aus den konstanten Fixkosten und den proportionalen variablen Kosten zusammensetzt (siehe Abbildung auf der nächsten Seite).

Da die Fixkosten sowohl bei einer Beschäftigung von 100 Mh als auch bei 150 Mh in gleicher Höhe anfallen, ist der Unterschiedsbetrag der Gesamtkosten (€ 7.500,–) auf die Änderung der variablen Kosten zurückzuführen.

€ 7.500,– sind daher die variablen Kosten, die für 50 Mh anfallen.

$$\frac{\text{Differenz } \Delta \text{ Gesamtkosten ......}}{\text{Differenz } \Delta \text{ Beschäftigung ......}} = \text{€ .... variable Kosten/Mh}$$

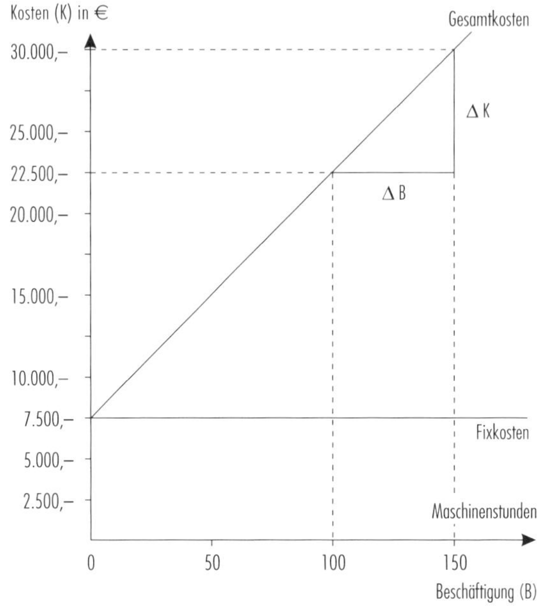

Errechnung der Fixkosten:

Kostenfunktion:

$$K_{(y)} = K_f + k_v \times y$$

$$K_{(100)} = K_f + k_v \times 100$$

$$€\ 22.500,\text{–} = K_f + €\ \ldots\ldots\ldots\ldots \times 100$$

$$K_f = €\ldots\ldots\ldots\ldots$$

$$K_{(150)} = K_f + k_v \times 150$$

$$€\ 30.000,\text{–} = K_f + €\ldots\ldots\ldots\ldots \times 150$$

$$K_f = €\ldots\ldots\ldots\ldots$$

D.1.2

Die Versandabteilung Ihrer Sportartikelhandlung gibt Ihnen folgende Daten bekannt:
Jänner: 6.000 Versandaufträge mit Gesamtkosten von € 94.520,–
Februar: 8.200 Versandaufträge mit Gesamtkosten von € 114.100,–

Berechnen Sie
a) die variablen Kosten pro Versandauftrag und die Fixkosten pro Monat,
b) die Gesamtkosten für März, wobei die Versandaufträge um 20% höher als im Vormonat sind.

D.1.3

Berechnen Sie die fixen und die variablen Kosten mit Hilfe des proportionalen Satzes von Schmalenbach:

Jahr	Menge in Stück	Gesamtkosten in €
2000	12.000	10,000.000,–
2001	9.000	7,900.000,–
2002	10.000	8,900.000,–
2003	11.000	9,200.000,–

☛ *Lösungshinweise:*

Beim Versuch der graphischen Lösung erkennt man, daß die 4 Wertepaare (Menge/Gesamtkosten) nicht auf einer Geraden liegen.

Je nach Auswahl zweier Punkte ergeben sich nach dem proportionalen Satz andere k_v und andere K_f.

Grundsätzlich verlangt diese Problemstellung eine Lösung mittels eines Streupunktdiagramms oder mittels einer Regressionsanalyse.

Eine plausible Lösung kann aber auch rasch mit dem proportionalen Satz gefunden werden. Je größer das betrachtete Intervall ist, um so größer ist auch die Wahrscheinlichkeit, daß Zufallsabweichungen ausgeschieden sind und der tatsächliche Kostenverlauf abgebildet wird.

Diese Überlegungen können aber nur angestellt werden, wenn ein linearer Kostenverlauf vorliegt und die festgestellten Abweichungen Zufallsschwankungen sind.

D.1.4

Ein Unternehmensberater überlegt, einen weiteren Mitarbeiter ganzjährig einzustellen. Eine vertragliche Vereinbarung mit einem Geschäftspartner würde eine jährliche Auslastung dieses Mitarbeiters von 30 Wochen zu je 5 Tagen garantieren.

Die geschätzte Anwesenheitszeit beträgt 42 Wochen, die Belastung durch Sozialabgaben 30% der Bruttogehälter. Für den Urlaubszuschuß und die Weihnachtsremuneration müssen je 4,3 Wochen berücksichtigt werden.

Wie hoch wäre der jährliche Beitrag dieses Mitarbeiters zur Abdeckung der sonstigen Gemein- und Fixkosten (zum Beispiel Sekretariatskosten), wenn sein Bruttogehalt monatlich (= 4,3 Wochen) € 2.500,– beträgt und ein Tagessatz von € 800,– netto, ohne USt verrechnet wird?

D.2. Beispiele zu Kalkulationsverfahren zu Teilkosten

Literaturhinweis: *Kemmetmüller W., Handbuch der Kostenrechnung, Kapitel E.8.–E.11.2.*

D.2.1

In einem Unternehmen wurden 10.000 t Rohmaterial ohne Gewichtsverlust aufbereitet; die variablen Kosten der Aufbereitungsstufe betrugen € 2,700.000,–; die Fixkosten beliefen sich auf € 1,500.000,–.

In der nächsten Produktionsstufe wurden 7.800 t aufbereitetes Material zu 7.500 t Halbfertigerzeugnissen weiterverarbeitet. In dieser Stufe fielen € 1,081.500,– an variablen Kosten und € 892.500,– an fixen Kosten an.

3.000 t Halbfertigerzeugnisse wurden sofort verkauft. Die restliche Menge der Halbfertigerzeugnisse wurde in einem weiteren Arbeitsvorgang ohne Mengenverluste veredelt, dafür entstanden € 337.500,– an variablen Kosten und € 67.500,– an fixen Kosten.

Ermitteln Sie die variablen und die vollen Herstellkosten einer t Halbfertigerzeugnis und einer t Fertigerzeugnis.

☛ *Lösungshinweise:*

Volle Herstellkosten		
Stufe 1:	volle Kosten € .... / Output Stufe 1 ...... = € .... /t aufbereitetes Material	
Stufe 2:		€
	übernommene Menge ...... × volle Kosten/t Stufe 1 + zusätzliche volle Kosten	
	= volle Kosten der Stufe 2	
	volle Kosten Stufe 2 € .... / Output Stufe 2 ...... = € .... volle Herstellkosten/t Halbfertigerzeugnis	
Stufe 3:		€
	übernommene Menge ...... × volle Kosten/t Stufe 2 + zusätzliche volle Kosten	
	= volle Kosten der Stufe 3	
	volle Kosten Stufe 3 € .... / Output Stufe 3 ...... = € .... volle Herstellkosten/t Halbfertigerzeugnis	

➤

➤

Variable Herstellkosten		
Stufe 1:	variable Kosten Stufe 1 € .... / Output Stufe 1 ...... = € .... /t aufbereitetes Material	
Stufe 2:		€
	übernommene Menge ...... × variable Kosten/t Stufe 1 + zusätzliche variable Kosten	
	= variable Kosten der Stufe 2	
	variable Kosten Stufe 2 € .... / Output Stufe!2 ...... = € .... variable Herstellkosten/t Halbfertigerzeugnis	
Stufe 3:		€
	übernommene Menge ...... × variable Kosten/t Stufe 2 + zusätzliche variable Kosten	
	= variable Kosten der Stufe 3	
	variable Kosten Stufe 3 € .... / Output Stufe 3 .... = € .... variable Herstellkosten/t Fertigerzeugnis	

D.2.2

Ein Erzeugungsbetrieb fertigt die Produkte A und B. Die angefallenen Kosten sind dem Betriebsabrechnungsbogen auf Seite 90 zu entnehmen:

40% der km-Leistung des Fuhrparks werden für die Materialstelle, 10% für F I, 5% für F II und 45% für die Verwaltung geleistet.

Für die beiden Produkte A und B stehen Ihnen noch folgende Daten zur Verfügung:

	A	B
Fertigungsmaterial in €	350,00	200,00
Fertigungslöhne F I in €	200,00	400,00
Fertigungslöhne F II in €	120,00	520,00
Fertigungsstunden in F II	0,05	0,20

Ermitteln Sie die variablen Selbstkosten von A und B sowie die vollen Selbstkosten von A und B.

Kostenarten	Kostenstellen (Angaben in € 1.000,–)									
	Materialstelle		Fertigung I		Fertigung II		Verwaltung		Fuhrpark	
	K_f	K_v	K_f	K_v	K_f	K_v	K_f	K_v	K_f	K_v
Einzelkosten:										
Fertigungslöhne				600,–		500,–				
Fertigungsmaterial		800,–								
Gemeinkosten:										
Gehälter	12,–		20,–		20,–		12,–		4,–	
Hilfslöhne	8,–	5,–	20,–	20,–	15,–	10,–	5,–	5,–		2,–
lohn- und gehaltsabhängige Kosten	16,–	4,–	32,–	496,–	28,–	408,–	13,6	4,–	3,2	1,6
Hilfsmaterial			5,–	10,–	1,–	3,–				
Energie	2,–	6,–	4,–	20,–	6,–	21,5	2,–	1,–	2,–	4,4
Abschreibungen	4,2		18,–	5,–	15,–		1,–		2,5	2,–
Zinsen	1,–	5,–	7,8		4,4		0,6		0,3	
Sonstiges							57,81	14,69		
Bezugsgrößen für die variablen bzw. die vollen Gemeinkosten	Fertigungsmaterial		Fertigungslöhne in Fertigung I		Fertigungsstunden 200		volle bzw. variable Herstellkosten		km-Leistung	

D.2.3

Von einem Taxiunternehmen sind folgende Daten bekannt (alle Preise ohne USt):

Fahrzeug:	Kaufpreis mit Bereifung	€ 27.850,–
	Nutzungsdauer in Jahren	5
	Nutzung in km	250.000
	Restwert	€ 7.000,–
Treibstoff:	Verbrauch je 100 km in Litern	11
	Preis/Liter	€ 0,8
Öl und Schmierstoffe:	Verbrauch auf 100 km in Litern	0,1
	Preis/Liter	€ 5,–
Bereifung:	Anzahl der Reifen	4
	Stückpreis	€ 150,–
	Nutzung in km	60.000
Reparatur- und Servicekosten/Jahr (km-abhängig):		€ 3.200,–

Versicherung/Jahr:	Haftpflicht Vollkasko	€ 980,– € 2.340,–
Garage/Jahr:	Jahresmiete	€ 480,–
Funk/Jahr:	Jahrespauschale	€ 2.700,–
Sonstige Kosten/Jahr (zeitabhängig):		€ 800,–

Die Abschreibungen erfolgen leistungsabhängig. Die Jahreskilometerleistung beträgt 50.000 km.

a) Ein Fahrgast bietet Ihnen € 350,– (exkl. 10% USt) für eine Fahrt nach Salzburg und zurück (620 km). Da Sie selbst eine Verabredung haben, muß ein Chauffeur fahren. Den Chauffeur müssen Sie mit 40% brutto vom Nettoumsatz entlohnen. Die Nebenkosten betragen 98%. Nehmen Sie den Auftrag an?
b) Welchen Deckungsbeitrag würden Sie mit dieser Fahrt erzielen, wenn Sie Ihre Verabredung absagen und sich selbst hinter das Lenkrad setzten?

D.3. Beispiele zur Ermittlung des optimalen Absatz- oder Produktionsprogramms

D.3.1. Beispiele zum Absatz- oder Produktionsprogramm bei Absatzengpässen ohne Produktionsengpässe

Literaturhinweis: *Kemmetmüller W., Handbuch der Kostenrechnung, Kapitel E.11.3.*

D.3.1.1

Ein Unternehmen bietet 4 verschiedene Produkte (A–D) an.

Produkte	variable Kosten je Stück in €	Bruttoverkaufspreis (inkl. 20% USt) in €	maximale Absatzmenge in Stück
A	112,–	144,–	30.000
B	109,–	153,60	2.000
C	126,–	134,40	10.000
D	140,–	175,20	5.000

Bestimmen Sie das optimale Produktionsprogramm und errechnen Sie das dabei erzielbare Betriebsergebnis, wenn die Fixkosten € 150.000,– betragen.

☛ *Lösungshinweise:*

Kein Produktionsengpaß, daher Errechnen der Deckungsbeiträge/Stück; Produkte mit einem negativen Deckungsbeitrag werden aus dem absatzseitig möglichen Programm ausgeschieden.

	Produkte (Angaben in €)			
	A	B	C	D
Bruttoverkaufspreis/Stück – 20% USt auf Hundert				
Nettoverkaufspreis/Stück – variable Kosten/Stück				
= Deckungsbeitrag/Stück				

Produkt ...... wird ausgeschieden.

Produktionsprogramm und Deckungsbeitragssumme:

	Produkte			
	A	B	D	Summe
Deckungsbeitrag/Stück in € × produzierte Menge in Stück				
= Deckungsbeitrag/Sorte in €				

	€
Deckungsbeitragssumme – Fixkostensumme	
= Betriebsergebnis	

D.3.1.2

In einem Unternehmen werden die Produkte A und B gefertigt, wobei die erzeugten den abgesetzten Mengen entsprechen. Folgende Daten sind Ihnen bekannt:

	Produkte	
	A	B
Nettoerlös	€ 10,–	€ 20,–
Stückmenge	1.000	1.000
Gesamtkosten	€ 12.000,–	€ 11.000,–

Sie stehen nun vor der Aufgabe, die Entscheidung zu treffen, welches Erzeugnis- bzw. Absatzprogramm in der nächsten Abrechnungsperiode zu planen ist und welche Betriebsergebnisse zu erwarten sind.

Gehen Sie bei den Berechnungen als „Vollkostenrechner" bzw. als „Teilkostenrechner" vor.

Für Ihre Entscheidungen auf Teilkostenbasis berücksichtigen Sie eine gleich hohe Fixkostenbelastung pro Produkt. Die Summe der Fixkosten beträgt € 12.000,–. Die jeweils verbleibenden Kosten sind mengenabhängig, d. h. variabel.

D.3.1.3

Ein Industriebetrieb erzeugt 3 Produkte, für die folgende Daten zur Verfügung stehen:

	Produktsorten (Angaben in €)		
	A	B	C
Fertigungsmaterial	200.000,–	160.000,–	120.000,–
Fertigungslöhne	320.000,–	110.000,–	90.000,–
variable Gemeinkosten	120.000,–	70.000,–	30.000,–
fixe Gemeinkosten①	50.000,–	100.000,–	60.000,–
erzeugte Stück der Sorte	5.000	10.000	6.000
Nettoerlös/Stück	180,–	50,–	45,–

① Die fixen Gemeinkosten verstehen sich als Unternehmensfixkosten, die aufgrund des Kalkulationsverfahrens (Divisionskalkulation € 210.000,–/ 21.000 Stück) den Sorten zugewiesen wurden. Es liegen somit keine Sortenfixkosten i. S. der stufenweisen Fixkostendeckungsrechnung vor.

a) Berechnen Sie die Erfolge und Deckungsbeiträge je Stück
   – nach der Vollkostenrechnung und
   – nach der Teilkostenrechnung.

b) Soll das Produkt C eingestellt werden? Begründen Sie Ihre Antwort und errechnen Sie die Höhe der entgehenden Fixkostendeckung.

c) Die Kapazität des Betriebes läßt eine Produktionssteigerung zu. Für das Produkt C könnte ein Zusatzauftrag auf einem neuen Markt über 2.000 Stück erlangt werden, allerdings könnte für den Zusatzauftrag nur ein Nettoverkaufspreis von € 38,–/Stück erzielt werden. Soll der Zusatzauftrag angenommen werden?

D.3.1.4

Ein Handelsbetrieb hat fünf Produkte (K–O) in seinem Sortiment.

Die in der vergangenen Rechnungsperiode abgesetzten und in Zukunft weiter absetzbaren Stückzahlen betragen:

K	250 Stück
L	100 Stück
M	300 Stück
N	150 Stück
0	550 Stück

Der Absatz von anderen Artikeln erscheint in der Rechnungsperiode nicht möglich. Die zusätzlich neben dem Einstandspreis im Handelsbetrieb anfallenden Kosten (Regien) betragen bei diesem Verkaufsprogramm € 108.875,– (davon sind 50% fixe Kosten).

Die Einstandspreise (netto) und die Nettoerlöse betragen:

Artikel	Einstandspreis in €	Nettoerlös in €
K	300,–	600,–
L	360,–	660,–
M	180,–	340,–
N	410,–	520,–
0	380,–	430,–

a) Errechnen Sie die Erfolge bzw. Deckungsbeiträge der Kostenträger nach
   - der Vollkostenrechnung und nach
   - der Teilkostenrechnung.

b) Würden Sie nach diesen Ergebnissen Veränderungen am Sortiment vornehmen?

D.3.1.5

Für ein bestimmtes Luxus-Kühlschrankmodell Ihres Unternehmens wurden von einem Marktforschungsinstitut bei unterschiedlichen Nettoerlösen folgende Verkaufsmengen ermittelt:

Nettoerlös in €	2.800,–	2.600,–	2.500,–	2.400,–	2.300,–
Verkaufsmenge in Stück	15	30	50	70	100

Der Einstandspreis je Kühlschrank beträgt € 2.000,– und der Zuschlag für die variablen Gemeinkosten 4%. Direkte Verkaufskosten (Provision) werden mit 10% vom Verkaufspreis angesetzt. Bestimmen Sie den gewinnoptimalen Preis für dieses Kühlschrankmodell.

D.3.1.6

Ein Dienstleistungsunternehmen bietet eine Dienstleistung X zu einem Nettostundenerlös von € 240,– an. In der vergangenen Abrechnungsperiode konnten von X 4.000 Stunden verkauft werden. Im Rahmen einer Marktforschungsstudie wird festgestellt, daß durch eine Preissenkung um 15% eine Steigerung der absetzbaren Stunden auf 5.200 Stunden möglich wäre (ohne Preissenkung weiterhin 4.000 Stunden).

Folgende Daten sind bekannt:

	Istwerte aus Vorperiode	Planwerte für Entscheidungsperiode
variable Lohnkosten in €	50,–	60,–
lohnabhängige Gemeinkosten	80%	85%
variable Materialkosten in €	20,–	24,–
Fixkosten in €	45.000,–	50.000,–

Werden Sie die Preissenkung durchführen?
Welches Betriebsergebnis erwarten Sie für die optimale Alternative?

D.3.1.7

Ein Unternehmen konnte auf einem Markt 1.000 Stück A und 1.000 Stück B absetzen. Dafür ergab sich folgende Erlös- und Kostensituation:

(Angaben in €)	A	B
Nettostückerlös	200,–	260,–
variable Kosten/Stück	50,–	40,–
Fixkosten der Sorte	100.000,–	200.000,–

Die Unternehmensfixkosten betragen € 20.000,–.

a) Wie hoch ist das erzielte Betriebsergebnis?

b) Für die Folgeperiode plant die Unternehmensleitung eine Programmänderung. Aufgrund langfristiger Verträge kann keine Sorte völlig aufgelassen werden, so daß nur zwei Varianten zur Wahl stehen.

   Variante I: 1.500 Stück A und 500 Stück B
   Variante II: 500 Stück A und 1.500 Stück B

   Für welche Variante entscheiden Sie sich als Vollkostenrechner und als Teilkostenrechner?

c) Errechnen Sie für beide Varianten das Betriebsergebnis unter der Annahme, daß jeweils alle Produkte abgesetzt werden können.

☛ *Lösungshinweise:*

Sortenfixkosten sind durch die Sorte an sich und nicht durch die Ausbringungsmenge der Sorte bedingt.

Unternehmensfixkosten sind durch die Unternehmung bedingt, sie lassen sich nicht einem der beiden Produktionsbereiche zuordnen.

D.3.2. Beispiele zum Absatz- oder Produktionsprogramm bei Absatz- und Produktionsengpässen

Literaturhinweis: *Kemmetmüller W., Handbuch der Kostenrechnung, Kapitel E.11.3.4.*

D.3.2.1

Eine Unternehmung könnte für 15 restliche Fertigungsstunden ihrer Kapazität noch folgende Produkte in das Fertigungsprogramm aufnehmen. Von jedem Produkt könnten 2 Stück abgesetzt werden.

	Produkte			
	A	B	C	D
Nettoerlös/Stück in €	500.000,–	600.000,–	1,000.000,–	400.000,–
variable Kosten/Stück in €	300.000,–	450.000,–	600.000,–	150.000,–
benötigte Stunden	10	7	16	12

Welche(s) Produkt(e) soll die Unternehmung in der zur Verfügung stehenden Kapazität fertigen?

☛ *Lösungshinweise:*

Alle Kombinationen verschiedener Produkte würden die freie Kapazität überschreiten. Die Produkte A, C und D benötigen mehr als 7,5 h, daher könnte immer nur ein Stück gefertigt werden. Ein Stück C überschreitet die freie Kapazität und scheidet daher als mögliche Variante aus.

Daher stellen sich folgende Alternativen: 1 A oder 2 B oder 1 D.

	Produkte		
	A	B	D
Nettoerlös/Stück in € – variable Kosten/Stück in €			
= Deckungsbeitrag/Stück in € × produzierbare Menge in Stück			
= Deckungsbeitrag in 15 h in €			

D.3.2.2

Das Produktionsprogramm eines Fertigungsbetriebes besteht aus den Produkten A, B und C. Die Fertigung erfolgt in zwei Stufen, wobei alle Produkte den Fertigungsbereich Dreherei mit unterschiedlichen Fertigungsstückzeiten beanspruchen.

	Fertigungszeit/Stück in Stunden		
Produkte	A	B	C
Dreherei	0,6	1	0,2

Die Erlös- und Kostenstatistik für diese drei Produkte zeigt folgendes Bild:

	Produkte (Angaben in €)		
	A	B	C
Nettoerlös je Stück variable Kosten je Stück	20,– 6,–	50,– 33,–	40,– 32,–

Die Fixkosten betragen € 8.000,–.

a) Ermitteln Sie die Rangfolge für die drei Produkte, nach der diese forciert werden sollen. Gehen Sie davon aus, daß für alle Produkte unbeschränkte Absatzmöglichkeiten bestehen und kein Engpaß im Fertigungsbereich vorliegt.
b) Wie soll das Produktionsprogramm aussehen, wenn in der Dreherei maximal 600 Fertigungsstunden geleistet werden können? (Für den Absatzbereich bestehen keine Beschränkungen.)
c) Es soll nun die Annahme unbeschränkter Absatzmöglichkeiten aufgehoben und angenommen werden, daß von Produkt A maximal 400, von Produkt B maximal 500 und von C maximal 1.000 Stück abgesetzt werden können. Erstellen Sie für diese Situation das Produktionsprogramm, wenn die Dreherei weiterhin mit 600 Fertigungsstunden den Engpaßsektor bildet.
d) Wie hoch ist für die unter c) beschriebene Situation das Betriebsergebnis?

D.3.2.3

Das Produktionsprogramm eines Erzeugungsbetriebes umfaßt fünf Artikel (A–E). Im letzten Abrechnungszeitraum war der Betrieb voll ausgelastet und es wurden erzeugt und abgesetzt:

	Produkte				
	A	B	C	D	E
Stück	500	300	200	600	100

Eine Untersuchung des Marktes hat gezeigt, daß künftig bei gleichbleibenden Preisen folgende Absatzzahlen möglich sind:

	Produkte				
	A	B	C	D	E
Stück	600	400	250	500	250

Folgende weitere Daten stehen zur Verfügung:

	Produkte (Angaben in €)				
	A	B	C	D	E
Nettoerlös/Stück variable Kosten/Stück	50,– 40,–	90,– 75,–	120,– 30,–	120,– 85,–	100,– 75,–
benötigte Fertigungsstunden	2	5	4	1	0,5

Die Fixkosten betragen € 25.000,–.

Ermitteln Sie das gewinnoptimale Produktionsprogramm und das damit erzielbare Betriebsergebnis.

D.3.2.4

Ein Unternehmen erzeugt die vier Produkte A, B, C und D.

Alle Produkte müssen eine Maschinengruppe durchlaufen, deren Kapazität 7.000 Maschinenstunden beträgt. Das mögliche Absatzprogramm würde aber 15.950 Stunden erfordern.

Von den Produkten C und D sind aufgrund vertraglicher Vereinbarungen jeweils mindestens 500 Stück zu erzeugen.

Folgende weitere Daten stehen zur Verfügung:

	Produkte			
	A	B	C	D
Nettoerlös je Stück in €	300,–	300,–	400,–	500,–
variable Kosten je Stück in €	200,–	150,–	200,–	250,–
benötigte Maschinenstunden/Stück	0,5	1,5	4	2,5
maximale Absatzmenge in Stück	1.500	1.800	2.500	1.000

Ermitteln Sie das gewinnoptimale Produktionsprogramm.

D.3.2.5

Ein Betrieb produziert vier Produkte A, B, C und D, von denen folgende Daten bekannt sind:

	Produkte			
	A	B	C	D
Erlös/Stück in €	2.500,–	3.100,–	2.900,–	1.200,–
variable Kosten/Stück in €	1.500,–	1.500,–	1.400,–	1.000,–
maximale Absatzmenge in Stück	2.000	1.700	1.400	3.000

Alle vier Produkte durchlaufen die Maschinen I und II, die in der Abrechnungsperiode zu je 2.000 Stunden genützt werden können.

Die Produkte haben in den Maschinen folgende Durchlaufzeiten:

	Produkte (Angaben in Minuten)			
	A	B	C	D
Maschine I	30	10	20	15
Maschine II	25	15	15	4

Ermitteln Sie das gewinnoptimale Produktionsprogramm.

D.3.2.6

Ein Betrieb produziert vier Produkte A, B, C und D, von denen folgende Daten bekannt sind:

	Produkte			
	A	B	C	D
Erlös/Stück in €	2.500,–	3.100,–	2.900,–	1.200,–
variable Kosten/Stück in €	1.500,–	1.500,–	1.400,–	1.000,–
maximale Absatzmenge in Stück	2.000	1.700	1.400	3.000

Alle vier Produkte durchlaufen die Maschinen I und II, die in der Abrechnungsperiode zu je 2.000 Stunden genützt werden können.

Die Produkte haben in den Maschinen folgende Durchlaufzeiten:

	Produkte (Angaben in Minuten)			
	A	B	C	D
Maschine I	30	10	20	15
Maschine II	25	20	20	20

Wie soll das gewinnoptimale Produktionsprogramm der nächsten Periode gestaltet werden?

D.3.2.7

Von einem Handelsunternehmen werden vier beratungsintensive Produkte A, B, C und D angeboten.

	Produkte			
	A	B	C	D
Nettoerlös je Stück in €	11.050,–	12.000,–	12.500,–	11.550,–
Einstandspreis je Stück in €	10.000,–	11.000,–	11.000,–	10.500,–

An Unternehmensfixkosten fallen im Monat € 18.000,– an.

An variablen Transportkosten fielen im Vormonat Jänner € 24.000,– an. Sie sind von Art und Gewicht der verkauften Produkte abhängig. Die Produkte haben folgendes Gewicht:

	Produkte			
	A	B	C	D
Gewicht je Stück in kg	40	20	30	25

Transportiert und verkauft werden könnten folgende Produkte:

	Produkte			
	A	B	C	D
Stückzahlen je Produkt	15	30	25	20

Die Transportkosten der Produkte verhalten sich – bezogen auf ein kg – wie 1 : 4 : 2 : 3.

	Produkte			
	A	B	C	D
Sonstige variable Kosten pro Stück in €	210,–	180,–	300,–	190,–

Qualifizierte Berater stehen im Februar im Gesamtausmaß von lediglich 35 Stunden zur Verfügung.

	Produkte			
	A	B	C	D
Erforderliche Beratungszeit je verkauftem Produkt in Minuten	60	45	90	50

a) Wie müßte das Absatzprogramm für Februar aussehen, wenn ein möglichst hoher Gewinn erzielt werden soll und die Transportkosten je Stück in gleicher Höhe wie im Vormonat anfallen?
b) Errechnen Sie das dann erzielbare Betriebsergebnis.

D.3.2.8

Ein Hersteller für Gartenbedarfsartikel führt u. a. folgende Produkte in seinem Sortiment:

	€
Heckenscheren, Nettoverkaufspreis	180,—
Rasenmäher, Nettoverkaufspreis	250,—
Elektrogartenscheren, Nettoverkaufspreis	140,—

Vorkalkulationen ergeben für diese Produkte nachstehende Vollkosten/Stück:

	€
Heckenscheren	150,—
Rasenmäher	240,—
Elektrogartenscheren	190,—

Ein langfristiger Absatzvertrag über 2.000 Stück Heckenscheren und 1.000 Stück Rasenmäher wurde bereits abgeschlossen. Ein Diskonter unterbreitet ein Angebot zu folgenden Mengen:

6.000 Heckenscheren
2.000 Rasenmäher
6.000 Elektrogartenscheren

Sonst gibt es keine weiteren Absatzmöglichkeiten.

Welche Empfehlungen geben Sie der Geschäftsführung zur richtigen Produktionsmengenplanung? Achten Sie bei ihrer Entscheidung darauf, daß eine der Fertigungsstellen eine mit 8.000 Stunden begrenzte Kapazität aufweist. Es stehen Ihnen zusätzlich folgende Informationen zur Verfügung:

Heckenscheren	variable Stückkosten	€ 100,–
	Inanspruchnahme des Engpasses	30 Minuten
Rasenmäher	variable Stückkosten	€ 220,–
	Inanspruchnahme des Engpasses	60 Minuten
Elektrogartenscheren	variable Stückkosten	€ 120,–
	Inanspruchnahme des Engpasses	20 Minuten

Treffen Sie Ihre Entscheidung auf Basis der

a) Vollkostenrechnung;
b) Teilkostenrechnung.
c) Ermitteln Sie das optimale Produktionsprogramm und den Gesamtdeckungsbeitrag.

D.3.2.9

Ein Produktionsbetrieb erzeugt die Produkte A–D, welche die beiden Produktionsbereiche P1 und P2 nacheinander durchlaufen müssen. Es stehen Ihnen folgende Daten zur Verfügung:

Produkte	relativer DB in P1	relativer DB in P2	benötigte Minuten in P1	benötigte Minuten in P2	absetzbare Menge in Stück
A	11,–	33,–	15	5	100.000
B	6,–	18,–	21	7	50.000
C	12,5	50,–	16	4	33.000
D	8,–	32,–	8	2	150.000

Kapazität in P1 4,000.000 Minuten
Kapazität in P2 1,200.000 Minuten
Fixkosten in € 36,000.000,–

Aufgrund langfristiger Lieferverträge müssen auf jeden Fall 45.000 B und 30.000 D erzeugt werden.

Ermitteln Sie das optimale Produktionsprogramm und das dabei erzielbare Betriebsergebnis.

D.3.3. Beispiele zur stufenweisen Fixkostendeckungsrechnung

Literaturhinweis: *Kemmetmüller W., Handbuch der Kostenrechnung, Kapitel E.9.1.*

D.3.3.1

Ein Betrieb erzeugt die Produkte 1 und 2, welche die Kostenträgergruppe A bilden, und die Produkte 3 und 4, die zur Kostenträgergruppe B zusammengefaßt sind.

(Angaben in €)	Gruppe A		Gruppe B	
	Produkt 1	Produkt 2	Produkt 3	Produkt 4
Erlös/Stück	60,–	27,–	60,–	20,–
variable Kosten/Stück	30,–	12,–	30,–	10,–
produzierte und abgesetzte Menge in Stück	100	500	150	600
Sortenfixkosten	–	1.500,–	5.000,–	3.000,–
Gruppenfixkosten	3.000,–		1.500,–	
Unternehmensfixkosten	6.000,–			

a) Ermitteln Sie mittels der einstufigen Teilkostenrechnung und der stufenweisen Fixkostendeckungsrechnung das Betriebsergebnis.

b) Würden Sie nach den Ergebnissen der einstufigen Teilkostenrechnung bzw. der mehrstufigen Teilkostenrechnung (= stufenweise Fixkostendeckungsrechnung) Veränderungen am Produktionsprogramm vornehmen?

☛ *Lösungshinweise:*

Bei der einstufigen Teilkostenrechnung ergibt sich das Betriebsergebnis als Differenz zwischen Deckungsbeitragssumme und dem gesamten Fixkostenblock.

Die stufenweise Fixkostendeckungsrechnung versucht, Fixkostenteile bestimmten Betriebsbereichen zuzuordnen. Diese Fixkosten werden durch das Produktionspotential verursacht und dürfen daher nicht den einzelnen in diesem Bereich in einer Periode erzeugten Produkten zugerechnet werden (Vorgangsweise der Vollkostenrechnung), sondern können nur dem gesamten Bereich zugerechnet werden.

Die Erlöse aus einem Betriebsbereich müssen neben den angefallenen variablen Kosten auch die von diesem Bereich verursachten Fixkosten tragen. Reichen die Erlöse dazu nicht aus, sollte der Betriebsbereich aufgelassen werden, wenn die dadurch wegfallenden Kosten (variable Kosten und zuordenbare Fixkosten) die Erlöseinbußen übersteigen.

a) – einstufige Teilkostenrechnung:

(Angaben in €)	Produkte				Deckungs-beitragssumme
	1	2	3	4	
Erlös/Stück – variable Kosten/Stück					
= Deckungsbeitrag/Stück × abgesetzte Menge in Stück					
= Deckungsbeitrag der Sorte					
– gesamte Fixkosten					
= Betriebsergebnis					

– stufenweise Fixkostendeckungsrechnung:

(Angaben in €)	Produkte Gruppe A		Produkte Gruppe B	
	Produkt 1	Produkt 2	Produkt 3	Produkt 4
Erlös/Stück – variable Kosten/Stück				
= Deckungsbeitrag/Stück × abgesetzte Menge in Stück				
= Deckungsbeitrag I der Sorte – Sortenfixkosten				
= Deckungsbeitrag II				
Deckungsbeitrag II der Gruppe – Gruppenfixkosten				
= Deckungsbeitrag III				
Deckungsbeitrag III der Unternehmung – Unternehmensfixkosten				
= Betriebsergebnis				

b) Veränderungen am Produktionsprogramm nach den Ergebnissen der einstufigen Teilkostenrechnung:

Veränderungen am Produktionsprogramm nach den Ergebnissen der stufenweisen Fixkostendeckungsrechnung:

D.3.3.2

Ein Einzelhandelsbetrieb betreut sowohl den Food- als auch den Non-food-Sektor. Der Food-Sektor untergliedert sich in die Artikelgruppen Getränke, Obst/Gemüse und Fleisch/Käse.

Im Non-food-Bereich werden nur die Artikelgruppen Kleidung und Haushaltswaren unterschieden.

Die Artikelgruppen des Food-Sektors werden noch weiter in folgende Untergruppen aufgegliedert:
die Artikelgruppe Getränke in die Untergruppen Soft Drinks und Alkoholika;
die Artikelgruppe Obst/Gemüse in die Untergruppen Obst und Gemüse;
die Artikelgruppe Fleisch/Käse in die Untergruppen Fleisch, Wurst und Käse.

<table>
<tr><th rowspan="2">Erlöse/Kosten</th><th colspan="9">Untergruppen (Angaben in Mio. €)</th></tr>
<tr><th>Soft Drinks</th><th>Alkoholika</th><th>Obst</th><th>Gemüse</th><th>Fleisch</th><th>Wurst</th><th>Käse</th><th>Kleidung</th><th>Haushaltswaren</th></tr>
<tr><td>Erlöse
variable Kosten
Fixkosten der Untergruppe</td><td>40,–
32,–
1,–</td><td>50,–
41,–
1,–</td><td>80,–
55,–
2,–</td><td>90,–
68,–
1,–</td><td>80,–
70,–
2,–</td><td>60,–
40,–
1,–</td><td>50,–
40,–
2,–</td><td>80,–
47,–
–</td><td>110,–
77,–
–</td></tr>
<tr><td>Fixkosten der Artikelgruppe</td><td colspan="2">3,–</td><td colspan="2">10,–</td><td colspan="3">15,–</td><td>8,–</td><td>9,–</td></tr>
<tr><td>Fixkosten der Sektoren</td><td colspan="7">22,–</td><td colspan="2">18,–</td></tr>
<tr><td>Fixkosten der Unternehmung</td><td colspan="9">49,–</td></tr>
</table>

Ermitteln Sie das Betriebsergebnis im Wege der stufenweisen Fixkostendeckungsrechnung. Sollen nach diesen Ergebnissen Veränderungen am Sortiment vorgenommen werden?

D.3.3.3

Ein Unternehmen vertreibt die Sorten A, B, C, D und E. Nur die Sorten A, B und C werden im Unternehmen selbst hergestellt, die beiden Sorten D und E werden zugekauft und nur unter eigener Marke vertrieben.

Je Sorte wurden folgende Stückzahlen erzeugt bzw. eingekauft und auch zu folgenden Nettoerlösen abgesetzt:

	Sorten				
	A	B	C	D	E
Stückzahl	200	400	350	450	150
Erlös/Stück in €	100,–	200,–	150,–	250,–	100,–

Die variablen Kosten je Stück der Sorte A betragen € 60,–.

Die variablen Kosten je Stück der Sorten B und C beliefen sich in der Vorperiode auf € 120,– je Stück B und € 100,– je Stück C. In dieser Abrechnungsperiode fielen variable Kosten für die Sorten B und C von insgesamt € 99.600,– an.

Das Kostenverhältnis von B zu C ist gleich geblieben.

D wurde zu einem Nettostückpreis von € 220,– und E zu einem solchen von € 80,– bezogen.

Für die Maschine „AM" – auf ihr wird nur die Sorte A gefertigt – fallen fixe jährliche Abschreibungen von € 4.000,– an. Für die Maschine „BCM" – auf ihr werden die Sorten B und C gefertigt – fallen vertraglich fixierte Leasingraten von € 22.900,– jährlich an.

Der Verkaufsbereich ist kostenrechnerisch und organisatorisch in die Bereiche „Eigenerzeugnisse" und „Handelsware" gegliedert. Im Bereich „Eigenerzeugnisse" fallen Fixkosten von € 10.000,–, im Bereich „Handelsware" solche von € 17.000,– an.

Die Unternehmensfixkosten betragen € 1.100,–.

a) Berechnen Sie das Betriebsergebnis nach der einstufigen Teilkostenrechnung. Würden Sie nach diesen Ergebnissen Veränderungen am Produktionsprogramm vornehmen?

b) Berechnen Sie das Betriebsergebnis im Wege der stufenweisen Fixkostendeckungsrechnung (mehrstufige Deckungsbeitragsrechnung). Würden Sie nach diesen Ergebnissen Veränderungen am Produktionsprogramm vornehmen?

D.3.3.4

Ein Unternehmen vertreibt 5 verschiedene Sorten Tierfutter im Großhandel:

Katzenfutter mit Huhn (KH),
Katzenfutter mit Rind (KR),
Hundefutter mit Huhn (HH),
Hundefutter mit Rind (HR) und
Schweinefutter (SF).

Die Unternehmung ist in die Bereiche Privatfutter (KH, KR, HH, HR) und Industriefutter (SF) unterteilt.

Außerdem werden Produktgruppen den verschiedenen Tieren entsprechend gebildet.

Je Sorte wurden folgende Mengen zu folgenden Preisen verkauft:

	Sorten				
	KH	KR	HH	HR	SF
Mengen in kg	300	600	700	400	500
Erlös/kg in €	0,970	0,885	1,–	0,890	0,650

Die variablen Kosten für die Herstellung betragen insgesamt € 843,–. Diese verteilen sich auf KH, KR, HH, HR und SF wie 0,9 : 0,95 : 1 : 1,3 : 1,5.

Für die Produktgruppen „Katze“ und „Hund“ wurde ein gemeinsamer Lagerraum angemietet, dessen Kosten von € 1.000,– nach den hergestellten Mengen verteilt werden.

Die Produkte der Produktgruppe „Schwein“ werden in privaten Räumen des Unternehmers, die um € 120,– vermietet werden können, gelagert.

Die Fixkosten des Bereichs Privatfutter bzw. Industriefutter machen € 40,– bzw. € 10,– aus.

Das korrigierte Eigenkapital des Unternehmens, wofür 5% verrechnet werden, beträgt € 2.000,–.

In der Buchhaltung findet man Zinskosten für das Kapital von € 85,–.

a) Berechnen Sie das Betriebsergebnis nach der stufenweisen Fixkostendeckungsrechnung (mehrstufige Deckungsbeitragsrechnung).
b) Würden Sie nach diesem Ergebnis Veränderungen am Produktionsprogramm vornehmen?

D.4. Beispiele zur Ermittlung von kurzfristigen Preisuntergrenzen

Literaturhinweis: *Kemmetmüller W., Handbuch der Kostenrechnung, Kapitel E.11.2.*

D.4.1

Ein Unternehmen erzeugt fünf verschiedene Produkte (A, B, C, D und E).

Insgesamt wurden 15.000 Stück verkauft, wobei sich die verkauften Mengen von A, B, C, D und E wie 3 : 4 : 2 : 5 : 1 verhalten.

	Produkte (Angaben in €)				
	A	B	C	D	E
Nettoerlös/Stück variable Materialkosten/Stück variable Lohnkosten/Stück sonstige variable Kosten/Stück	249,– 105,– 40,– 14,–	290,– 120,– 50,– 20,–	325,– 150,– 65,– 20,–	199,– 80,– 35,– 14,–	480,– 180,– 80,– 40,–
Fixkosten	1,000.000,–				

Ermitteln Sie die kurzfristigen Preisuntergrenzen für die Produkte.

☛ *Lösungshinweise:*

Kurzfristig muß das Unternehmen je Stück nur jene Kosten verdienen, die durch die Produktion dieses Stücks verursacht werden (= variable Stückkosten).

Bei Produktion und Verkauf zu diesem Preis stellt sich das Unternehmen nicht schlechter oder besser (Deckungsbeitrag = 0). In dem Ausmaß, in dem der realisierte Preis die Preisuntergrenze übersteigt (unterschreitet), verbessert (verschlechtert) sich das Betriebsergebnis.

	Produkte (Angaben in €)				
	A	B	C	D	E
variable Materialkosten/Stück + variable Lohnkosten/Stück + sonstige variable Kosten/Stück					
= Summe der variablen Stückkosten = Preisuntergrenze					

	Produkte (Angaben in €)				
	A	B	C	D	E
kurzfristige Preisuntergrenze – variable Stückkosten					
= Deckungsbeitrag	0,–	0,–	0,–	0,–	0,–

D.4.2

Ein Unternehmen stellt aufgrund langfristiger Verträge als Zulieferer für einen Konzern die Produkte A, B und C in Lohnfertigung her. (Die Halbfertigwaren werden vom Abnehmer zur Weiterbearbeitung „frei Werk" angeliefert.)

Die Produktion erfolgt auf zwei gleichen Maschinen, wobei jede Maschine folgende Kostenfunktion aufweist:
$K_{(Mh)}$ = € 2.500,– + € 6,– × Mh (Maximalkapazität 6.000 Maschinenstunden/Maschine).

Im Betrieb sind 10 Mitarbeiter beschäftigt, die Anwesenheitszeit beträgt 40 Wochen (40-Stunden-Woche), 15% der Anwesenheitszeit sind technologiebedingt Nichtleistungszeit und somit nur indirekt verrechenbar. Ein Mitarbeiter verursacht Jahresgesamtkosten (inkl. Lohnnebenkosten) von € 28.750,–.

	Produkte		
	A	B	C
Produktionsmenge in Stück	2.000	3.000	1.000
benötigte Maschinenstunden je Stück	2	1	3
benötigte Arbeitsstunden je Stück	2,5	1,5	3

a) Für einen potentiellen Auftraggeber sollen Sie einen Kostenvoranschlag für 30 Stück eines Produktes D erstellen.
Für ein Stück D liegen folgende Daten vor:
Materialeinzelkosten € 4.000,–, Zuschlagsatz für die variablen Materialgemeinkosten 15%, benötigte Maschinenstunden 20, benötigte Arbeitsstunden 35.
Die variablen Verwaltungs- und Vertriebskosten des Auftrages werden mit € 1.000,– (Produktpräsentation mit Buffet) veranschlagt.
Da Sie mit dem Auftraggeber unbedingt in Kontakt kommen wollen (eventuelle Folgeaufträge), sollen Sie die Preisuntergrenze bestimmen. Die bisherige Produktion kann nicht storniert werden.

b) Ermitteln Sie unter sonst gleichen Angaben wie unter a) die Preisuntergrenze für einen Auftrag über 70 Stück des Produktes D.
Etwaige Kapazitätsengpässe können über Kapazitätserweiterungen zu den gleichen Bedingungen, wie sie für die bisherige Kapazität gelten, beseitigt werden.

D.4.3

In einem Unternehmen werden für das nächste Jahr folgende Gemeinkostenzuschläge geplant:

	Material	Fertigung I	Fertigung II	Verwaltung/Vertrieb
variable Kosten	5%	80%	100,–	1.000,–
volle Kosten	10%	190%	300,–	2.000,–
Bezugsgröße	Fertigungsmaterial	Fertigungslöhne	Maschinenstunden	Aufträge

Für einen Kunden soll ein Auftrag kalkuliert werden, für den folgende Daten zur Verfügung stehen:

Fertigungsmaterialkosten	€ 100.000,–
Fertigungslöhne in F I	€ 200.000,–
Maschinenstunden in F II	120

a) Bestimmen Sie die Preisuntergrenze für den neuen Auftrag, wenn keine Engpässe vorliegen.

b) Bestimmen Sie die Preisuntergrenze für den neuen Auftrag, wenn in Fertigung II nur noch 40 Mh frei sind. Sonst sind keine weiteren Engpässe zu erwarten. Von den Aufträgen X, Y und Z kann gegen Barzahlung eines Pönales zurückgetreten werden.

	X	Y	Z
Mh in Fertigung II	50	20	40
Deckungsbeitrag in €	20.000,–	140.000,–	60.000,–
Pönale in €	10.000,–	14.000,–	20.000,–

D.4.4

Eine chemische Fabrik stellt unter anderem drei Erzeugnisse her, für die folgende Daten zur Verfügung stehen:

Produkt	Nettoerlös/Stück in €	Variable Herstellkosten/Stück in €
A	126,–	77,–
B	105,–	70,–
C	84,–	56,–

Diese drei Erzeugnisse werden auf drei Märkten abgesetzt, die sich lediglich durch die Entfernung zur Fabrik unterscheiden. Ein Transport faßt bis zu 100 Stück eines Erzeugnisses, wobei eine Mischung der Produkte für den Transport wegen der Explosionsgefahr nicht möglich ist.

Der Spediteur berechnet folgende Kosten für den Transport:

An variablen Transportkosten pro Stück und Teilmarkt fallen an:

Produkt	Teilmarkt 1 in €	Teilmarkt 2 in €	Teilmarkt 3 in €
A	7,–	14,–	27,–
B	10,50	12,25	14,–
C	14,–	21,–	31,50

Auf jedem Teilmarkt können pro Monat und Erzeugnis maximal 100 Stück abgesetzt werden. Der Spediteur kann pro Monat und Gebiet maximal 2.000 Stück von A, B und/oder C anliefern, ein weiterer Spediteur steht nicht zur Verfügung. Die maximale Produktionskapazität beträgt 450 Stück pro Monat. Es erfolgt keine Produktion auf Lager.

Errechnen Sie das optimale Produktionsprogramm und die kurzfristigen Preisuntergrenzen der Produkte.

D.5. Beispiele zur Ermittlung von kritischen Mengen (Verfahrensvergleich)

Literaturhinweis: *Kemmetmüller W., Handbuch der Kostenrechnung, Kapitel E.11.5.*

D.5.1

Die Marketingabteilung eines Erzeugungsbetriebes will ein Absatzgebiet intensiver bearbeiten und muß dazu neue Mitarbeiter aufnehmen. Folgende alternative Entlohnungsformen stehen zur Wahl:

(Angaben inkl. etwaiger Nebenkosten in €)	Fixum (A)	Fixum und Provision (B)
Gehaltskosten/Monat	11.000,–	6.000,–
Spesenersatz/Monat	4.000,–	4.000,–
Provision/Stück	0,–	10,–

Bisher konnten 400 Stück abgesetzt werden, eine Marktanalyse ergab eine mögliche Ausweitung auf 600 Stück.

Welche Entlohnungsform müßte die Marketingabteilung aus dem Blickwinkel der Kostenrechnung wählen? Stellen Sie die Lösung a) rechnerisch und b) graphisch dar.

☛ *Lösungshinweise:*

a) rechnerisch:

Fixe Kosten A (K_{fA}) + Variable Kosten A (k_{vA}) × Stück (y) =
= Fixe Kosten B (K_{fB}) + Variable Kosten B (k_{vB}) × Stück (y)

K_{fA1} € .... (Gehaltskosten A) + K_{fA2} € .... (Spesenersatz) + k_{vA}€ .... (Provision) × y =

= K_{fB1} € .... (Gehaltskosten B) + K_{fB2} € .... (Spesenersatz) + k_{vB}€ .... (Provision) × y

€ .... (Σ K_{fA1} + K_{fA2}) = € .... + (Σ K_{fB1} + K_{fB2}) + € .... (k_{vB}) × y

€ .... [(Σ K_{fA1} + K_{fA2}) – (Σ K_{fB1} + K_{fB2})] = € .... (k_{vB}) × y

y = ... Stück

b) Graphische Ermittlung der kritischen Menge zwischen den beiden Entlohnungsformen:

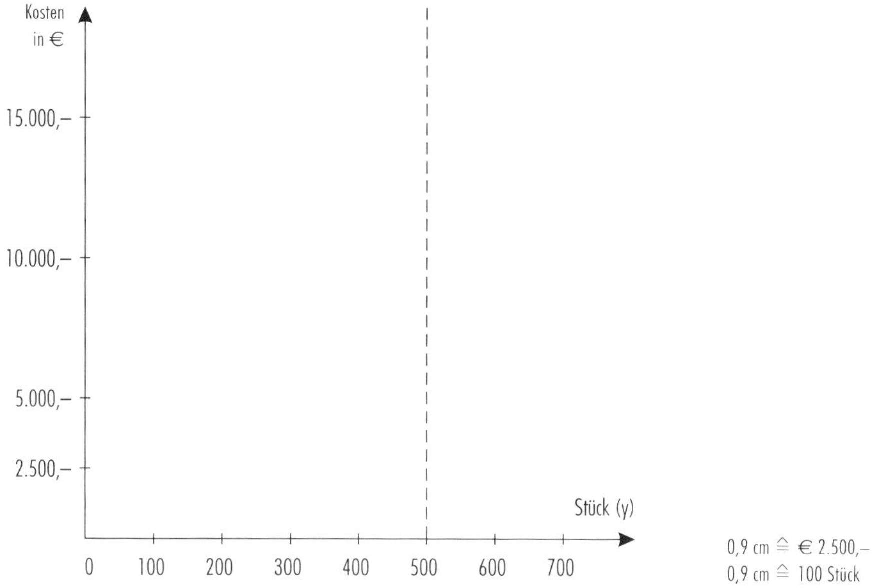

D.5.2

Ein Unternehmen bietet Ihnen für eine Vertretertätigkeit zwei Entlohnungsmöglichkeiten an:

	€
A) Gehalt pro Monat	1.000,–
garantierte Mindestprovision/Monat	200,–
Verkaufsprovision/verkaufter Packung (über 200 Packungen)	1,–
B) Gehalt pro Monat	800,–
Verkaufsprovision/verkaufter Packung (keine garantierte Mindestprovision)	2,–

Errechnen Sie:

a) Die kritische Menge.
b) Die für Sie (nicht für das Unternehmen) günstigste Entlohnungsvariante bei einem erwarteten Verkauf von 300 Packungen pro Monat.
c) Den Monatsverdienst bei einem Verkauf von 300 Packungen bei der unter b) ermittelten Entlohnungsvariante.

D.5.3

Zur Erzeugung eines neuen Produktes stehen 2 Fertigungsverfahren zur Verfügung, die folgende Kosten aufweisen:

(Angaben in €)	Verfahren A	Verfahren B
Fixkosten	215.000,–	227.000,–
Variable Kosten pro Stück:		
Fertigungsmaterial pro Stück	25,–	15,–
Fertigungslohnkosten pro Stück	30,–	25,–

Der variable Materialgemeinkostenzuschlag beträgt einheitlich 10%, der variable Fertigungsgemeinkostenzuschlag auf die Lohneinzelkosten beträgt bei Verfahren A 45%, bei Verfahren B 70%.

Ermitteln Sie die kritische Menge und geben Sie an, ab welcher Produktionsmenge welches Verfahren kostengünstiger ist.

D.5.4

Sie stehen vor der Entscheidung, eine neue Maschine für die Erweiterung Ihrer Produktion anzuschaffen. Dabei werden die beiden Typen A und B in die engere Wahl gezogen. Beide Maschinen haben bei ordnungsgemäßer Wartung eine Nutzungsdauererwartung von je 5 Jahren und eine Maximalkapazität von 1,250.000 Stück p. a.

(Angaben in €)	Maschine A	Maschine B
Abschreibung pro Jahr	400.000,–	450.000,–
Wartungskosten pro Jahr	10.000,–	10.000,–
Sonstige monatliche fixe Kosten der Maschine	1.000,–	1.500,–
variable Herstellkosten pro erzeugtem Stück	0,30	0,20

a) Ermitteln Sie die kritische Menge.
b) Für welche Maschine würden Sie sich entscheiden, wenn die Absatzmenge einer Kapazitätsauslastung von 80% entspricht?

D.5.5

Ein Manager beabsichtigt eine Erweiterungsinvestition. In seiner Beschaffungsentscheidung schwankt er zwischen drei gleichartigen Maschinen.

Maschine 1: verursacht fixe Kosten von € 80.000,– p. a. und variable Kosten/Stück von € 7,– und hat eine Produktionskapazität von 10.000 Stück p. a.

Maschine 2: verursacht fixe Kosten von € 20.000,– p. a. und variable Kosten/Stück von € 20,– und hat eine Produktionskapazität von 10.000 Stück p. a.

Maschine 3: verursacht fixe Kosten von € 50.000,– p. a. und bei einer Ausbringung von 1–4.500 Stück variable Kosten/Stück € 5,–, jedes weitere Stück verursacht variable Kosten von € 20,–. Auch diese Maschine hat eine Produktionskapazität von 10.000 Stück p. a.

a) Skizzieren Sie die graphische Lösung.
b) Errechnen Sie die kritischen Mengen und geben Sie an, welches Verfahren bei welcher Produktionsmenge das jeweils günstigste ist.

D.5.6

Der Geschäftsführer eines Unternehmens will die Position des Controlling-Leiters neu besetzen, wobei folgende Alternativen zur Auswahl stehen:

- Vergabe dieser Aufgabe an einen Personalberater, dessen Honorar 18% des Bruttojahresgehalts (14 Monatsgehälter) des neuen Mitarbeiters in der Höhe von € 70.000,– beträgt. Zusätzlich fallen Kosten für ein Inserat von € 2.500,– sowie die Umsatzsteuer an.
- Der Geschäftsführer übernimmt die Suche und Auswahl des neuen Mitarbeiters selbst. Dafür entstehen Kosten für ein Inserat von € 2.500,– sowie ein Zeitbedarf von insgesamt 75 Stunden. Der Stundensatz beträgt € 50,– (Anwesenheitszeit = Leistungszeit), die Gehaltsnebenkosten betragen 100%.

a) Für welche Variante entscheiden Sie sich?

b) Wenn der Geschäftsführer die Suche und Auswahl selbst durchführt, muß er eine Geschäftsreise verschieben und wird in der Folge einen Auftrag in der Höhe von € 60.480,– (inkl. 20% USt) verlieren, für den ein Gewinnzuschlag von 12% einkalkuliert war. Wie entscheiden Sie unter diesem zusätzlichen Aspekt?

c) Der Geschäftsführer besetzte die Position selbst, verlor den Auftrag (siehe b) und traf eine Fehlentscheidung. Nach zwei Monaten verläßt der Controller das Unternehmen. Folgende Kosten sind bisher entstanden:

   2 Monatsgehälter (+ anteilige Sonderzahlungen und soziale Lasten von € 4.500,– pro Monat)
   EDV-Schulung: € 1.800,– (exkl. USt)

   Wie hoch sind die angefallenen Kosten insgesamt?

D.5.7

Ein Dienstleistungsunternehmen erhält folgende drei Angebote für die EDV-Schulung der Mitarbeiter:

A) bei bis zu 100 einzuschulenden Mitarbeitern betragen die Gesamtkosten € 50.000,–, bei 101 bis 150 einzuschulenden Mitarbeitern € 80.000,–, und ab 151 einzuschulenden Mitarbeitern werden € 80.000,– + € 1.000,–/Mitarbeiter (nur ab dem 151. Mitarbeiter) verrechnet.

B) Unabhängig von der Anzahl der Mitarbeiter werden Gesamtkosten von € 95.000,– verrechnet (Maximalkapazität 170 Mitarbeiter).

C) Grundgebühr € 30.000,– + zusätzliche Kosten/Mitarbeiter von € 445,–.

Bei welchen Mitarbeiterzahlen ist welches Angebot am kostengünstigsten? Ermitteln Sie die Lösung graphisch und rechnerisch.

D.5.8

In einer neueröffneten Anwaltskanzlei soll eine Entscheidung über die Art der Geschirr-Reinigung in der Teeküche getroffen werden. Es stehen folgende Möglichkeiten zur Auswahl:

a) Die für die Reinigung der Kanzlei auf Werkvertragsbasis beschäftigte Putzfrau könnte in einer zusätzlichen Arbeitsstunde pro Woche die Reinigung des Geschirrs übernehmen. Dafür müßte ein Stundenhonorar von € 9,– (inkl. 20% USt) bezahlt werden. In einem Jahr ist mit 52 Einsätzen zu rechnen.

b) Es könnte ein Geschirrspülgerät zu einem Bruttoeinkaufspreis von € 1.200,– (inkl. 20% USt) angeschafft werden. Die Nutzungsdauer beträgt 5 Jahre. Für einen Servicevertrag (Dauer 5 Jahre), welcher eine Betriebsgarantie von 5 Jahren zusichert und daher auf Wunsch der Anwälte ausdrücklich in die Kalkulation einzubeziehen ist, ist ein Betrag von einmal (am Anfang der Nutzungsdauer) € 206,– (exkl. USt) zu bezahlen. Die Betriebskosten des Geschirrspülers, welcher um 1/3 weniger Zeit zur Geschirr-Reinigung benötigt als die Putzfrau, betragen € 1,44 p. h. (inkl. 20% USt). Die Zinskosten betragen 10% vom durchschnittlichen gebundenen Kapital (ohne Zinseszinsen).

Ab wievielen Wochen ist welche Alternative zu empfehlen und begründen Sie Ihre Empfehlung mit dem realisierbaren Kosteneinsparungspotential nach fünf Jahren.

D.5.9

Eine Liftgesellschaft überlegt die Anschaffung eines eigenen Pistengerätes, für welches folgende Informationen zur Verfügung stehen:

Anschaffungspreis (exkl. USt)	€ 300.000,–
Nutzungsdauer	5 Jahre
Restwert	0
Abschreibung	linear
Wartungskosten p. a.	€ 25.000,–
Betriebskosten p. h.	€ 100,–
Fahrerkosten/Leistungsstunde	€ 15,–
lohnabhängige Gemeinkosten	100%

➤

Außerhalb der Einsatztage kann der Fahrer als LKW-Lenker in der Schottergrube des Eigentümers der Liftgesellschaft beschäftigt werden.	
Zinskosten p. a. vom durchschnittlich gebundenen Kapital	10%
Einsatztage p. a.	120
Einsatzstunden pro Tag	10

a) Berechnen Sie die vollen Selbstkosten je Betriebsstunde.

b) Eine zweite Liftgesellschaft bietet Ihnen um € 300,– (inkl. 20% USt) p. h. ein Pistengerät inkl. aller Kosten für 1.200 h pro Saison an. Vergleichen Sie dieses Angebot mit Ihrem Investitionsprojekt und begründen Sie Ihre Entscheidung anhand des möglichen Kosteneinsparungspotentials und errechnen Sie die kritische Menge.

c) Wenn Sie sich für die Anschaffung eines eigenen Pistengerätes entscheiden, könnten Sie dieses an eine dritte Liftgesellschaft um € 132,– (inkl. 20% USt) p. h. für 300 Stunden pro Saison außerhalb Ihrer eigenen Betriebszeiten vermieten. Ein Fahrer würde von dieser Liftgesellschaft selbst auf Werkvertragsbasis zu € 20,– (exkl. USt) p. h. zur Verfügung gestellt werden. Um welchen Betrag würde diese Vermietung Ihr Betriebsergebnis verändern?

D.5.10

In einem Unternehmen werden auf zwei Maschinen die Produkte A, B, C und D erzeugt. Alle 4 Produkte müssen beide Maschinen durchlaufen.

a) Errechnen Sie aufgrund folgender Daten das optimale Produktionsprogramm:

	Maschine I	Maschine II
Fixkosten	€ 12.500,–	€ 19.500,–
max. Kapazität in Mh	1.080	1.500
benötigte Mh für A	0,5	1,5
benötigte Mh für B	1,5	0,5
benötigte Mh für C	1,–	2,–
benötigte Mh für D	1,–	2,–

	Produkte			
	A	B	C	D
Nettoerlös/Stück in €	100,–	400,–	200,–	300,–
variable Kosten/Stück in €	40,–	300,–	110,–	240,–
maximale Absatzmenge in Stück	100	200	300	400

b) Man bietet Ihnen einen Zusatzauftrag für ein neues Produkt E an. Dafür müßten Sie eine Spezialmaschine kaufen (Anschaffungskosten € 240.000,– exkl. USt). Die Nutzungsdauer der Maschine beträgt 5 Jahre, es kann damit nur das Produkt E erzeugt werden. Die variablen Produktionskosten würden € 80,– je Stück betragen.

Werden Sie diesen Auftrag bei einer garantierten jährlichen Abnahme von 1.200 Stück und einem 5-Jahres-Vertrag zu einem Stückpreis von € 110,– netto annehmen?

D.5.11

Ein Unternehmer steht vor der Entscheidung, ob ein neuer Artikel X (geschätzter Absatz 3.000 Stück) auf der derzeit in Betrieb befindlichen Maschine I in einer zweiten Schicht erzeugt werden oder ob dafür eine neue Maschine II angeschafft werden soll.

Folgende Daten stehen zur Verfügung:

Maschine I: Durch die zweite Schicht entstehen täglich Umrüstkosten von € 365,– und variable Kosten von € 20,– je Stück X. In der zweiten Schicht können maximal 3.000 Stück jährlich erzeugt werden (200 Arbeitstage/Jahr).

Maschine II: Diese Maschine verursacht jährlich Fixkosten von € 40.000,– und variable Kosten von € 21,– je Stück X, ab einer jährlichen Produktionsmenge von 1.000 Stück steigen die jährlichen Fixkosten um € 45.000,–, die variablen Kosten sinken ab dieser Menge bis zur Kapazitätsgrenze von 3.000 Stück auf € 10,– je Stück X (200 Arbeitstage/Jahr).

a) Skizzieren Sie die graphische Lösung für die kritischen Mengen.
b) Ermitteln Sie rechnerisch die kritischen Mengen und geben Sie an, welches Verfahren bei welcher Produktionsmenge das jeweils günstigere ist.
c) Zur Zeit scheint die Abnahme von 2.800 Stück gesichert. Sollten die restlichen 200 Stück nicht wie angenommen zum festgelegten Preis abgesetzt werden können, wollen Sie diese zu einem viel niedrigeren Preis anbieten. Wie hoch ist die kurzfristige Preisuntergrenze?

D.5.12

Für die Erzeugung eines kurzlebigen Modeartikels (Sie erwarten, daß der Artikel nur ein Jahr verkauft werden kann) bieten Ihnen zwei Firmen Angebote für Maschinen zur Herstellung des Artikels an. Firma A verlangt für die Maschine € 10.000,–, wobei bei der Produktion des Artikels variable Stückkosten von € 5,– anfallen. Die Investitionskosten für die Maschine der Firma B betragen € 6.000,–, wobei variable Stückkosten von € 20,– anfallen. Ab einer Produktionsmenge von 350 Stück verringern sich die variablen Stückkosten der Maschine B um € 17,–.

a) Ermitteln Sie, bei welchen Produktionsmengen welche Maschine kostengünstiger ist.

b) Sie planen, den Modeartikel um einen Preis von € 13,– pro Stück zu verkaufen. Wieviele Stück müssen Sie mindestens absetzen – unter der Annahme, daß Ihre Mindestabsatzmenge 1.000 Stück beträgt –, um einen Gewinn in der Höhe von € 1.000,– zu erwirtschaften?

c) Ihre maximale Absatzmenge auf dem Markt liegt bei 1.500 Stück. Der Anbieter der Maschine A bietet Ihnen an, im Zuge eines Kompensationsgeschäftes zusätzlich 200 Stück des Modeartikels zu einem Preis von € 10,– zu erwerben, wenn Sie seine Maschine kaufen. Werden Sie dieses Angebot annehmen?

D.5.**13**

In einem Produktionsunternehmen sind zur Zeit zwei Anlagen nicht in Betrieb. Diese Anlagen können sowohl im Einschicht- als auch im Zweischichtbetrieb (auch gleichzeitig) eingesetzt werden.

Die Maschine I (II) kann in der 1. Schicht maximal 60.000 (80.000) Stück pro Monat, in der 2. Schicht maximal 40.000 (80.000) weitere Stück pro Monat erzeugen.

Die Maschine I (II) benötigt zur Aufsicht/Bedienung pro Schicht jeweils eine (zwei) Arbeitskraft/kräfte. Diese werden bei Maschinenstillstand monatsweise in anderen Unternehmensbereichen beschäftigt. Die Kosten je Arbeitskraft und Monat betragen inklusive Lohnnebenkosten € 2.800,– je Schicht.

An sonstigen Kosten fallen an:

	Maschine I	Maschine II
1. Schicht	€ 0,78/Stück	€ 0,76/Stück
2. Schicht	€ 0,90/Stück	€ 0,84/Stück

Berechnen Sie den optimalen Maschineneinsatzplan, wenn im kommenden Monat 90.000 Stück produziert werden müssen, und stellen Sie die Lösung graphisch dar.

D.5.**14**

Ein Handelsvertreter weiß aufgrund langjähriger Erfahrung, daß er für einen Geschäftsabschluß durchschnittlich 50 km mit seinem Fahrzeug zurücklegen muß. Kraftstoffverbrauch 10 l/100 km, Kraftstoffpreis € 1,–/Liter.

Sein Fahrzeug hat er um € 28.000,– gekauft. Er wird es fünf Jahre nutzen, zeitabhängig abschreiben und danach voraussichtlich noch um € 4.000,– weiterverkaufen können. Die Versicherung für das Fahrzeug kostet jährlich € 480,–. Für einen Geschäftsabschluß erhält der Handelsvertreter € 45,– Provision. (Betriebsausgaben entsprechen Kosten.)

a) Wieviele Geschäftsabschlüsse muß der Handelsvertreter monatlich durch seine Tätigkeit zustandebringen, wenn er im Monat € 1.500,– (nach Abzug der Einkommensteuer) an Einkommen erzielen will? (Durchschnittssteuersatz 25%)

b) Der Handelsvertreter könnte stattdessen in einem anderen Gebiet tätig werden. Aufgrund der höheren Besiedelungsdichte werden dort nur 25 km je Geschäftsabschluß zurückzulegen sein. Er müßte allerdings sechsmal im Jahr eine Fähre benutzen (Preis je Fahrt € 120,–). Aufgrund der Konkurrenz ist mit 50 Abschlüssen im Monat zu rechnen. Der Kraftstoffpreis beträgt € 1,20/Liter. Er würde sein Fahrzeug auch nicht zeitabhängig, sondern nach der Kilometerleistung abschreiben (Gesamtkilometerleistung 200.000 km, Verkauf danach um € 4.000,–). Wieviel müßte er an Provision für jeden Geschäftsabschluß verlangen, um ebenfalls € 1.500,– (Steuersatz wie oben) an Einkommen zu erzielen?

D.5.15

Es stehen Ihnen zwei Maschinen zur Verfügung:

Maschine A:

	€
Abschreibung pro Jahr	1.000,–
Wartungskosten pro Jahr	500,–
Nach jeweils 1.000 produzierten Stück treten sprungfixe Kosten auf	100,–
variable Herstellkosten pro erzeugtem Stück	10,–

Maschine B:

	€
Abschreibung pro Jahr	2.000,–
Wartungskosten pro Jahr	600–
Nach jeweils 330 produzierten Stück treten sprungfixe Kosten auf	?,–
variable Herstellkosten pro erzeugtem Stück	7,–

Es wird angenommen, daß eine Menge von 5.400 Stück erzeugt wird. Die sprungfixen Kosten fallen zum ersten Mal bei A mit dem 1.001. bzw. bei B mit dem 331. Stück an.

Wie hoch sind die sprungfixen Kosten der Maschine B, damit Maschine A und B bei 5.400 Stück die gleichen Gesamtkosten aufweisen?

D.5.16

Berechnen Sie für folgende Investitionsalternativen die jeweils kostengünstigste Variante in bezug auf die zu produzierende Stückzahl (Verfahrensvergleich):

Investitionsalternative	Fixkosten/sprungfixe Kosten in €	variable Kosten/Stück in €
I	0,– (Kapazitätsbereich 0–200 Stück)	50,– (1–100 Stück) 40,– (101–200 Stück)
II	3.000,– (Kapazitätsbereich 0–200 Stück)	0,– (1–100 Stück) 100,– (101–200 Stück)
III	1.000,– (Kapazitätsbereich 0–50 Stück) 2.000,– (Kapazitätsbereich 51–200 Stück)	10,– (1–50 Stück) 50,– (51–200 Stück)

D.5.17

Ein neuer Artikel kann entweder auf der bestehenden Maschine I in einer zweiten Schicht oder auf einer neu anzuschaffenden Maschine II erzeugt werden. Sie sollen unter Berücksichtigung nachfolgender Daten entscheiden, ob die neue Maschine angeschafft oder in einer zweiten Schicht auf der alten Maschine gearbeitet werden soll. Berechnen Sie die kritische(n) Menge(n) und stellen Sie die kritische(n) Menge(n) graphisch dar.

Maschine I:

tägliche Umrüstkosten	€ 400,–
variable Produktionskosten	€ 20,–
Arbeitstage pro Jahr	250
maximale Produktion pro Schicht	6.000 Stück

Maschine II:

jährliche Fixkosten	€ 40.000,–
variable Produktionskosten je Stück	€ 25,–
ab einer Produktionsmenge von	1.800 Stück, steigen
die jährlichen Fixkosten um	€ 10.000,– an,
die variablen Produktionskosten ändern sich auf	€ 30,–
Kapazitätsgrenze in Stück	6.000

Erwarteter Absatz des neuen Artikels 6.000 Stück

D.5.18

Sie sind Leiter der Kostenstelle EDV eines Unternehmens. Sie überlegen, die Umstellung Ihrer Computer vom Programm Fenster98 auf FensterXP von einer externen Firma durchführen zu lassen. Eine derartige externe Firma bietet Ihnen dies zu einem Preis (exklusive USt) von € 15,– je Computer an.

Das Bruttogehalt Ihrer Mitarbeiter pro Stunde beträgt € 13,–. Ihre Mitarbeiter haben 5 Wochen/Jahr Urlaubsanspruch. Die durchschnittliche Krankenstandsdauer beläuft sich auf 2 Wochen. Weiters sind 2 Wochen Feiertage pro Jahr zu berücksichtigen. An weiteren Verhinderungszeiten fällt durchschnittlich eine Woche/Jahr an.

Ihr Unternehmen bezahlt 4,3 Wochen Urlaubszuschuß und 4,3 Wochen Weihnachtsremuneration. Die Sozialleistungen werden mit 30% der Bruttobezüge angesetzt. Die Arbeitszeit beträgt 40 h pro Woche.

Bei der letzten Umstellung von Fenster3.1 auf Fenster98 konnten in einer Woche tatsächlich 72 Computer pro Mitarbeiter installiert werden. Die Installation pro Computer dauert laut Hersteller 30 Minuten. Das bedeutet, dass die Leistungszeit Ihrer Mitarbeiter 90% der Anwesenheitszeit beträgt.

a) Was kostet die Installation eines Rechners, wenn Ihre Mitarbeiter dies durchführen?
b) Ist es vorteilhafter, dies extern installieren zu lassen?

D.5.19

Sie wollen als Student der Wirtschaftsuniversität für die Wahl Ihres Mobilfunkbetreibers eine ökonomische Entscheidung treffen. Der Anbieter ONE bietet einen Tarif „Best One" an, der sich – so die Werbung – selbständig optimal auf den Kunden einstellt und dabei immer den (für den Kunden) jeweils günstigsten Tarif ermittelt und in Rechnung stellt. Die Details lauten dabei wie folgt:

	Gesprächsdauer			
	Bis 69 Minuten	Bis 149 Minuten	Bis 249 Minuten	> 249 Minuten
Grundtarif	€ 7,–	€ 10,–	€ 15,–	€ 25,–
Gesprächstarif netzintern	€ 0,25	€ 0,20	€ 0,15	€ 0,10
Gesprächstarif netzextern	€ 0,25	€ 0,20	€ 0,15	€ 0,10

a) Überlegen Sie, ob die jeweiligen Grenzen (69', 149', 249' und > 249') aus Sicht der Kunden tatsächlich kostengünstigst sind.
Ermitteln Sie gegebenenfalls die aus Kundensicht optimalen Grenzen (in Minuten).

b) Ein fiktiver weiterer Netzanbieter „T-Starr" bietet folgende drei alternative Tarifmöglichkeiten:

	„Glücklich8“	„DollarMini“	„DollarFreizeit“
Grundentgelt	€ 7,–	€ 10,–	€ 15,–
Gesprächstarif netzintern	€ 0,20	€ 0,10	€ 0,10
Gesprächstarif netzextern	€ 0,20	€ 0,30	€ 0,20

Aufgrund Ihres bisherigen Telefonverhaltens gehen Sie in Zukunft von 30% netzinternen Gesprächen und 70% netzexternen Gesprächen aus.

Welcher Tarif des Anbieters „T-Starr“ ist bei welcher Dauer am kostengünstigsten?

c) Wann (und bei welcher Dauer in Minuten) ist welcher Tarif der angegebenen Netzanbieter für Sie am günstigsten („BestOne“, „Glücklich8“, „DollarMini“, „DollarFreizeit“)?

D.6. Beispiele zur Ermittlung von Gewinnschwellen (Break-Even-Points)

Literaturhinweis: *Kemmetmüller W., Handbuch der Kostenrechnung, Kapitel E.11.6.*

D.6.1

Die Fixkosten einer Anlage betragen € 90.000,–. Es können 100.000 Stück erzeugt, aber höchstens 70.000 Stück abgesetzt werden. Die variablen Herstellkosten betragen € 2,– pro Stück. Ein Stück kann um € 5,– (Nettoerlös) verkauft werden. Die variablen Vertriebskosten pro Stück betragen € 1,–.

a) Bestimmen Sie rechnerisch und graphisch den Break-Even-Point.
b) Wieviel Stück müssen erzeugt werden, um ein Betriebsergebnis von € 10.000,– zu erzielen?
c) Welches Betriebsergebnis kann maximal erzielt werden?

☛ *Lösungshinweise:*

a) Nettoerlös/Stk. (p) × Stück (y) = Fixkosten (K_f) + Variable Kosten (k_v) × Stück (y)

(E) bzw. (U) = (K)

Damit ergibt sich für das vorliegende Beispiel folgender Gleichungsansatz:

Nettoerlös/Stk. € .... × Stück y = Fixkosten € .... + variable Herstellkosten € .... × Stück y + variable Vertriebskosten € .... × Stück y

€ .... (p) × y = € .... (K_f) + € .... (k_v Selbstkosten) × y

€ .... (p) × y = € ....

y = ... Stück

Graphische Ermittlung des Break-Even-Points:

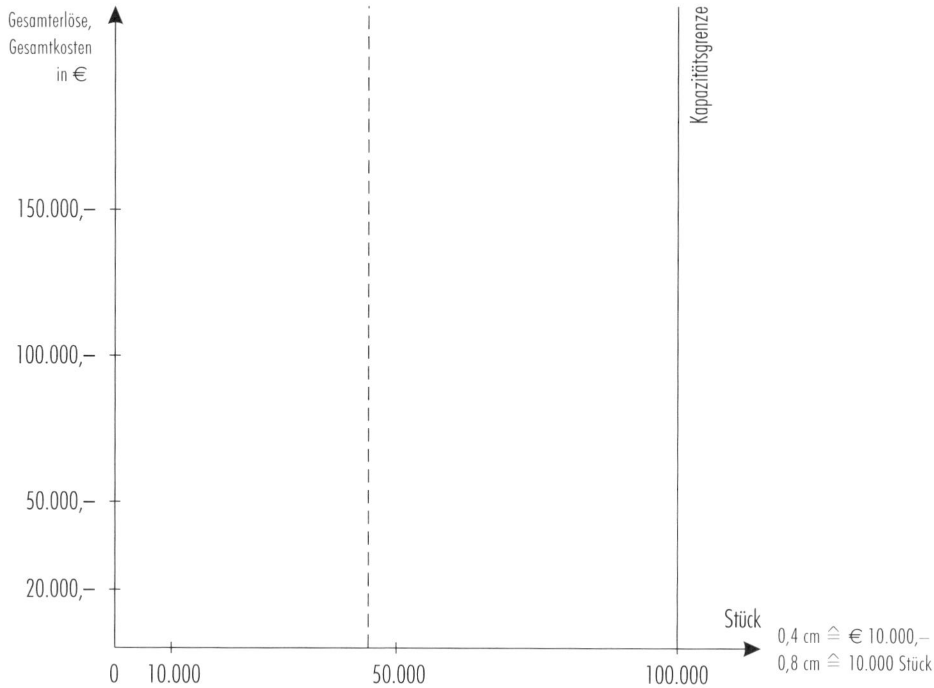

b) Variante 1:

€ .... (p) × y (Stück) = € .... (K_f) + € .... (k_v) × y + € ....
Betriebsergebnis

€ .... × y = € ....

y = ... Stück

Variante 2:

Betriebsergebnis	= Gesamterlös	– Gesamtkosten	
€ .... (BE)	= € .... (p) × y	– [€ .... (K_f) + €	(k_v) × y]
€ .... (BE)	= € .... (p) × y	– € .... (K_f) – €	(k_v) × y
€	= [€ .... (p)	– € .... (k_v)] × y	
€	= € .... (dB) × y		
y = ...	Stück		

c) Berechnung des maximalen Betriebsergebnisses:

	€
Gesamtnettoerlös (maximale Absatzmenge ...... Stück × € ....)	
– Fixkosten	
– variable Herstellkosten (...... Stück × € ....)	
– variable Vertriebskosten (...... Stück × € ....)	
= Betriebsergebnis	

D.6.2

Ein Tankstellpächter überlegt die Anschaffung einer SB-Portalwaschanlage. Folgende Daten stehen zur Verfügung:

Fixe Kosten pro Jahr:

Anschaffungswert	€ 67.500,–
Nutzungsdauer in Jahren	5
Restwert	€ 25.000,–
Zinssatz in % (ohne Kapitalertragsteuer)	9
Raumkosten	€ 7.000,–
Versicherungen	€ 1.500,–

Variable Kosten je Wäsche:

Material	€ 0,20
Energie: Wasser	0,2 m^3 zu GE 1,94 je m^3
Energie: Strom	2 Kilowattstunden zu € 0,195
Instandhaltung	€ 1,425 je Wäsche
Erlös je Wäsche (Programm Waschen und Trocknen) inkl. 20% USt	€ 4,50

Welche Mindestmenge an Wäschen müßte pro Jahr zur Kostendeckung verkauft werden?

D.6.3

Für eine bestimmte Abrechnungsperiode liegen bei einer Absatzmenge von 10.200 Stück über ein Produkt folgende Informationen vor:

	€
Nettoerlös pro Stück	36,–
variable Selbstkosten pro Stück	21,–
Fixkosten	42.000,–

a) Berechnen Sie den Break-Even-Point und das Betriebsergebnis der betrachteten Abrechnungsperiode.
b) Welche Veränderung der Absatzmenge müßte erfolgen, wenn dasselbe Betriebsergebnis erzielt werden soll, wobei die Fixkosten unverändert bleiben, jedoch die variablen Selbstkosten auf € 24,– ansteigen?
c) Die Unternehmensleitung plant eine Preiserhöhung des Produktes auf € 42,– pro Stück, wobei die Gesamtkosten konstant gehalten werden könnten (Angaben lt. Punkt a). Wieviel Stück müßten mindestens abgesetzt werden, um ein Betriebsergebnis von € 126.000,– zu erzielen?

D.6.4

Ihr Freund Gino möchte seinen Betrieb erweitern und zusätzliche Pizze anbieten. Er kommt mit folgenden Daten für diese Zusatzleistung pro Monat zu Ihnen:

	€
3 Mitarbeiter inkl. Gehaltsnebenkosten je	2.700,–
laufende Betriebskosten	3.200,–
Abschreibungen	2.200,–
Produktionskosten je Pizza	1,30

Bei Konkurrenzbetrieben werden im Durchschnitt pro Pizza € 6,– (netto, ohne USt) verlangt, Gino will das Preisniveau halten.

a) Berechnen Sie den Break-Even-Point pro Monat.
b) Wie hoch ist das Betriebsergebnis der Pizzeria bei einem Monatsabsatz von 5.000 Pizze?
c) Wie hoch wären die monatlichen Vollkosten bei einem angenommenen Absatz von 1.000 Stück?

d) Ein Industriebetrieb ist bereit, zur Verköstigung seiner Mitarbeiter 800 Pizze pro Woche um € 3,– je Pizza abzunehmen. Da die Lieferung vor 11 Uhr erfolgen müßte, ist keine Störung des Geschäftsbetriebes der Pizzeria zu erwarten. Soll Gino dieses Angebot annehmen?

D.6.5

In einem gewerblichen Dienstleistungsbetrieb (Rechtsform: Einzelunternehmung) sind acht Facharbeiter mit Bruttostundenlöhnen von durchschnittlich € 12,– beschäftigt.

Insgesamt werden je Facharbeiter 60,5 Bruttowochenlöhne (1 Woche = 40 Stunden) bezahlt. Die sozialen Lasten betragen 25,62% der Bruttolöhne.

Betriebliche Anwesenheit 41 Wochen zu 40 Stunden, allerdings fallen nur 1.520 Stunden direkt verrechenbare Zeit je Facharbeiter an.

Der kalkulatorische Unternehmerlohn beträgt € 30.800,– und ist zur Gänze indirekt verrechenbar.

An sonstigen Gemeinkosten fallen im Betrieb € 159.200,– an.

Wie viele Arbeitsstunden (Leistungsstunden) müssen mindestens verkauft werden, um Vollkostendeckung zu erreichen, wenn der Nettoerlös pro Stunde € 44,– beträgt?

D.6.6

Eine Unternehmensgruppe beabsichtigt, eine CD-EinzelhandelsGes.m.b.H. zu übernehmen. Vom bisherigen Geschäftsführer wurden folgende Daten bekanntgegeben:

Der Umsatz ist im letzten Jahr auf € 650.000,– netto (ohne USt) gesunken.

Die Handelsspanne pro CD beträgt durchschnittlich 30% des Verkaufspreises.

Neben dem Geschäftsführer arbeiten im Unternehmen eine Angestellte und zwei Lehrlinge. Die Angestellte bezieht ein Gehalt von € 2.000,– brutto, die beiden Lehrlinge je € 670,– brutto, 14× pro Jahr. Der Geschäftsführer kostet jährlich brutto € 70.000,–, die Arbeitgeberanteile zu allen Bruttogehältern betragen durchschnittlich 30%.

Die Monatsmiete beträgt € 1.300,– zuzüglich € 250,– an Betriebskosten pro Monat.

Das Lager wird über einen Kontokorrentkredit finanziert. Der Zinssatz beträgt 12%, es wird mit einem durchschnittlichen Lagerwert von € 130.000,– gerechnet. Für den Ankauf des Geschäfts müssen € 100.000,– Eigenkapital eingesetzt werden. Intern werden für das eingesetzte Eigenkapital 7% verrechnet.

An sonstigen Kosten müssen monatlich € 1.500,– angesetzt werden.

a) Wie hoch muß der Jahresumsatz sein, damit durch die Erlöse alle Kosten gedeckt sind?
b) Um wieviel muß das Jahresgehalt des Geschäftsführers gesenkt werden, damit bei gleichbleibendem Nettoumsatz von € 650.000,– Kostendeckung erzielt wird?

D.6.7

Die Gewinn- und Verlustrechnung der Sperhardus KG zeigt folgende Struktur:

Aufwendungen	€	Erträge	€
Fertigungsmaterial	307.875,–	Verkaufserlöse	2,190.000,–
Hilfs- und Betriebsstoffe	180.000,–		
Fertigungslöhne	400.000,–		
Hilfslöhne	90.000,–		
Lohnnebenkosten für Fertigungs- und Hilfslöhne	367.500,–		
Gehälter (inkl. Nebenkosten)	514.625,–		
Zinsenaufwand	80.000,–		
Abschreibungen	130.000,–		
Dotierung Pensionsrückstellung	40.000,–		
Dotierung Abfertigungsrückstellung	80.000,–		
Summe	2,190.000,–		2,190.000,–

An Kosten müssen angesetzt werden:

	€
kalkulatorische Unternehmerlöhne	140.000,–
kalkulatorische Abschreibungen	80.000,–
kalkulatorische Zinsen	90.000,–
kalkulatorische Wagnisse	10.000,–

Folgende Kosten sind im jeweils angegebenen Ausmaß beschäftigungsabhängig:

	%
Fertigungsmaterial	100
Fertigungslöhne	100
Hilfs- und Betriebsstoffe	70
Hilfslöhne	75
Abschreibungen	60

Die übrigen Kosten sind von der Beschäftigung unabhängig.

In der abgelaufenen Produktionsperiode wurden 25.000 Stück erzeugt, jedoch nur 18.250 Stück zu einem einheitlichen Preis abgesetzt. Die maximale Absatzmenge beträgt 24.000 Stück.

Im nächsten Jahr wird aufgrund eines neuen Konkurrenzproduktes ein Absatzrückgang erwartet. Sie werden gebeten, jene Mindestabsatzmenge zu berechnen, die gerade noch Kostendeckung gewährleistet.

D.6.8

Ein Kontrollorgan eines Verkehrsunternehmens bezieht ein Bruttogehalt von € 1.100,– pro Monat und eine Erfolgsprämie von € 10,– je „Fang" mit dem 50. ertappten Schwarzfahrer. Die Gehaltsnebenkosten für das Bruttogehalt und die Erfolgsprämie betragen 55%.

Bei sofortiger Barzahlung sind € 25,– als Strafe vorgesehen. Im Falle einer Anzeige beträgt die Durchschnittsstrafe € 80,–. Erfahrungsgemäß zahlen 90% der ertappten Schwarzfahrer bar.

Wieviele Schwarzfahrer muß ein neu einzustellender Kontrolleur an einem Tag ertappen, wenn er im Durchschnitt 20 Tage pro Monat arbeitet und das Betriebsergebnis des Verkehrsunternehmens unverändert bleiben soll?

D.6.9

Ermitteln Sie für folgende Maschine, deren Maximalkapazität 60.000 Stück beträgt, die jeweiligen Mindestabsatzmengen (Gewinnschwellen):

Absolut fixe Kosten: € 1,500.000,–
Bei Überschreiten einer Produktionsmenge von jeweils 20.000 Stück entstehen zusätzlich sprungfixe Kosten von € 120.000,–.
Die variablen Kosten betragen bis zu einer Produktionsmenge von 50.000 Stück € 40,–/Stück, jedes weitere Stück kann mit variablen Stückkosten von € 30,– angesetzt werden. Der erzielbare Nettoverkaufserlös liegt mengenunabhängig bei € 70,–/Stück.

D.6.10

In einer Unternehmung werden die vier Produkte A, B, C und D erzeugt, die folgende Erlös- und Kostenstruktur aufweisen:

(Angaben in €)	Produkte			
	A	B	C	D
Fertigungsmaterial	50,–	35,–	170,–	90,–
Fertigungslohn	70,–	96,–	40,–	75,–
sonstige variable Gemeinkosten	20,–	19,–	10,–	15,–
Nettoerlös	180,–	200,–	250,–	230,–

Die monatlichen Fixkosten des Unternehmens betragen insgesamt € 162.000,–.

a) Welche Mengen müssen von den einzelnen Produkten mindestens erzeugt und abgesetzt werden, wenn die Unternehmung kein negatives Betriebsergebnis erzielen möchte und sich die abgesetzten Mengen der vier Produkte wie 5 : 3 : 2 : 8 verhalten?
b) Welcher Gesamterlös muß erzielt werden, wenn sämtliche Kosten gedeckt werden sollen?

D.6.11

Ein Staubsaugervertreter weiß aufgrund seiner langjährigen Erfahrung, daß er für einen Geschäftsabschluß durchschnittlich 100 km mit seinem Fahrzeug zurücklegen muß. Der Kraftstoffverbrauch seines Autos beträgt 10 l/100 km, und der Preis liegt bei € 1,–/Liter.

Sein Fahrzeug hat er um € 28.000,– gekauft. Er wird es 5 Jahre nutzen, zeitabhängig abschreiben und danach vermutlich noch um € 8.000,– netto weiterverkaufen können. Die Versicherung für das Fahrzeug kostet jährlich € 600,–. Sonstige fixe Kosten pro Jahr € 5.000,–. Für einen Geschäftsabschluß erhält der Staubsaugervertreter € 50,– Provision.

Wieviele Geschäftsabschlüsse muß der Staubsaugervertreter monatlich durch seine Tätigkeit zustande bringen, wenn er im Monat € 3.000,– (nach Abzug der Einkommensteuer von 25%) an Einkommen erzielen will?

D.6.12

Ein Reinigungsunternehmen verkauft eine Mitarbeiterstunde um € 72,– (inkl. 20% USt). Die Mitarbeiter haben einen durchschnittlichen Bruttostundenlohn von € 16,–. Die sonstigen variablen Kosten betragen € 6,– pro Stunde Leistungszeit. Die Fixkosten belaufen sich auf € 160.000,– pro Jahr. Das Unternehmen rechnet mit 90% Lohnnebenkosten. Weiters sind 80% der Arbeitszeit direkt verrechenbar.

a) Wieviele Leistungsstunden müssen pro Jahr verkauft werden, um Vollkostendeckung zu erreichen?
b) Welchen Bruttoverkaufspreis (inkl. 20% USt) pro Stunde muß das Unternehmen ansetzen, wenn fünf Mitarbeiter mit einer Anwesenheitszeit von 41 Wochen (80% direkt verrechenbar) pro Jahr beschäftigt werden und Vollkostendeckung erreicht werden soll? (1 Woche = 40 Stunden)

D.6.13

Ein Zulieferunternehmen erzeugt das Produkt A mit einem Produktionsverfahren, bei dem jährlich Fixkosten von € 10.000,– und variable Kosten von € 26,– pro Stück anfallen (jährliche Produktionskapazität 10.000 Stück).

Mit dem einzigen Abnehmer von Produkt A wurde ein Preis von € 30,– pro Stück vereinbart, bei einer Abnahmemenge von über 3.000 Stück ist ein Mengenrabatt von € 5,– pro Stück zu gewähren. Diese Vereinbarung traf eine Urlaubsvertretung des Verkaufsleiters.

a) In welchem Absatzmengenbereich arbeitet das Unternehmen gewinnbringend?

b) Wo liegt das Gewinnoptimum?

c) Da der Kunde an größeren Abnahmemengen interessiert ist und nicht bereit ist, seine Preisvorstellungen zu revidieren, ist das Unternehmen an Maßnahmen interessiert, die seine Gewinnsituation bei hohen Absatzmengen verbessern. Bei der Produktion von A fallen gleichzeitig die Stoffe S1 und S2 an, die bisher als Sondermüll entsorgt werden mußten (Kosten der Entsorgung € 0,20 pro Einheit S1 und € 0,30 pro Einheit S2). Diese Kosten sind in den variablen Stückkosten von € 26,– enthalten. S1 und S2 könnten durch eine Weiterverarbeitung in die marktgerechten Produkte B und C umgewandelt werden. Dieser Umwandlungsprozeß würde jährlich zusätzliche Fixkosten in der Höhe von € 30.000,– und zusätzliche variable Kosten von € 4,– bei der Umwandlung der für ein A anfallenden Abfallstoffe verursachen. Bei der Produktion von einem Stück A fallen eine Einheit S1 und eine Einheit S2 an, wobei die Einheit S1 in zwei Stück B und zwei Einheiten S2 in ein Stück C umgewandelt werden können. Für B ist ein Stückerlös von € 4,– und für C ein Stückerlös von € 6,– zu erwarten. Bei welchen Abnahmemengen ist das bisherige Verfahren und bei welchen Abnahmemengen ist die Kuppelproduktion (gerechnet nach der Restwertmethode) günstiger?

D.6.**14**

Sie stehen vor der Entscheidung, ein Geschäftslokal in einem Tourismusareal für den Zeitraum zwischen 15. 9. und 31. 12. zu übernehmen oder nicht. Das Geschäftslokal besteht aus 2 Shops, wobei der eine Shop 7 Tage in der Woche geöffnet sein wird und der zweite Shop bei Bedarf (im September und Oktober voraussichtlich 4 Tage in der Woche, im November und Dezember voraussichtlich 2 Tage in der Woche). Die tägliche Öffnungszeit beträgt jeweils 9 Stunden.

Zum Betrieb wird pro Shop jeweils 1 Mitarbeiter benötigt. Die Kosten eines Mitarbeiters pro 8-h-Tag betragen € 90,–. Monatlich sind Fixkosten in der Höhe von € 1.000,– zu erwarten, die im September nur zur Hälfte anzusetzen sind.

Der Wareneinsatz beträgt 40% des Nettoumsatzes. Ferner ist eine Umsatzpacht von 25% zu entrichten.

Berechnen Sie für die einzelnen Monate und für den gesamten Untersuchungszeitraum den Mindestumsatz für das Geschäftslokal (beide Shops), der gerade noch Kostendeckung gewährleistet.

TEIL II
LÖSUNGEN

A.
Beispiele zur Betriebsüberleitung

A.1. Beispiele mit vereinfachten Angaben

A.1.1

Aufwands- bzw. Kostenarten	Aufwand	Abgrenzungen (Angaben in €)		Kosten
		–	+	
Rohstoffe	100.000,–		15.000,–	115.000,–
Hilfs- und Betriebsstoffe	20.000,–		2.000,–	22.000,–
Personal	130.000,–		25.000,–	155.000,–
geringwertige Wirtschaftsgüter	1.100,–	550,–		550,–
Instandhaltung	10.000,–	450,–		9.550,–
Abschreibungen	20.000,–	4.000,–		16.000,–
Zinsen	6.500,–	6.500,–	16.000,–	16.000,–
Schadensfälle	30.000,–	5.000,–		25.000,–
Summe	317.600,–	16.500,–	58.000,–	359.100,–

Bei den Zinsen wurden die Abgrenzungen brutto und bei den Wagnissen netto vorgenommen. Beide Lösungen sind möglich.

Ebenso wäre eine Trennung der Abgrenzungen in sachliche und zeitliche Abgrenzungen möglich:

Aufwands- bzw. Kostenarten	Aufwand	Abgrenzungen (Angaben in €)		Kosten
		–	+	
Summe				

A.1.2

(Angaben in €)				
Position	Aufwand	Abgrenzungen		Kosten
		sachlich	zeitlich	
a)	1.900,–	– 1.000,–		900,–
b)	48.000,–		– 24.000,–	24.000,–
c)	10.000,–		– 5.000,–	5.000,–
d)	800,–		– 400,–	400,–
e)	480.000,–		–450.000,–	30.000,–
f)	36.000,–			36.000,–
g)	900,–		– 450,–	450,–
h)	10.000,–		– 5.000,–	5.000,–
i)	120.000,–	+20.000,–	– 70.000,–	70.000,–
j)	15.000,–	– 3.000,–	– 6.000,–	6.000,–
k)	24.000,–		– 12.000,–	12.000,–
l)	25.000,–		+ 25.000,–	50.000,–
m)	30.000,–		– 15.000,–	15.000,–
Summe	801.600,–	+16.000,–	–562.850,–	254.750,–

Erläuterungen:

a) Nur die erste Spende ist nicht betriebsbedingt.

e) Abschreibungen der Reparatur € 480.000,– auf 8 Jahre = € 60.000,– p. a. Abschreibung für ein halbes Jahr = € 30.000,–.

j) Die durchschnittlichen Schadensfälle betragen € 12.000,–, € 3.000,– sind daher sachlich neutraler Aufwand, weitere € 6.000,– sind dem betrachteten Halbjahr nicht zuzurechnen.

k) Ein Reservegrundstück dient einer möglichen Betriebserweiterung und ist daher betriebsnotwendig.
m) Die durch die Feuerversicherung gedeckten Schadensfälle sind nicht in der Position j) enthalten.

A.1.3

(Angaben in €)				
Position	Aufwand	Abgrenzungen –	Abgrenzungen +	Kosten
a)	10,000.000,–	200.000,–	980.000,–	10,780.000,–
b)	7,600.000,–			7,600.000,–
c)				
d)	20.000,–	4.000,–		16.000,–
e)	250.000,–	20.000,– 4.600,–		225.400,–
f)	800.000,–		200.000,–	1,000.000,–
g)	40.000,–	40.000,–	45.000,–	45.000,–
h)	24.000,–			24.000,–
i)	5.000,–			5.000,–
j)	200.000,–	200.000,–	280.000,–	280.000,–
k)	170.000,–	170.000,–	120.000,–	120.000,–
l)	120.000,–	120.000,–	130.000,–	130.000,–
Summe	19,229.000,–	758.600,–	1,755.000,–	20,225.400,–
	Ertrag	Abgrenzungen –	Abgrenzungen +	Leistung
m)	20,000.000,–	10.000,– 50.000,– 120.000,– 80.000,–	110.000,–	19,850.000,–
Summe	20,000.000,–	260.000,–	110.000,–	19,850.000,–

Erläuterungen:

c) Die Personalkosten eines Inhaber-Geschäftsführers einer GmbH sind in der Position Personalaufwand bereits inkludiert, denn es können den Geschäftsführern – auch wenn sie Gesellschafter sind – feste Bezüge für ihre Tätigkeit gewährt werden.

e) Die € 20.000,– stellen einen außerordentlichen Schadensfall dar, der in der Kostenrechnung über das Beständewagnis normalisiert Berücksichtigung findet.

h) kalkulatorische Abschreibungen:

	(Angaben in €)			
	drittes Vorjahr	zweites Vorjahr	erstes Vorjahr	laufendes Jahr
– der im dritten Vorjahr gekauften GWG	8.000,–	8.000,–	8.000,–	
– der im zweiten Vorjahr gekauften GWG		8.000,–	8.000,–	8.000,–
– der im ersten Vorjahr gekauften GWG			8.000,–	8.000,–
– der im laufenden Jahr gekauften GWG				8.000,–
				24.000,–

gesamte kalkulatorische Abschreibung laufendes Jahr für geringwertige Wirtschaftsgüter: € 24.000,–

j)

landesüblicher Zinssatz für langfristige Anlage nach Abzug der KESt	10%
– Inflationsrate	3%
Zinssatz	7%

7% von € 4,000.000,– = € 280.000,–

Die Inflationsrate muß deswegen herausgerechnet werden, weil die kalkulatorischen Zinsen nicht auf Basis historischer Anschaffungswerte, sondern auf Basis aktueller Tagesrestwerte errechnet werden. Die Tagesrestwerte beinhalten bereits stattgefundene Wertänderungen.

l) Im langjährigen Durchschnitt entstehen Kreditverluste in Höhe von 1% der Zielverkäufe. Das kalkulatorische Debitorenwagnis beträgt daher € 130.000,–.

A.2. Beispiele mit G + V nach dem Rechnungslegungsgesetz

A.2.1

	Angaben in € 1.000,–			
	Aufwand	Abgrenzungen		Kosten
		–	+	
Material	8.000,–		800,–	8.800,–
Personal	3.000,–		800,–	3.800,–
Abschreibung Gebäude	500,–		100,–	600,–
Abschreibung Maschinen	1.100,–		100,–	1.200,–
Werbung	300,–			300,–
Forderungsausfälle	200,–		40,–	240,–
Instandhaltung	480,–	400,–		80,–
Rest sonstiger betrieblicher Aufwendungen①	3.020,–			3.020,–
Zinsen	4.220,–	4.220,–	9.600,–	9.600,–
Außerordentlicher Aufwand	40,–	40,–		
Steuern vom Einkommen und Ertrag	800,–	800,–		
Unversteuerte Rücklagen	160,–	160,–		
Summe	21.820,–	5.620,–	11.440,–	27.640,–

① Sonstiger betrieblicher Aufwand	4.000,—
– Werbeaufwendungen	300,—
– Forderungsausfälle	200,—
– Instandhaltungsaufwendungen	480,—
= Rest sonstiger betrieblicher Aufwendungen	3.020,—

A.2.2

	Angaben in € 1.000,–			
	Aufwand	Abgrenzungen –	Abgrenzungen +	Kosten
Material	8.000,–		800,–	8.800,–
Personal	3.000,–			3.000,–
Abschreibung Gebäude	500,–		100,–	600,–
Abschreibung Maschinen	1.100,–		100,–	1.200,–
Werbung	300,–			300,–
Forderungsausfälle	200,–		40,–	240,–
Instandhaltung	480,–	400,–		80,–
Rest sonstiger betrieblicher Aufwendungen①	2.820,–			2.820,–
Zinsen	4.220,–	4.220,–	9.600,–	9.600,–
Außerordentlicher Aufwand	40,–	40,–		
Steuern vom Einkommen und Ertrag	800,–	800,–		
Unversteuerte Rücklagen	160,–	160,–		
Summe	21.620,–	5.620,–	10.640,–	26.640,–

① Sonstiger betrieblicher Aufwand (€ 3.400,– + € 400,–)	3.800,—
– Werbeaufwendungen	300,—
– Forderungsausfälle	200,—
– Instandhaltungsaufwendungen	480,—
= Rest sonstiger betrieblicher Aufwendungen	2.820,—

A.2.3

G & V Nr.	Angaben in Mio. €			
	Aufwand	Abgrenzungen +	Abgrenzungen –	Kosten
5	562,6	39,–		601,6
6	346,5			346,5
7	67,6	5,–		
		5,–		77,6
8	185,–	0,8	0,5	
			20,–	165,3
11	14,8	20,–	14,8	20,–
15	1,–		1,–	
17	15,–		15,–	
20	8,7		8,7	
21	37,4		37,4	
Summe	1.238,6	69,8	97,4	1.211,–

B.
Beispiele zur Kostenartenrechnung

B.1. Beispiele zu Materialkosten

B.1.1

	Menge in kg
Anfangsbestand lt. Inventur	10.000
+ Zukäufe lt. Belegen	5.500
– Abfassungen lt. Entnahmescheinen	6.000
= Sollendbestand	9.500
– Istendbestand	9.000
= Schwund	500
Rohstoffeinsatz (Abfassungen + Schwund) = 6.500 kg	

Bei den vorliegenden Daten (Abfassungen lt. Entnahmescheinen bekannt) ist die Ermittlung des Materialeinsatzes mit der direkten Methode zweckmäßig.

Zur Illustration sei dennoch die Ermittlung des Materialeinsatzes mit der indirekten Methode dargestellt:

	Menge in kg
Anfangsbestand lt. Inventur	10.000
+ Zukäufe lt. Belegen	5.500
– Endbestand lt. Inventur	9.000
= Rohstoffeinsatz (Abfassungen + Schwund)	6.500

B.1.2

		Menge in kg	Preis/kg in €	Wert in €
1. 2.	Anfangsbestand	12.000	55,–	660.000,–
3. 2.	+ Zukauf	8.000	58,–	464.000,–
	= Lagerbestand	20.000	56,20	1,124.000,–
7. 2.	– Abfassung	9.000	56,20	505.800,–
	= Lagerbestand	11.000	56,20	618.200,–
10. 2.	+ Zukauf	9.000	57,–	513.000,–
	= Lagerbestand	20.000	56,56	1,131.200,–
15. 2.	– Abfassung	13.000	56,56	735.280,–
	= Lagerbestand	7.000	56,56	395.920,–
17. 2.	+ Zukauf	7.000	58,44	409.080,–
	= Lagerbestand	14.000	57,50	805.000,–
21. 2.	– Abfassung	10.000	57,50	575.000,–
	= Lagerbestand	4.000	57,50	230.000,–
22. 2.	+ Zukauf	4.000	58,50	234.000,–
	= Lagerbestand	8.000	58,–	464.000,–
25. 2.	– Abfassung	5.000	58,–	290.000,–
	= Sollendbestand	3.000	58,–	174.000,–
28. 2.	– Istendbestand	2.630	58,–	152.540,–
	= Schwund	370	58,–	21.460,–

Gesamtmaterialverbrauch:	37.000 kg
Schwund:	370 kg
im Durchschnitt:	1% Schwund

Auftrag:	1.000 kg + 10 kg Zuschlag für Schwund (1%)
	1.010 zu verrechnende kg 1.010 kg × € 57,50 = € 58.075,–

Am 21. 2. gilt der ermittelte Durchschnittspreis von € 57,50.

B.1.3

	Menge in kg	Preis/kg in €	Wert in €
Anfangsbestand	12.644	118,–	1,491.992,–
+ Zukauf 1	4.500	116,–	552.000,–
= Lagerbestand	17.144	116,–	1,988.704,–
– Abfassung 1	9.566	116,–	1,109.656,–
= Lagerbestand	7.578	116,–	879.048,–
+ Zukauf 2	5.000	115,–	575.000,–
= Lagerbestand	12.578	115,–	1,446.470,–
– Abfassung 2	3.925	115,–	451.375,–
– Abfassung 3	6.500	115,–	747.500,–
= Lagerbestand	2.153	115,–	247.595,–
+ Zukauf 3	5.000	118,–	590.000,–
= Lagerbestand	7.153	118,–	844.054,–
– Abfassung 4	2.495	118,–	294.410,–
– Abfassung 5	1.820	118.–	214.760,–
= Sollendbestand	2.838	118,–	334.884,–
– Istendbestand	2.750	117,–	321.750,–
= Schwund	88	117,–	10.296,–

B.1.4

LIFO:

	AB	ZK 1	ZK 2	ZK 3
AB	10.000 kg à € 10,–			
ZK 1		10.000 kg à € 8,–		
AF 1	–5.000 kg à € 10,–	–10.000 kg à € 8,–		
ZK 2			20.000 kg à € 10,–	
ZK 3				5.000 kg à € 10,–
AF 2	–1.000 kg à € 10,–		–20.000 kg à € 10,–	–5.000 kg à € 10,–
Soll EB	4.000 kg à € 10,–	0 kg	0 kg	0 kg
– Ist EB	3.000 kg à € 10,–			
= Schwund	1.000 kg à € 10,–			

		€
AF 1	€ 50.000,– + € 80.000,–	130.000,—
AF 2	€ 10.000,– + € 200.000,– + € 60.000,–	270.000,—
Schwund	€ 10.000,–	10.000,—
Materialeinsatz		490.000,—
Istbestand		30.000,—

FIFO:

	AB	ZK 1	ZK 2	ZK 3
AB	10.000 kg à € 10,–			
ZK 1		10.000 kg à € 8,–		
AF 1	–10.000 kg à € 10,–	–5.000 kg à € 8,–		
ZK 2			20.000 kg à € 10,–	
ZK 3				5.000 kg à € 12,–
AF 2		–5.000 kg à € 8,–	–20.000 kg à € 10,–	–1.000 kg à € 12,–
Soll EB	0 kg	0 kg	0 kg	4.000 kg à € 12,–
– Ist EB				3.000 kg à € 12,–
= Schwund				1.000 kg à € 12,–

		€
AF 1	€ 100.000,– + € 40.000,–	140.000,—
AF 2	€ 40.000,– + € 200.000,– + € 12.000,–	252.000,—
Schwund	€ 12.000,–	12.000,—
Materialeinsatz		404.000,—
Istbestand		36.000,—

B.1.5

		Menge in kg	Preis/kg in €	Wert in €
1. 10.	Anfangsbestand	100	25,–	2.500,–
3. 10.	+ Zukauf 1	300	28,–	8.400,–
10. 10.	+ Zukauf 2	200	26,50	5.300,–
	= Lagerbestand	600	27,–	16.200,–
12. 10.	– Abfassung 1	400	27,–	10.800,–
	= Lagerbestand	200	27,–	5.400,–
15. 10.	+ Zukauf 3	100	28,50	2.850,–
	= Lagerbestand	300	27,50	8.250,–
18. 10.	– Abfassung 2	200	27,50	5.500,–
	= Lagerbestand	100	27,50	2.750,–
28. 10.	+ Zukauf 4	300	30,50	9.150,–
	= Lagerbestand	400	29,75	11.900,–

a) 300 kg × € 27,50 = € 8.250,–

a) 300 kg × € 28,50 = € 8.550,–

B.1.6

Führen der Lagerkartei:

	AB	ZK 1	ZK 2	ZK 3
AB	5.000 kg à € 10,–			
ZK 1		2.500 kg à € 9,–		
AF 1	–1.250 kg à € 10,–			
AF 2	–3.750 kg à € 10,–			
ZK 2			1.250 kg à € 10,–	
AF 3		–2.500 kg à € 9,–		
ZK 3				3.750 kg à € 11,–
AF 4			–1.250 kg à € 10,–	–1.250 kg à € 11,–
Soll EB	0 kg	0 kg	0 kg	2.500 kg à € 11,–
– Ist EB				–2.450 kg à € 11,–
= Schwund				50 kg à € 11,–

Ermittlung der Materialkosten:

	€
AF 1 (1.250 kg × € 10,–)	12.500,–
+ AF 2 (3.750 kg × € 10,–)	37.500,–
+ AF 3 (2.500 kg × € 9,–)	22.500,–
+ AF 4 (1.250 kg × € 10,– + 1.250 kg × € 11,–)	26.250,–
= Materialeinsatz	98.750,–

Bewertung des Endbestandes:

	€
Istbestand (2.450 kg × € 11,–)	26.950,–

B.1.7

	138,–	Bruttostückpreis in sfr
–	18,–	Schweizer USt (15% auf Hundert)
=	120,–	Nettostückpreis in sfr × Kurs € 70,– (Devisenwarenkurs)
=	84,–	Nettostückpreis in €

	€
Warenwert franko Grenze	840.000,–
– 3% Skonto	25.200,–
Zollbemessungsgrundlage	814.800,–
+ 12% Zoll	97.776,–
Bemessungsgrundlage E-USt	912.576,–
E-USt kein Kostencharakter, da gleich Vorsteuer	0,–
	912.576,–

+ Versicherung ab Grenze 1,25%	11.407,20
+ Transport ab Grenze	18.400,–
= Gesamtkosten (Einstandspreis)	942.383,20
Kosten/Stück: € 94,24	

Erläuterungen:

- Bei Importen wird die ausländische USt nicht bezahlt, an ihre Stelle tritt die Einfuhrumsatzsteuer, die als Vorsteuer abgezogen werden kann.
- Bemessungsgrundlage für die E-USt ist in der Regel der Zollwert der Ware zuzüglich Zölle u. a.
- Bemessungsgrundlage für den Zoll ist der Zollwert, das ist in der Regel der Rechnungspreis franko Grenze (zuzüglich Kosten für Verpackung, Transport und Versicherung bis zur Grenze, soweit diese Beträge nicht schon im Rechnungspreis enthalten sind) abzüglich Skonto, wenn der Käufer erklärt, den Skontoabzug ausnützen zu wollen.

B.2. Beispiele zu Personalkosten

B.2.1

a)

	€
Nettoentgelt[1] + Lohnsteuer (Einkommensteuer der Unselbständigen) + Betriebsratsumlage + Dienstnehmeranteil zur gesetzlichen Sozialversicherung (einschl. Arbeiterkammerumlage, Dienstnehmeranteil am Wohnbauförderungsbeitrag und Schlechtwetterentschädigungsbeitrag)	
= Bruttoentgelt + Dienstgeberanteil zur gesetzlichen Sozialversicherung (Beiträge zur Krankenversicherung, Pensionsversicherung, Unfallversicherung, Arbeitslosenversicherung, Zuschlag gem. Insolvenzentgeltsicherungsgesetz, Ausgleichstaxe nach dem Invalideneinstellungsgesetz etc.)	

+ Dienstgeberbeitrag zum Familienlastenausgleichsfonds und Zuschlag + Kommunalabgabe (Gemeindesteuer, 3% der Bruttolöhne) + Sonderzahlungen (Weihnachtsremuneration und Urlaubszuschuß) + Wiener Dienstgeberabgabe (nur für Wien; auch U-Bahn-Steuer genannt; Euro 0,73 je Mitarbeiter in der Woche) + Berufsausbildungskosten + Freiwillige Sozialleistungen inkl. Pensionen + Sonstige Sonderzahlungen (z. B. Erfolgsprämien, Gewinn- und Ertragsbeteiligungen, Schmutzzulagen, Reisekosten und Provisionen) + Abfertigungen	
= Personalkosten	

① Die Familienbeihilfe wird zusätzlich zum Nettoentgelt vom Finanzamt ausbezahlt, ist aber für den Betrieb kein Kostenelement.

b) und c):

Anwesenheitszeit		Nichtanwesenheitszeit (Urlaub etc.)	Sonderzahlungen	soziale Lasten
direkt verrechenbare Zeit = Leistungszeit	indirekt verrechenbare Zeit = Hilfszeit		Weihnachtsremuneration Urlaubszuschuß	Abgaben des Arbeitgebers auf die Jahresbruttolöhne

52 Jahreswochen

Lohnnebenkosten = jener Kostenbetrag, um den die gesamten Personalkosten die Bruttolöhne für die Anwesenheitszeit übersteigen

lohnabhängige Gemeinkosten = jener Kostenbetrag, um den die gesamten Personalkosten die Bruttolöhne für die Leistungszeit übersteigen

Die Fertigungsgemeinkosten inkludieren neben den lohnabhängigen Gemeinkosten auch sonstige fertigungsbedingte Gemeinkosten (z. B. Kosten für Hilfsmaterial, Betriebsstoffe, Energie etc.).

B.2.2

Ermittlung der Anwesenheitszeit in Wochen:

	Wochen
Jahreswochen	52
– Urlaub	5
– bezahlte Feiertage	2,2
– Krankenstand	3,0
– bezahlte Verhinderungszeit	1,3
= Anwesenheitszeit in Wochen	40,5

Ermittlung der gesamten Personalkosten in Bruttowochenlöhnen:

	Bruttowochenlöhne
Jahreswochen	52
– Krankenstand	4,3
– Urlaub	4,3
= Basis für soziale Lasten	60,6
+ soziale Lasten (30% von 60,6)	18,18
= Summe Personalkosten in Bruttowochenlöhnen	78,78

Ermittlung der Lohnnebenkosten:

Summe Personalkosten in Bruttowochenlöhnen	78,78
– Bruttowochenlöhne für Anwesenheitszeiten	40,5
= Lohnnebenkosten in Bruttowochenlöhnen	38,28
$\frac{\text{LNK } 38{,}28 \times 100}{\text{Anwesenheitszeit } 40{,}5}$ = 94,52% Zuschlagsatz der Lohnnebenkosten	

Mit Hilfe der Lohnnebenkosten lassen sich die Personalkosten je Stunde Anwesenheitszeit eines Arbeiters errechnen.

	€
Beträgt der Bruttolohn eines Arbeiters je Stunde beispielsweise und belaufen sich die Lohnnebenkosten hier auf 94,52%	10,– 9,452
dann betragen die Personalkosten je Stunde Anwesenheit für den Arbeiter	19,452

Ermittlung der lohnabhängigen Gemeinkosten:

	Wochen
Anwesenheitszeit – indirekt verrechenbare Zeit (20%)	40,5 8,1
= Leistungszeit (80%)	32,4
	Bruttowochenlöhne
Summe Personalkosten in Bruttowochenlöhnen – Bruttowochenlöhne für Leistungszeit	78,78 32,4
= lohnabhängige Gemeinkosten in Bruttowochenlöhnen	46,38
$\frac{\text{lohnabhängige Gemeinkosten } 46{,}38 \times 100}{\text{Leistungszeit } 32{,}4} = 143{,}15\%$ 143,15% Zuschlagsatz der lohnabhängigen Gemeinkosten auf die Leistungslöhne	

Mit Hilfe der lohnabhängigen Gemeinkosten lassen sich die Personalkosten je Stunde Leistungszeit eines Arbeiters errechnen.

	€
Beträgt der Bruttolohn eines Arbeiters je Stunde beispielsweise und belaufen sich die lohnabhängigen Gemeinkosten hier auf 143,15%	10,– 14,315
dann betragen die Personalkosten je Stunde Anwesenheit für den Arbeiter	24,315

B.2.3

a) Ermittlung der Anwesenheitszeit:

	Wochen
Jahreswochen	52
– Krankenstand	3
– Urlaub	5
– bezahlte Feiertage	2,2
– bezahlte Verhinderung	0,8
= Anwesenheitszeit in Wochen	41

Ermittlung der Personalkosten:

	Bruttowochenlöhne
Jahreswochenlöhne	52
+ Weihnachtsremuneration	4,3
+ Urlaubszuschuß	4,3
= Basis für soziale Lasten	60,6
+ soziale Lasten 30%	18,18
= Summe Personalkosten in Bruttowochenlöhnen	78,78

Ermittlung der Lohnnebenkosten:

Lohnnebenkosten in Bruttowochenlöhnen (78,78 – 41)	37,78

$\frac{37{,}78 \times 100}{41} = 92{,}15\%$ Zuschlagsatz der Lohnnebenkosten

Lohnkosten je Anwesenheitsstunde: € 10,– + 92,15% = € 19,22

b) Ermittlung der Leistungszeit:

	Wochen
Anwesenheitszeit – 10% Hilfszeit	41 4,1
= Leistungszeit	36,9

Ermittlung der lohnabhängigen Gemeinkosten:

lohnabhängige Gemeinkosten in Bruttowochenlöhnen (78,78 – 36,9)	41,88
$\frac{41{,}88 \times 100}{36{,}9}$ = 113,50% Zuschlagsatz der lohnabhängigen Gemeinkosten	

Kalkulation einer Leistungsstunde:

	€
Bruttolohn + 113,50% Zuschlagsatz der lohnabhängigen Gemeinkosten	10,– 11,35
= Lohnkosten + sonstige Gemeinkosten	21,35 8,–
= Selbstkosten + Gewinnzuschlag (10%)	29,35 2,94
= Nettoverkaufspreis + USt (20%)	32,29 6,46
= Bruttoverkaufspreis	38,75

B.2.4

Kosten auf Basis des bisherigen Kollektivvertrages

Ermittlung der Leistungszeit:

	Wochen
Jahreswochen	52
– Urlaub	4
– Feiertage und Sonstiges	2
– Krankheit	1
= Anwesenheitszeit	45
– 15% indirekt verrechenbare Zeit (Hilfszeit)	6,75
= Leistungszeit	38,25

Ermittlung der Personalkosten:

	Brutto-wochenlöhne
Jahreswochenlöhne	52
+ Sonderzahlungen	8
+ freiwilliger Sozialaufwand (45 × 0,04)	1,8
= Basis für gesetzliche soziale Lasten	61,8
+ 35% soziale Lasten	21,63
= Personalkosten	83,43

Ermittlung der lohnabhängigen Gemeinkosten:

lohnabhängige Gemeinkosten in Bruttowochenlöhnen (83,43 – 38,25)	45,18

$\frac{45{,}18 \times 100}{38{,}25}$ = 118,12% Zuschlagsatz der lohnabhängigen Gemeinkosten

Lohnkosten einer Leistungsstunde: € 10,– + 118,12% = € 21,81

Lohnkosten des Auftrages: € 21.812,–

Kosten auf Basis des neuen Kollektivvertrages:[1]

Ermittlung der Leistungszeit:

	Wochen
ursprüngliche Anwesenheitszeit	45
– Urlaubsverlängerung	1
= neue Anwesenheitszeit	44
– 15% indirekt verrechenbare Zeit (Hilfszeit)	6,6
= Leistungszeit	37,4

Ermittlung der Personalkosten:

	Wochen
Jahreswochenlöhne	52
+ Sonderzahlungen	8
+ freiwilliger Sozialaufwand (44 × 0,04)[1]	1,76
= Basis für gesetzliche soziale Lasten	61,76
+ 35% soziale Lasten	21,62
= Personalkosten	83,38

Ermittlung der lohnabhängigen Gemeinkosten:

lohnabhängige Gemeinkosten in Bruttowochenlöhnen (83,38 – 37,4)	45,98

$\frac{45{,}98 \times 100}{37{,}4}$ = 122,94% Zuschlagsatz der lohnabhängigen Gemeinkosten

Lohnkosten einer Leistungsstunde: € 10,– + 122,94% = € 22,29

Lohnkosten des Auftrages: € 22.294,–

Mehrkosten des Auftrages aufgrund des neuen Kollektivvertrages: € 482,–

1 Diese Lösung entspricht der Angabe, wobei infolge des „Günstigkeitsprinzips" häufig keine Abstriche von einmal gewährten freiwilligen Sozialleistungen vorgenommen werden.

B.2.5

a) Ermittlung des Stundensatzes für die sonstigen Gemeinkosten:

	h
Anwesenheitszeit der Monteure (2 × 37 × 45) + Anwesenheitszeit des Unternehmers	3.330 280
= gesamte Anwesenheitszeit – indirekt verrechenbare Zeit (10%)	3.610 361
= Leistungszeit	3.249

	€
Gemeinkosten – Deckung durch Materialgemeinkostenzuschlag	98.000,– 3.000,–
= durch Personalkostenverrechnung zu deckender Teil	95.000,–

€ 95.000,– : 3.249 h = € 29,24/h

Kalkulation des Nettoverkaufspreises:

	€
Bruttostundenlohn + 150% lohnabhängige Gemeinkosten + Gemeinkostenstundensatz	9,60 14,40 29,24
= Selbstkosten + 10% Gewinnzuschlag	53,24 5,32
= Nettoverkaufspreis	58,56

b) Kalkulation des Auftrages:

	€
Materialkosten	55,–
+ 10% Materialgemeinkostenzuschlag	5,50
+ Selbstkostenstundensatz (6 × € 53,24)	319,44
= Selbstkosten des Auftrages	379,94

B.2.6

a) Stundensatzmethode mit einem Zuschlagsatz der lohnabhängigen Gemeinkosten:

Je Leistungsstunde gleich hoher Stundensatz der sonstigen Gemeinkosten.

Ermittlung der Zuschlagsätze der lohnabhängigen Gemeinkosten der Werkmeister und der Gehilfen:

Werkmeister:	h
Anwesenheitszeit	3.300
– indirekt verrechenbare Zeit	1.500
= Leistungszeit	1.800
Lohnkosten in Bruttostundenlöhnen (3.300 h + 100%)	6.600
lohnabhängige Gemeinkosten in Bruttostundenlöhnen (6.600 – 1.800)	4.800
$\frac{4.800 \times 100}{1.800}$ = 266,67% Zuschlagsatz der lohnabhängigen Gemeinkosten	

Gehilfen:	h
Anwesenheitszeit	15.000
– indirekt verrechenbare Zeit	3.000
= Leistungszeit (80%)	12.000

Lohnkosten in Bruttostundenlöhnen (15.000 h + 100%)	30.000
lohnabhängige Gemeinkosten in Bruttostundenlöhnen (30.000 – 12.000)	18.000
$\frac{18.000 \times 100}{12.000}$ = 150% Zuschlagsatz der lohnabhängigen Gemeinkosten	

Ermittlung des Gemeinkostenstundensatzes:

Abschreibungen	€	24.000,–
+ kalkulatorisches Unternehmerentgelt	€	37.200,–
+ kalkulatorische Eigenkapitalzinsen	€	19.800,–
+ sonstige Gemeinkosten	€	105.000,–
= Gemeinkosten	€	186.000,–
Gesamte Leistungsstunden (1.800 h + 12.000 h)	h	13.800
Gemeinkosten/Leistungsstunde (€ 186.000,– : 13.800 h)	€	13,48

Selbstkostenkalkulation:

Werkmeister	€	Gehilfen	€
Bruttostundenlohn	12,–	Bruttostundenlohn	10,–
+ 266,67% lohabhängige Gemeinkosten	32,–	+ 150% lohabhängige Gemeinkosten	15,–
+ Gemeinkostenstundensatz	13,48	+ Gemeinkostenstundensatz	13,48
= Selbstkosten	57,48	= Selbstkosten	38,48

b) Stundensatzmethode mit einem Zuschlagsatz der Lohnnebenkosten:

Je Leistungsstunde gleich hoher Stundensatz der sonstigen Gemeinkosten inkl. der Lohnkosten der indirekt verrechenbaren Zeit der Werkmeister und der Gehilfen.

sonstige Gemeinkosten (siehe oben)	€	186.000,–
+ Lohnkosten für indirekt verrechenbare Zeit Werkmeister (1.500 h × € 12,– + 100% LNK)	€	36.000,–

+ Lohnkosten für indirekt verrechenbare Zeit Gehilfen (3.000 h × € 10,– + 100% LNK)	€	60.000,–
= Gemeinkosten (inkl. indirekt verrechenbare Lohnkosten)	€	282.000,–
Gesamte Leistungsstunden (1.800 h + 12.000 h)	h	13.800
Gemeinkosten/Leistungsstunde (€ 282.000,– : 13.800 h)	€	20,44

Selbstkostenkalkulation:

Werkmeister	€	Gehilfen	€
Bruttostundenlohn	12,–	Bruttostundenlohn	10,–
+ 100% Lohnnebenkosten	12,–	+ 100% Lohnnebenkosten	10,–
+ Gemeinkostenstundensatz	20,44	+ Gemeinkostenstundensatz	20,44
= Selbstkosten	44,44	= Selbstkosten	40,44

c) mit Fertigungsgemeinkostenzuschlagatz:

Die lohnabhängigen Gemeinkosten und die sonstigen Gemeinkosten werden als Zuschlagsatz auf die Leistungslöhne verrechnet.

	€
lohnabhängige Gemeinkosten der Werkmeister (4.800 Bruttostundenlöhne × € 12,–)	57.600,–
+ lohnabhängige Gemeinkosten der Gehilfen (18.000 Bruttostundenlöhne × € 10,–)	180.000,–
+ sonstige Gemeinkosten	186.000,–
= Fertigungsgemeinkosten	423.600,–
Leistungslöhne Werkmeister (1.800 Bruttostundenlöhne × € 12,–)	21.600,–
+ Leistungslöhne Gehilfen (12.000 Bruttostundenlöhne × € 10,–)	120.000,–
= gesamte Leistungslöhne	141.600,–
$\frac{423.600,- \times 100}{141.600,-}$ = 299,15% Fertigungsgemeinkostenzuschlagsatz	

Selbstkostenkalkulation:

	€	
	Werkmeister	Gehilfen
Bruttostundenlohn + 299,15% Fertigungsgemeinkosten	12,– 35,90	10,– 29,92
= Selbstkosten	47,90	39,92

d) mit Stundensatz für die Fertigungsgemeinkosten:

Die Fertigungsgemeinkosten lt. c) werden als Stundensatz auf die gesamten Leistungsstunden lt. b) bezogen.

	€
Fertigungsgemeinkosten lt. c)	423.600,–
gesamte Leistungsstunden lt. b)	13.800
Fertigungsgemeinkosten/h	€ 423.600,– : 13.800 h = € 30,70

Selbstkostenkalkulation:

	€	
	Werkmeister	Gehilfen
Bruttostundenlohn + Stundensatz für die Fertigungsgemeinkosten	12,– 30,70	10,– 30,70
= Selbstkosten	42,70	40,70

Beachten Sie bitte die unterschiedlichen Ergebnisse der vier Selbstkostenkalkulationen. Die Auswahl des anzuwendenden Kalkulationsverfahrens hängt von der Kosten- und Produktionsstruktur der Unternehmung ab.

Verrechnete Kosten bei den vier Verfahren:

a) Stundensatzmethode mit einem Zuschlagsatz der lohnabhängigen Gemeinkosten:

	€
Selbstkosten Werkmeister € 57,48 Leistungszeit 1.800 h	103.464,–
Selbstkosten Gehilfen € 38,88 Leistungszeit 12.000 h	461.760,–
= Gesamtkosten	565.224,–①

① Rundungsdifferenz

b) Stundensatzmethode mit einem Zuschlagsatz der Lohnnebenkosten:

	€
Selbstkosten Werkmeister € 44,44 Leistungszeit 1.800 h	79.992,–
Selbstkosten Gehilfen € 40,44 Leistungszeit 12.000 h	485.280,–
= Gesamtkosten	565.272,–①

① Rundungsdifferenz

c) mit Fertigungsgemeinkostenzuschlagsatz:

	€
Selbstkosten Werkmeister € 47,90 Leistungszeit 1.800 h	86.220,–
Selbstkosten Gehilfen € 39,92 Leistungszeit 12.000 h	479.040,–
= Gesamtkosten	565.260,–①

① Rundungsdifferenz

d) mit Stundensatz für die Fertigungsgemeinkosten:

	€
Selbstkosten Werkmeister € 42,70 Leistungszeit × 1.800 h	76.860,–
Selbstkosten Gehilfen € 40,70 Leistungszeit × 12.000 h	488.400,–
= Gesamtkosten	565.260,–①

① Rundungsdifferenz

Alle vier Verrechnungsverfahren verteilen die Kosten weitgehend verursachungsgerecht. Welches Verfahren zu wählen ist, ergibt sich aus Zweckmäßigkeitsüberlegungen.

B.2.7

Gesamte Personalkosten für den Mitarbeiter:

	in Wochen	in Monaten
Bruttogehälter + Urlaubszuschuß + Weihnachtsremuneration	52 4,3 4,3	12 0,9923 0,9923
Basis für soziale Lasten + 30% soziale Lasten	60,6 18,18	13,9846 4,1953
Gesamte Personalkosten	78,78	18,1799 = 18,18

Beitrag zur Abdeckung der Fixkosten:

		€
Wöchentliches Gehalt:	€ 2.500,– : 4,3	581,40
Personalkosten/Jahr:	€ 581,40 × 78,78	45.802,69①
oder:	€ 2.500,– × 18,18	45.450,–①

① Rundungsdifferenz

Erzielbares Gesamthonorar in €:

	in Wochen	in Monaten
€ 800,– × 5 Tage × 30 Wochen – gesamte Personalkosten	120.000,– 45.802,69	120.000,– 45.450,–
= Beitrag zur Abdeckung der Fixkosten	74.197,31	74.550,–

B.2.8

Errechnung des Nettoverkaufspreises je Stunde:

	€
Bruttoverkaufspreis inklusive 20% USt je Stunde	36,3
– 20% Umsatzsteuer auf Hundert	6,05
= Nettoverkaufspreis (inkludiert Selbstkosten und Gewinn)	30,25

Errechnung der Selbstkosten je Stunde:

	%	€
Bruttolohn		10,–
Anwesenheitszeit	100,–	
– indirekt verrechenbare Zeit	21,6	
= direkt verrechenbare Zeit	78,4	

	%	€
Bruttolohn		10,–
Anwesenheitszeit	100,–	
+ Lohnnebenkosten	96,–	
= gesamte Personalkosten	196,–	
lohnabhängige Gemeinkosten = 196,– – 78,4 = 117,6		
lohnabhängige Gemeinkosten in % = $\frac{117{,}6 \times 100}{78{,}4}$ = 150%		
+ 150% lohabhängige Gemeinkosten		15,–
= Zwischensumme		25,–
+ 10% Aufschlag sonstige Gemeinkosten		2,5
= Selbstkosten		27,5

Errechnung des Betriebsergebnisses je Stunde:

	€
Nettoverkaufspreis	30,25
– Selbstkosten	27,50
= Gewinn	2,75
Gewinn in % der Selbstkosten: 10%	

B.3. Beispiele zu kalkulatorischen Abschreibungen

B.3.1

Nutzungsdauer nicht explizit gegeben:

	€	
3. 1. 1998 Anschaffungswert	215.000,–	
– Subvention		Wertberichtigung
– ordentliche Abschreibung 1998		Wertberichtigung
– ordentliche Abschreibung 1999		Wertberichtigung
– ordentliche Abschreibung 2000		Wertberichtigung
– ordentliche Abschreibung 2001		Wertberichtigung
= Buchwert 31. 12. 2001	64.500,–	

	€
Anschaffungswert	215.000,–
– Subvention	64.500,–
= Einstandspreis	150.500,–
– Buchwert	64.500,–
= Σ ordentliche Abschreibung für 4 Jahre	86.000,–
ordentliche Abschreibung p. a. = € 21.500,–	

➤

➤ $\frac{\text{Einstandpreis € 150.500,–}}{\text{jährliche Abschreibung € 21.500,–}}$ = 7 Jahre buchhalterische Nutzungsdauer

kalkulatorische Nutzungsdauer = 7 Jahre

$\frac{\text{Einstandpreis € 150.500,– × Index Berichtsperiode 230}}{\text{Index Basisperiode 125}}$ = € 276.920,– Tageswert

$\frac{\text{Tageswert € 276.920,–}}{\text{Nutzungsdauer 7 Jahre}}$ = € 39.560,– kalkulatorische Abschreibung 2001

oder:

Da die kalkulatorische Nutzungsdauer der buchhalterischen entspricht, kann auch die buchhalterische jährliche Abschreibung aufgewertet werden.

$\frac{\text{€ 21.500,–} \times 230}{125}$ = € 39.560,–

B.3.2

	€
Preis	120.000,–
– USt	20.000,–
+ Montagekosten	10.000,–
+ Demontagekosten	5.000,–
– Schrottwert	10.000,–
= Abschreibungsbasis	105.000,–

$\frac{2 \times \text{€ 105.000,–}}{(6+1) \times 6}$ = € 5.000,– Abschreibungsbetrag im letzten Nutzungsjahr

	€
Beginn 2003 kalk. Restwert (Abschreibungsbasis + Schrottwert)	115.000,–
– Abschreibung 2003	30.000,–
– Abschreibung 2004	25.000,–
– Abschreibung 2005	20.000,–
– Abschreibung 2006	15.000,–
= Restwert Ende 2006	25.000,–

oder:

$$\frac{€\,105.000,-}{(6+5+4+3+2+1)} = €\,5.000,-\text{ Abschreibungsbetrag im letzten Nutzungsjahr}$$

Die jährlichen Abschreibungen errechnen sich:

$Betrag_t$	(Nutzungsdauer – t + 1)	×	Betrag im letzten Jahr	Abschreibungs-betrag
$Betrag_{1.\,Jahr}$	(6 – 1 + 1)	×	€ 5.000,–	€ 30.000,–
$Betrag_{2.\,Jahr}$	(6 – 2 + 1)	×	€ 5.000,–	€ 25.000,–
$Betrag_{3.\,Jahr}$	(6 – 3 + 1)	×	€ 5.000,–	€ 20.000,–
$Betrag_{4.\,Jahr}$	(6 – 4 + 1)	×	€ 5.000,–	€ 15.000,–

Anmerkung: Die degressive Abschreibung ist nur in der Kostenrechnung möglich. Handels- und steuerrechtlich ist nur die lineare Afa gestattet.

B.3.3

Ermittlung des Anschaffungswertes:

$$\frac{\text{Wertberichtigung } €\,285.600,-}{\text{bisherige Nutzung 3 Jahre}} = €\,95.200,-$$

jährliche Abschreibung = € 95.200,–

$$\frac{\text{Anschaffungswert}}{\text{Nutzungsdauer 5 Jahre}} = €\,95.200,-$$

Anschaffungswert = € 476.000,–

a) Kalkulatorische Abschreibung: 2000:

$$\frac{€\,476.000,-}{7} = €\,68.000,-\text{ kalkulatorische Abschreibung für 12 Monate}$$

kalkulatorische Abschreibung 2000 = € 56.666,67
(2000: 10 Monate Nutzung)

b) Kalkulatorische Abschreibung 2002:

$$\frac{€\,476.000,- \times \text{Index Berichtsperiode 350}}{\text{Index Basisperiode 280}} = €\,595.000,-\text{ Tageswert Ende 2002}$$

$$\frac{€\,595.000,-}{7} = €\,85.000,-\text{ kalkulatorische Abschreibung 2002}$$

c) Kalkulatorischer Restwert:

Gesamtnutzungsdauer = 7 Jahre = 84 Monate

bisherige Nutzung = 10 Monate 2000 + 2001 + 2002 = 34 Monate = 40,47619%

	€
Tageswert Ende 2002	595.000,—
– 40,47619%	240.833,33
= Kalkulatorischer Restwert	354.166,67

oder:

$$\frac{€\ 85.000,–}{12\ \text{Monate}} \times 50\ \text{Monate (Restnutzungsdauer)} = €\ 354.166,67$$

B. 3.4

Ermittlung der Abschreibungsbasis:

	€
Tagespreis	105.000,00
+ Entsorgungskosten	5.000,00
– Schrottwert	10.000,00
= Abschreibungsbasis	100.000,00

a) Lineare Abschreibung:

$$\frac{€\ 100.000,–}{4\ \text{Jahre}} = €\ 25.000,–\ \text{kalkulatorische Abschreibung p. a.}$$

Jahr	Abschreibungsbeträge in €	Differenz der Abschreibungsbeträge in €	Restwert am Jahresende in €
0	–		110.000,–
1	25.000,–		85.500,–
2	25.000,–	0,–	60.000,–
3	25.000,–	0,–	35.000,–
4	25.000,–	0,–	10.000,–

b) Digitale Abschreibung

$$\frac{€\,100.000,–}{(4+3+2+1)} = €\,10.000,–\text{ Abschreibungsbetrag im 4. Jahr}$$

Jahr	Abschreibungsbeträge in €	Differenz der Abschreibungsbeträge in €	Restwert am Jahresende in €
0	–		110.000,–
1	40.000,–		70.000,–
2	30.000,–	10.000,–	40.000,–
3	20.000,–	10.000,–	20.000,–
4	10.000,–	10.000,–	10.000,–

Der Restwert am Ende des vierten Jahres € 10.000,– ist der Schrottwert.

B.3.5

	€
Tagespreis	48.000,00
– USt (20% a. H.)	8.000,00
Anschaffungswert	40.000,00
+ 15% (Preissteigerung)	6.000,00
= Tageswert	46.000,00

$$\frac{€\ 46.000,–}{200.000\text{ Stk.}} = €\ 0{,}23\text{ kalkulatorische Abschreibung je Stück}$$

Abschreibungsverlauf:

Jahr	Leistung in Stück	×	kalkulatorische Abschreibung/Stück in €	kalkulatorische Abschreibung in €
1	25.000	×	0,23	5.750,–
2	45.000	×	0,23	10.350,–
3	30.000	×	0,23	6.900,–
4	50.000	×	0,23	11.500,–
5	50.000	×	0,23	11.500,–
Summe	200.000			46.000,–

Die zeitabhängige Abschreibung würde dem unterschiedlichen Wertverzehr aufgrund der unterschiedlichen Beanspruchung nicht gerecht werden.

B.3.6

a) Abschreibung im Jahre 1998:

	€
Anschaffungswert	355.000,–
+ Montagekosten	15.000,–
+ Entsorgungskosten	10.000,–
– Schrottwert	20.000,–
= Abschreibungsbasis 1998	360.000,–

$$\frac{€\ 360.000,–}{10\ \text{Jahre}} = €\ 36.000,–\ \text{kalkulatorische Abschreibung 1998}$$

b) Abschreibung im Jahre 2002:

$$\frac{€\,355.000,– \times \text{Index Berichtsperiode } 240}{\text{Index Basisperiode } 180} = €\,473.333,33\ \text{Tageswert Maschine 2002}$$

	€
Tageswert 2002	473.333,33
+ Montagekosten	15.000,–
+ Entsorgungskosten	10.000,–
– Schrottwert	20.000,–
= Abschreibungsbasis 2002	478.333,33

$$\frac{€\ 478.333,33}{10\ \text{Jahre}} = €\ 47.333,33\ \text{kalkulatorische Abschreibung Maschine 2002}$$

Zusatzgerät	€
Anschaffungswert	65.000,–
– Schrottwert	5.000,–
= Abschreibungsbasis 2002	60.000,–

Nutzungsdauer Maschine bis Ende 2007
Nutzungsdauer Zusatzgerät Beginn 2002 bis Ende 2007
Nutzungsdauer Zusatzgerät = 6 Jahre

$$\frac{€\ 60.000,–}{6\ \text{Jahre}} = €\ 10.000,–\ \text{kalkulatorische Abschreibung Zusatzgerät 2002}$$

Gesamtabschreibung 2002 = € 57.833,33

b) Abschreibung im Jahre 2006:

$$\frac{€\ 355.000,– \times \text{Index Berichtsperiode 300}}{\text{Index Basisperiode 180}} = €\ 591.666,67\ \text{Tageswert Maschine 2006}$$

	€
Tageswert 2006	591.666,67
+ Montagekosten	15.000,–
+ Entsorgungskosten	10.000,–
– Schrottwert	20.000,–
= Abschreibungsbasis 2006	596.666,67

$$\frac{€\ 596.666,67}{12\ \text{Jahre}} = €\ 49.722,22\ \text{kalkulatorische Abschreibung Maschine 2006}$$

Zusatzgerät:

$$\frac{€\ 65.000,– \times \text{Index Berichtsperiode 300}}{\text{Index Basisperiode 240}} = €\ 81.250,–\ \text{Tageswert Zusatzgerät 2006}$$

	€
Anschaffungswert	81.250,–
– Schrottwert	5.000,–
= Abschreibungsbasis 2006	76.250,–

Nutzungsdauer Maschine bis Ende 2009
Nutzungsdauer Zusatzgerät Beginn 2002 bis Ende 2009
Nutzungsdauer Zusatzgerät = 8 Jahre

$$\frac{€\ 76.250,–}{8\ \text{Jahre}} = €\ 9.531,25 \text{ kalkulatorische Abschreibung Zusatzgerät 2006}$$

Gesamtabschreibung 2006 = € 59.253,47

B.3.7

Maschine Nutzungsdauer 10 Jahre
Lizenz Laufzeit 9 Jahre

Produktion	
Jahr	Stück
1. Jahr	10.000
2. Jahr	8.750
3. Jahr	7.500
4. Jahr	6.250
5. Jahr	5.000
6. Jahr	3.750
7. Jahr	2.500
8. Jahr	1.250
9. Jahr	0
Summe	45.000

Produktion nur 8 Jahre, wobei insgesamt 45.000 Stück erzeugt werden.

Variante 1:

Alle Kosten werden leistungsabhängig abgeschrieben.

	€
Anschaffungspreis	1,500.000,–
+ Transportkosten	40.000,–
+ Montagekosten	30.000,–
– Schrottwert	100.000,–
+ Lizenzgebühr	500.000,–
= Abschreibungsbasis	1,970.000,–

$\frac{\text{€ } 1{,}970.000{,}–}{45.000 \text{ Stück}}$ = € 43,78 kalkulatorische Abschreibung je Stück

Nutzungsjahr	Produktionsmenge in Stück	kalkulatorische Abschreibung in €
1	10.000	437.777,78
2	8.750	383.055,56
3	7.500	328.333,33
4	6.250	273.611,11
5	5.000	218.888,89
6	3.750	164.166,67
7	2.500	109.444,44
8	1.250	54.722,22
Summe Abschreibungsbeträge		1,970.000,–

Variante 2:

Die Maschine wird leistungsabhängig abgeschrieben, die Lizenz (als Zeitmiete) zeitabhängig.

	€
Abschreibungsbasis Maschine	1,470.000,–
Abschreibungsbasis Lizenz	500.000,–

$\frac{\text{€ } 1{,}470.000{,}–}{45.000 \text{ Stück}}$ = € 32,67 kalkulatorische Abschreibung je Stück

$\frac{\text{€ } 500.000{,}–}{8 \text{ Jahre}}$ = € 62.500,– kalkulatorische Abschreibung pro Jahr

Nutzungsjahr	Produktionsmenge in Stück	kalkulatorische Abschreibung Maschine in €	kalkulatorische Abschreibung Lizenz in €	Gesamtabschreibung in €
1	10.000	326.666,67	62.500,–	389.166,67
2	8.750	285.833,33	62.500,–	348.333,33
3	7.500	245.000,–	62.500,–	307.500,–
4	6.250	204.166,67	62.500,–	266.666,67
5	5.000	163.333,33	62.500,–	225.833,33
6	3.750	122.500,–	62.500,–	185.000,–
7	2.500	81.666,67	62.500,–	144.166,67
8	1.250	40.833,33	62.500,–	103.333,33
Summe Abschreibungsbeträge		1,470.000,–	500.000,–	1,970.000,–

B.3.8

	€
Anschaffungswert (inkl. USt und Normverbrauchsabgabe) – buchhalterische Abschreibung für ein halbes Jahr	
= Buchwert zum 31. 12.	

buchhalterische Abschreibung für ein ganzes Jahr = $1/7$ des Anschaffungswertes
buchhalterische Abschreibung für ein halbes Jahr = $1/14$ des Anschaffungswertes

daher:

	€
Anschaffungswert (inkl. USt und Normverbrauchsabgabe) – buchhalterische Abschreibung für ein halbes Jahr	$14/14$ $1/14$
= Buchwert zum 31. 12.	$13/14$

$$\text{Anschaffungswert (inkl. USt und Normverbrauchsabgabe)} = \frac{\text{Buchwert zum 31.12.} \times 4}{13} = € \ 14.000,–$$

	€
Anschaffungswert (inkl. USt und Normverbrauchsabgabe) – Veräußerungspreis	14.000,– 4.000,–
= Abschreibungsbasis	10.000,–

Variante 1: Abschreibung auf 5 Jahre:

$$\frac{2 \times € \ 10.000,–}{6 \times 5} = € \ 666,67$$ Abschreibungsbetrag im letzten Abschreibungsjahr

oder:

$$\frac{€ \ 10.000,–}{(5+4+3+2+1)} = \frac{€ \ 10.000,–}{15} = € \ 666,67$$

	€
Abschreibung im 1. Jahr (€ 666,67 × 5) für 12 Monate	3.333,33
= Abschreibung im 1. Jahr (3 Monate = 1/4)	833,33

Abschreibungsverlauf in den Abschreibungsjahren	Abschreibungsbetrag in €
1. Abschreibungsjahr	3.333,33
2. Abschreibungsjahr	2.666,67
3. Abschreibungsjahr	2.000,–
4. Abschreibungsjahr	1.333,33
5. Abschreibungsjahr	666,67
Summe Abschreibungen	10.000,–

Variante 2: Abschreibung auf 20 Vierteljahre

$$\frac{2 \times € \ 10.000,–}{21 \times 20} = € \ 47,619$$ Abschreibungsbetrag im letzten Nutzungsvierteljahr

Abschreibung (1. Nutzungsvierteljahr) = € 952,38

Abschreibungsverlauf	Abschreibungsbetrag in €
Abschreibung (1. Vierteljahr)	952,38
Abschreibung (2. + 3. + 4. + 5. Vierteljahr)	3.333,33
Abschreibung (6. + 7. + 8. + 9. Vierteljahr)	2.571,43
Abschreibung (10.+ 11. + 12. + 13. Vierteljahr)	1.809,52
Abschreibung (14. + 15. + 16. + 17. Vierteljahr)	1.047,62
Abschreibung (18. + 19. + 20. Vierteljahr)	285,72
Summe Abschreibungsbeträge	10.000,–

B.3.9

a) Leistungsabhängige Abschreibung:

$$\frac{€\ 4,-\times 10^9}{800\times 10^6} = €\ 5,-$$ kalkulatorische Abschreibung je Fahrgast

	Fahrgastfrequenz in Mio.	kalkulatorische Abschreibung in Mio. €
1. Jahr	30	150,–
2. Jahr	36	180,–
3. Jahr	43,2	216,–
	109,2	

b) Zeitabhängige Abschreibung:

Ermittlung der Nutzungsdauer:

Es ist davon auszugehen, daß mit der Beförderung von insgesamt 800 Mio. Fahrgästen das Ende der „ersten Phase" der Nutzungsdauer erreicht ist. Die Kosten der Generalüberholung werden in der „zweiten Phase" der Nutzung des Verkehrsmittels abgeschrieben.

	jährliches Passagieraufkommen	kumuliertes Passagieraufkommen
1. Jahr	30,000.000	30,000.000
2. Jahr	36,000.000	66,000.000
3. Jahr	43,200.000	109,200.000
4. Jahr	51,840.000	161,040.000
5. Jahr	57,024.000	218,064.000
6. Jahr	62,726.400	280,790.400
7. Jahr	68,999.040	349,789.440
8. Jahr	75,898.944	425,688.384
9. Jahr	83,488.838	509,177.222
10. Jahr	91,837.722	601,014.944
11. Jahr	101,021.494	702,036.438
12. Jahr	111,123.644	813,160.082
13. Jahr	122,236.008	935,396.090

Im 12. Jahr werden die 800 Millionen Fahrgäste erreicht.

Näherungslösung: 111,123.644 Fahrgäste im 12. Jahr, d. h. 9,260.303 Fahrgäste pro Monat, womit die 800 Millionen Fahrgäste nach 11 Jahren und ca. 10,5 Monaten erreicht werden.

Lebensdauer: 11 Jahre und 10,5 Monate

Jährliche Abschreibung: € 4 Mrd. : 11,875 = € 336,842.000,– (gerundet)

B.3.10

	€
Tagespreis	457.000,–
+ Aufstellungskosten	5.500,–
+ Entsorgungskosten	1.500,–
– Schrottwert	24.000,–
= Abschreibungsbasis	440.000,–

60% von 440.000,– = € 264.000,–, 40% von 440.000,– = € 176.000,–

$$\text{linearer Abschreibungsbetrag / Jahr} = \frac{€\ 264.000,–}{5} = €\ 52.800,–\ \text{p. a.}$$

$$\text{Leistungsabschreibung für 1. Jahr} = \frac{€\ 176.000,– \times 300\ \text{h}}{1.000\ \text{h}} = €\ 52.800,–$$

Jahr	zeitabhängige Abschreibung in €	leistungsabhängige Abschreibung in €	Summe der Abschreibung in €
1	52.800,–	52.800,–	105.600,–
2	52.800,–	44.000,–	96.800,–
3	52.800,–	35.200,–	88.000,–
4	52.800,–	26.400,–	79.200,–
5	52.800,–	17.600,–	70.400,–
	264.000,–	176.000,–	440.000,–

B.3.11

	in €
Kaufpreis inkl. USt	49.200,–
– USt 20% a. H.	8.200,–
= Veräußerungswert netto	41.000,–
– Veräußerungspreis netto	5.000,–
= Abschreibungsbasis (AB)	36.000,–
AB × 2 : [n × (n + 1)] = d	
= € 72.000,– : 30	2.400,–

➤

Kalkulatorische Abschreibungen 1999 bis 2004		in €
1999	2/3 × 12.000,–	8.000,–
2000	1/3 × 12.000,– 2/3 × 9.600,–	10.400,–
2001	1/3 × 9.600,– 2/3 × 7.200,–	8.000,–
2002	1/3 × 7.200,– 2/3 × 4.800,–	5.600,–
2003	1/3 × 4.800,– 2/3 × 2.400,–	3.200,–
2004	1/3 × 2.400,–	800,–
Abschreibungsbasis		36.000,–

B.4. Beispiele zu kalkulatorischen Zinsen

B.4.1. Beispiele mit vereinfachten Bilanzen

B.4.1.1

Ermittlung des betriebsnotwendigen Kapitals:

	€
Vermögensseite der Bilanz	1,540.000,–
– nicht betriebsnotwendiges Vermögen, soweit es in der Bilanz enthalten ist (siehe *Erläuterungen*)	20.000,–
+ betriebsnotwendiges Vermögen, soweit es nicht in der Bilanz enthalten ist	–
= betriebsnotwendiges Vermögen zu Anschaffungsrestwerten	1,520.000,–
+ Umwertungen auf den Tagesrestwert (z. B. Stille Reserven, Indexanpassungen)	50.000,–
= betriebsnotwendiges Vermögen zu Tagesrestwerten	1,570.000,–
– zinsenlose Lieferantenkredite	410.000,–
– Anzahlungen von Kunden	–
– Passive Rechnungsabgrenzung	10.000,–
= betriebsnotwendiges Kapital	1,150.000,–

	€
betriebsnotwendiges Kapital	1,150.000,–
× 0,08 Zinssatz	
= kalkulatorische Zinsen nach Kostenrechnungsrichtlinien	92.000,–

Erläuterungen:

Da das Gebäude zu 50% nicht betrieblich genutzt wird, ist ein Anteil von € 20.000,- auszuscheiden.

	€
Buchwert des Gebäudes (bereits in der Aktivseite der Bilanz enthalten)	40.000,–
– Privatanteil von 50%	20.000,–
= betriebsnotwendiges Vermögen	20.000,–

B.4.1.2

Die Eigenkapitalzinsen werden nicht vom buchhalterischen Eigenkapital, sondern vom korrigierten Eigenkapital berechnet.

Das korrigierte oder berichtigte Eigenkapital ermittelt sich wie folgt:

Variante 1:

	€
buchhalterisches Vermögen	
+ Stille Reserven	
= betriebsnotwendiges Vermögen zu Tageswerten	
– Fremdkapital	
= korrigiertes (berichtigtes) Eigenkapital	

Variante 2:

	€
Eigenkapital lt. Bilanz	
+ Offene Reserven	
+ Stille Reserven	
= korrigiertes (berichtigtes) Eigenkapital	

Variante 1:

Ermittlung des betriebsnotwendigen Vermögens zu Tagesrestwerten:

	€
Grundstücke	1,500.000,–
+ Stille Reserven Grundstücke①	800.000,–
+ Gebäude	700.000,–
+ Maschinen	250.000,–
+ Stille Reserven zu den Positionen Gebäude und Maschinen	800.000,–
+ Umlaufvermögen	850.000,–
= Summe	4,900.000,–

① Stille Reserven Grundstücke	€
Tageswert der Grundstücke	2,300.000,–
+ Ansatz der Grundstücke in der Bilanz (Anschaffungswert)	1,500.000,–
= Stille Reserven Grundstücke	800.000,–

Ermittlung der Eigenkapitalzinsen:

	€
betriebsnotwendiges Vermögen zu Tagesrestwerten	4,900.000,–
+ langfristige Bankdarlehen	950.000,–
+ Lieferantenverbindlichkeiten	1,090.000,–
+ sonstige Verbindlichkeiten	60.000,–
= korrigiertes Eigenkapital	2,800.000,–
× 7% Zinssatz	
= Eigenkapitalzinsen	196.000,–

Variante 2a:

	€
betriebsnotwendiges Vermögen zu Tagesrestwerten	4,900.000,–
– buchmäßiges Vermögen (lt. Bilanz)	3,300.000,–
= Stille Reserven	1,600.000,–
+ Eigenkapital laut Bilanz	1,000.000,–
+ Offene Reserven	200.000,–
= korrigiertes Eigenkapital	2,800.000,–
× 7% Zinssatz	
= Eigenkapitalzinsen	196.000,–

Variante 2b:

	€
Eigenkapital laut Bilanz	1,000.000,–
+ Offene Reserven	200.000,–
+ Stille Reserven Grundstücke	800.000,–
+ Stille Reserven zu den Positionen Gebäude und Maschinen	800.000,–
= korrigiertes Eigenkapital	2,800.000,–
× 7% Zinssatz	
= Eigenkapitalzinsen	196.000,–

Gesamte Zinskosten:

	€
Eigenkapitalzinsen	196.000,–
+ Fremdkapitalzinsen laut Angabe	115.000,–
= gesamte Zinskosten	311.000,–

B.4.1.3

	€
Vermögensseite der Handelsbilanz	7,970.000,–
– nichtbetriebsnotwendiges Vermögen, soweit in der Handelsbilanz	0,–
+ betriebsnotwendiges Vermögen, soweit nicht in der Handelsbilanz	0,–
= betriebsnotwendiges Vermögen zu Anschaffungsrestwerten	7,970.000,–
+ Umwertung Gebäude①	5,777.382,50
+ Umwertung Maschinen②	80.000,–
+ Stille Reserven Betriebs- und Geschäftsausstattung	100.000,–
+ Umwertung geringwertiger Wirtschaftsgüter③	25.000,–
= betriebsnotwendiges Vermögen zu Tagesrestwerten	13,952.382,50
– zinsenlose Lieferantenkredite	1,000.000,–
– Anzahlungen von Kunden	100.000,–
– Passive Rechnungsabgrenzung	60.000,–
= betriebsnotwendiges Kapital	12,792.382,50

	€
betriebsnotwendiges Kapital	12,792.382,50
× 0,08 (Kalkulationszinssatz)	
= kalkulatorische Zinskosten	1,023.390,60

Erläuterungen:

① *Umwertung Gebäude:*

	€
Anschaffungswert	2,500.000,–
– Wertberichtigungen	1,000.000,–
= Buchwert	1,500.000,–

Bisherige Nutzungsdauer (Jahre)	16
Bisherige Wertberichtigungen	1,000.000,–
Jährliche Afa: € 1,000.000,– : 16	62.500,–

Buchhalterische Nutzungsdauer: $\frac{€\ 2{,}500.000,–}{€\ 62.500,–} = 40$ Jahre

Buchhalterische Nutzungsdauer	40 Jahre
+ 25% erwartete Nutzungsdauer	10 Jahre
= kalkulatorische Nutzungsdauer	50 Jahre

Jährliche kalkulatorische Abschreibung:

$\frac{€\ 2{,}500.000,–}{50\ \text{Jahre}}$ = € 50.000,– (ohne Indexanpassung)

	€
Anschaffungswert	2,500.000,–
– bisherige kalkulatorische Abschreibung (16 Jahre × € 50.000,–)	800.000,–
= kalkulatorischer Restwert (ohne Indexanpassung)	1,700.000,–

Kalkualtorischer Ansatz:

$€\ 1{,}700.000,– \times \frac{6.738}{1.574} = €\ 7{,}277.382{,}50$

	€
kalkulatorischer Ansatz	7,277.382,50
– Buchwert	1,500.000,–
= Umwertung Gebäude	5,777.382,50

② *Umwertung Maschinen:*

	€
Anschaffungswert	1,400.000,–
– Buchwert	1,120.000,–
= ordentliche Abschreibung für 1 Jahr	280.000,–

$$\text{Buchhalterische Nutzungsdauer: } \frac{€\ 1{,}400.000{,}–}{€\ 280.000{,}–} = 5\,\text{Jahre}$$

Buchhalterische Nutzungsdauer	5 Jahre
+ 40% längere Nutzungsdauer	2 Jahre
= kalkulatorische Nutzungsdauer	7 Jahre

$$\text{Jährliche kalkulatorische Abschreibung} = \frac{€\ 1{,}400.000{,}–}{7\,\text{Jahre}} = €\ 200.000{,}–$$

	€
Anschaffungswert	1,400.000,–
– kalkulatorische Abschreibung 2006	200.000,–
= kalkulatorischer Restwert	1,200.000,–
– Buchwert	1,120.000,–
= kalkulatorische Aufwertung	80.000,–

③ *Umwertung geringwertiger Wirtschaftsgüter:*

Zeitpunkt der Anschaffung	Ende Juni 2006
Kalkulatorische Nutzungsdauer	3 Jahre
Bisherige Nutzungsdauer	0,5 Jahre

$$\text{Kalkulatorische Abschreibung} = \frac{€\,30.000,–}{3\,\text{Jahre}} = €\,10.000,–$$

	€
Anschaffungswert	30.000,–
– kalkulatorische Abschreibung 2006 (½ Jahr)	5.000,–
= kalkulatorischer Restwert	25.000,–
– Buchwert	0,–
= kalkulatorische Aufwertung	25.000,–

B.4.1.4

	€
buchmäßiges Eigenkapital	–1,200.000,–
+ Unterbewertung Aktiva	1,100.000,–
+ Überbewertung Passiva	200.000,–
= korrigiertes Eigenkapital	100.000,–

Zinssatz: 9% – 2% = 7%

kalkulatorische Eigenkapitalzinsen: € 7.000,–

B.4.1.5

	€
Vermögensseite der Bilanz	33,200.000,–
– nichtbetriebsnotwendiges Vermögen, soweit es in der Bilanz enthalten ist	6.000,–
+ betriebsnotwendiges Vermögen, soweit es nicht in der Bilanz enthalten ist	–
= betriebsnotwendiges Vermögen zu Anschaffungsrestwerten	33,194.000,–
+ Umwertung Grundstück	500.000,–
+ Umwertung Gebäude①	3,200.000,–
+ Umwertung Maschinen②	233.333,33
= betriebsnotwendiges Vermögen zu Tagesrestwerten	37,127.333,33
– zinslose Lieferantenkredite	1,400.000,–
– Kundenanzahlungen	400.000,–
= betriebsnotwendiges Kapital	35,327.333,33
× 6% Zinssatz	
= kalkulatorische Zinsen p. a.	2,119.640,–
÷ 12 (pro Monat)	
= kalkulatorische Zinsen pro Monat	176.636,67

① *Umwertung Gebäude:*

$$\text{Buchwert} = \text{kalkulatorischer Ansatz} = € 4{,}000.000,– \times \frac{\text{Index Berichtsperiode } 6.570}{\text{Index Basisperiode } 3.650} = € 7{,}200.000,–$$

	€
kalkulatorischer Ansatz	7,200.000,–
– Buchwert (lt. Bilanz)	4,000.000,–
= Umwertung Gebäude	3,200.000,–

② *Umwertung Maschinen:*

Die kalkulatorische Nutzungsdauer von 12 Jahren ist um 50% höher als die buchhalterische Nutzungsdauer. Die buchhalterische Nutzungsdauer ist somit 8 Jahre.
Da die Maschine seit 2 Jahren in Betrieb ist, entspricht der Buchwert einer buchhalterischen Restnutzungsdauer von 6 Jahren. Das bedeutet, der Buchwert von € 2,100.000,– entspricht 75% des Anschaffungswertes. Der Anschaffungswert ist somit € 2,800.000,–.

$$\text{Kalkulatorische Abschreibung} = \frac{€\,2{,}800.000,–}{\text{kalk. Nutzungsdauer 12 Jahre}} = €\,233.333{,}33$$

	€
Anschaffungswert	2,800.000,–
– kalkulatorische Abschreibung (€ 233.333,33 × 2 Jahre)	466.666,67
= kalkulatorischer Restwert	2,333.333,33
– Buchwert (in der Bilanz)	2,100.000,–
= Umwertung Maschine	233.333,33

B.4.2. Beispiele mit Bilanzen nach dem Rechnungslegungsgesetz

B.4.2.1

	Angaben in €			
	Buchwert	Umwertungen		Tagesrestwert
Vermögensposition		–	+	
bebaute Grundstücke①	850,–	120,–	242,–	972,–
Maschinen②	300,–		60,–	360,–
Beteiligungen③	280,–	112,–	16,80	184,80
Roh-, Hilfs- und Betriebsstoffe④	220,–		50,–	270,–
Fertige Erzeugnisse⑤	240,–			240,–
Forderungen	240,–			240,–
Kassenbestand	40,–			40,–
Summe	2.170,–	232,–	368,80	2.306,80

	€
Betriebsnotwendiges Vermögen	2.306,80
+ Verbindlichkeiten aus Lieferungen	210,–
+ erhaltene Anzahlungen	120,–
+ Latente Körperschaftssteuer von unversteuerten Rücklagen⑥	68,–
= Betriebsnotwendiges Kapital	1.908,80

Berechnung der Zinsen: € 1,908,80 × 9% = € 171,792 kalkulatorische Zinsen

Erläuterungen:

① *Bebaute Grundstücke:*

	€
Buchwert	850,–
– Außerbetrieblich genutzte Liegenschaft	120,–
= Betrieblich genutzte Liegenschaft	730,–
Tageswert der betrieblich genutzten Grundstücke	972,–
= Stille Reserven	242,–

② *Maschinen:*

	€
Buchwert	300,–
+ 20% Aufwertung	60,–
= Tagesrestwert	360,–

③ *Beteiligungen:*

	€
Buchwert	280,–
– 40% spekulativ gehaltene Beteiligungen	112,–
= Buchwert der betriebsnotwendigen Beteiligungen	168,–
+ 10% Aufwertung auf Tagesrestwert	16,80
= Tagesrestwert	184,80

④ *Roh-, Hilfs- und Betriebsstoffe:*

	€
Buchwert	220,–
+ Stille Reserven	50,–
= Tageswert	270,–

⑤ *Fertige Erzeugnisse:*

	€
Buchwert	240,–
– Tageswert	240,–
= Differenz	0,–

⑥ *Latente Körperschaftsteuer: von unversteuerten Rücklagen:*

	€
unversteuerte Rücklagen	200,–
davon 34% latente Körperschaftsteuer	68,–

B.4.2.2

	€
Vermögensseite der Bilanz	14,797.769,–
– Wertberichtigungen[①]	0,–
= Zwischensumme	14,797.769,–
± (nicht) betriebsnotwendiges Vermögen, soweit es in der Bilanz (nicht) enthalten ist[①]	0,–
= betriebsnotwendiges Vermögen zu Anschaffungsrestwerten	14,797.769,–
± Umwertungen auf den Tagesrestwert[①]	0,–
= betriebsnotwendiges Vermögen zu Tagesrestwerten	14,797.769,–
– zinsenlose Lieferantenkredite	616.405,–
– Anzahlungen von Kunden	22,–
– passive Rechnungsabgrenzung	12.384,–
– latente Körperschaftsteuer von unversteuerten Rücklagen	762.244,64
= betriebsnotwendiges Kapital	13,406.713,36

① Für diese Schritte liegen bei diesem Beispiel keine näheren Angaben vor.

	€
betriebsnotwendiges Kapital	13,406.713,36
× 5% Zinsen (8,5 – 3,5)	
= kalkulatorische Zinsen nach ÖKR	670.335,65

B.5. Beispiele zu kalkulatorischen Wagnissen

B.5.1

	Monatsumsatz in € × 12 =	Jahresumsatz in €
MAP–MAP 1	860.000,– × 12	10,320.000,–
MAP–MAP 2	490.000,– × 12	5,880.000,–
MAP–MAP 3	340.000,– × 12	4,080.000,–
MAP–MAP 4	780.000,– × 12	9,360.000,–

	Verderb, Qualitätsverluste und Schwund in % vom Jahresumsatz	kalkulatorische Wagnisse in €
MAP–MAP 1	6	619.200,–
MAP–MAP 2	2,5	147.000,–
MAP–MAP 3	1,5	61.200,–
MAP–MAP 4	4	374.400,–
Summe		1,201.800,–

B.5.2

Variante 1:

$$\text{Gewährleistungsaufwand in Prozent des Umsatzes} = \frac{\text{buchhalterischer Gewährleistungsaufwand in € × 100}}{\text{Umsatz in €}} =$$

$$= \frac{\text{Summe des buchhalterischen Gewährleistungsaufwandes der Vorjahre € 3,304.500,– × 100}}{\text{Umsatz des Vorjahres € 115,700.000,–}} = 2{,}86\%$$

	€
Erwarteter Umsatz dieses Jahr × durchschnittliches Gewährleistungswagnis 2,86%	24,000.000,–
= kalkulatorisches Gewährleistungswagnis mit gerundetem %-Satz	684.400,–
(kalkulatorisches Gewährleistungswagnis mit genauem %-Satz	685.462,40)

Variante 2:

Vorjahr	$\frac{\text{buchhalterischer Gewährleistungsaufwand in €}}{\text{Umsatz in €}} \times 100$	Gewährleistungsaufwand in Prozent des Umsatzes
5	$\frac{485.850,–}{23,700.000,–} \times 100$	2,05
4	$\frac{872.000,–}{21,800.000,–} \times 100$	4
3	$\frac{718.250,–}{22,100.000,–} \times 100$	3,25
2	$\frac{555.000,–}{22,200.000,–} \times 100$	2,5
1	$\frac{673.400,–}{25,900.000,–} \times 100$	2,6
Summe		14,4

$$\text{Durchschnittliches Gewährleistungswagnis} = \frac{\text{Summe der prozentuellen Gewährleistungsaufwände } 14{,}4\%}{\text{Anzahl der Jahre } 5} = 2{,}88\%$$

	€
Erwarteter Umsatz dieses Jahr × durchschnittliches Gewährleistungswagnis 2,88%	24,000.000,–
= kalkulatorisches Gewährleistungswagnis	691.200,–

Die beiden Varianten stellen nur näherungsweise Lösungen dar; streng genommen müßte der Prognosewert über eine Regressionsanalyse ermittelt werden.

B.5.3

	Arbeitstage	Arbeitsschichten	Ausfallzeiten pro Schicht in Minuten	tägliche Ausfallzeit in Minuten
A	184	3	4	12
B	151 (Dezember–April)	2	4	8

Ausfallkosten/Minute € 6,70

	Ausfallkosten pro Tag in €	Arbeitstage × Ausfallkosten pro Tag	kalkulatorische Wagnisse in €
A	80,40	184 × € 80,40	14.793,60
B	53,60	151 × € 53,60	8.093,60
Summe			22.887,20

B.6. Beispiele zu Steuerkosten

B.6.1

Abgabenart	Kostencharakter	Steuerkosten in €
Körperschaftsteuer	nein	0,–
Jagabgabe①	ja	9.000,–
Eichgebühren②	ja	17.300,–
Grundsteuer	ja	26.500,–
Hundesteuer③	ja	2.000,–
Summe		56.800,–

Erläuterungen:

① Die Jagdabgabe ist eine Landessteuer, die dann Kostencharakter hat, wenn die Jagd betriebsnotwendig z. B. zur Geschäftsanbahnung ist.

② Eichgebühren werden von Parteien des eichdienstlichen Verfahrens entrichtet und stellen besondere Verwaltungsabgaben dar. Da es sich bei Gebühren um öffentlich-rechtliche Entgelte für eine besondere vom Abgabepflichtigen unmittelbar in Anspruch genommene Leistung handelt, könnten diese Gebühren auch als Fremdleistungskosten betrachtet werden (Vgl. dazu Abschnitt B.7.).

③ Die Hundesteuer ist eine Gemeindesteuer. Handelt es sich um einen Hund zur Bewachung des Betriebes, hat diese Steuer Kostencharakter.

B.6.2

a) Kalkulation:

	€			
	Diätmenü	Mineralwasser	Trockenbeeren-auslese	Tofu-Eis
Wareneinsatz Gemeinkostenzuschlag(-satz)	4,– 6,– (150%)	0,20 0,40 (200%)	9,– 28,80 (320%)	0,12 0,18 (150%)
Zwischensumme I Gewinnzuschlag (6%)	10,– 0,60	0,60 0,036	37,8 2,268	0,30 0,018 (150%)
Zwischensumme II Bedienungszuschlag(-satz) (10,5%)	10,60 1,113	0,636 0,067	40,068 4,207	0,318 0,037
Nettopreis USt	11,713 1,171 (10%)	0,703 0,141 (20%)	44,275 8,855 (20%)	0,387 0,039 (10%)
Bruttopreis	12,884	0,844	53,130	0,426

b) Obwohl die Getränkesteuer und die Eissteuer in die Kalkulation als Einzelkosten eingehen, haben sie dennoch Durchlaufcharakter, da die Bestimmungen dieser Steuer dem Umsatzsteuergesetz nachgebildet sind. Ähnliche Überlegungen können für das Bedienungsentgelt angestellt werden. Dieses stellt einen variablen, vom Umsatz abhängigen Lohnbestandteil bestimmter Arbeitnehmergruppen im Fremdenverkehr dar. Die Einnahmen aus dem Bedienungsentgelt werden nach einem bestimmten Schlüssel auf die empfangsberechtigten Arbeitnehmer aufgeteilt (Troncverrechnung).

B.6.3

PKW:[1]

	€
Nettoentgelt + 14% NoVA	50.000,– 7.000,–
= Zwischensumme + 20% Umsatzsteuer	57.000,– 11.400.–
= Einstandspreis	68.400,–

Kleinbus:

1 Für Pkws gibt es Höchstbeträge für die Anschaffung, bis zu denen sie steuerlich abschreibbar sind.

	€
Nettoentgelt	30.000,–
+ 10% NoVA①	3.000,–
= Einstandspreis	33.000,–
+ 20% Umsatzsteuer②	6.600,–
Vorsteuer	6.600,–

Erläuterungen:

① Die Prozentsätze wurden gerundet angegeben. Der genaue Steuersatz richtet sich nach dem ECE Normverbrauch.

② Für Pkws gibt es keinen Vorsteuerabzug, wohl aber für Kleinbusse. Die Umsatzsteuer für den Kleinbus ist gleich der Vorsteuer und verursacht möglicherweise Zinskosten, aber keine Steuerkosten.

B.6.4

a) Das St. Pöltener Unternehmen tätigt damit am Erwerbsort St. Pölten einen innergemeinschaftlichen umsatzsteuerpflichtigen Erwerb.

	€
Möbelkauf	5,000.000,–
20% Umsatzsteuer	1,000.000,–
Vorsteuer	1,000.000,–

b) Das St. Pöltener Unternehmen tätigt am Erwerbsort München einen umsatzsteuerpflichtigen Erwerb. Die Umsatzsteuerpflicht in Deutschland besteht so lange, bis das St. Pöltener Unternehmen nachweist, daß der Lieferort St. Pölten war und die Lieferung zur Umsatzsteuer angemeldet wurde.

B.6.5

Der Greißler bleibt mit seinem Jahresumsatz unter der Grenze für Kleinunternehmer von € 22.000,–. Er ist damit unecht steuerbefreit, d. h. die Umsätze sind steuerfrei, und er hat keinen Vorsteuerabzug.

	€
Wareneinkauf in Österreich	10.000,–
+ 20% Umsatzsteuer	2.000,–
– Vorsteuer	0,–
= Zwischensumme	12.000,–
+ Wareneinkauf in Deutschland	1.000,–
+ 15% deutsche Umsatzsteuer (die der deutsche Lieferant abzuführen hat)	150,–
– Vorsteuer	0,–
= Wareneinkauf insgesamt	13.150,–
Jahresumsatz netto	20.000,–
Umsatzsteuer	0,–
= erzielte Spanne	6.850,–

B.6.6

Bei Reiseveranstaltern, ob von Reisebüros oder von Unternehmen, die Incentive-Reisen veranstalten, wird die Marge zwischen dem Gesamtentgelt und den Kosten inklusive USt der Vorleistungen besteuert. Die Umsatzsteuer der Vorleistungen ist nicht als Vorsteuer abzugsfähig.

Errechnung der erzielten Margen brutto und netto:

	€
a) Reisepreis brutto, inkl. USt	1.020,–
– Vorleistungen inkl. USt	900,–
= Marge inkl. USt	120,–
– USt	20,–
= Marge netto	100,–

➤

b) Reisepreis brutto, inkl. USt	620,–
– Vorleistungen inkl. USt	500,–
= Marge inkl. USt	120,–
– USt	20,–
= Marge netto	100,–
c) Reisepreis brutto, inkl. USt	496,–
– Vorleistungen ohne USt, da Export	400,–
= Marge inkl. USt	96,–
– USt	16,–
= Marge netto	80,–

B.7. Beispiele zu Fremdleistungskosten

B.7.1

a) Kosten der Anwaltsleistungen

Streitwert: € 62.800,–

Anwaltsleistungen	Einheiten	Honorarsatz pro Einheit in €	Einheiten × Honorarsatz in €
RA1	9	150,–	1.350,–
RA2	1	750,–	750,–
RA5	4	200,–	800,–
Summe der Anwaltskosten (= Fremdleistungskosten) ohne USt			2.900,–

Streitwert: € 138.000,–

Anwaltsleistungen	Einheiten	Honorarsatz pro Einheit in €	Einheiten × Honorarsatz in €
RA1	13	250,–	3.250,–
RA2	3	1.250,–	3.750,–
RA3	2	2.500,–	5.000,–
RA4	1	3.140,–	3.140,–
RA5	3	340,–	1.020,–
RA6	7	820,–	5.740,–
Summe der Anwaltskosten (= Fremdleistungskosten) ohne USt			21.900,–

b) Wenn dieser Prozeß von der Equus AG gewonnen wird, hat der Streitgegner die gesamten Anwaltskosten zu ersetzen, so daß dann der Equus AG keine Kosten entstehen.

B.7.2

Fremdleistungskosten „Unternehmensgründung“:

	€
Ansuchen um die Erteilung einer Befugnis zur Ausübung eines Gewerbes (Gebühren)	40,–
+ Verwaltungsabgaben	28,–
+ Bekanntmachung der Erteilung der Gewerbeberechtigung im Amtsblatt	27,–
+ Inkorporationsgebühr an die Handelskammer	430,–
+ Antrag auf Eintragung ins Firmenbuch, Ausfertigungskosten, Registerauszug	88,–
+ Bekanntmachung der Firmenbucheintragung in der Wiener Zeitung	12,–
+ Gesellschaftsvertrag (Gebühren)	180,–
+ Errichtungskosten des Gesellschaftsvertrages (Nettobetrag)	300,–
+ Bearbeitungs- und Kreditgebühren	176,–
= Summe	1.281,–

Erläuterungen:

Die Hinzurechnung von Gebühren zu den Fremdleistungskosten erfolgt deswegen, weil die Entrichtung der Gebühr das Entgelt für eine erbrachte staatliche Leistung darstellt (im Gegensatz dazu stehen Steuern, für die von seiten des Staates keine spezielle Gegenleistung erbracht wird).

Leistungen von Rechtsanwälten und Notaren unterliegen dem Umsatzsteuersatz von 20%. Bankleistungen, deren Gegenstand die Übernahme oder die Verwaltung von Verbindlichkeiten ist, sind von der Umsatzsteuer befreit.

C.
Beispiele zu Kalkulationsverfahren zu Vollkosten

C.1. Beispiele zur einfachen Divisionskalkulation

C.1.1

a) Kilometersatz:

Abschreibungen je km:

	€
Anschaffungswert	100.000,–
– Bereifung (eigene Abschreibung)①	5.400,–
– Restwert	19.000,–
= Abschreibungsbasis	75.600,–

① Es wird angenommen, daß der siebente Reifen nicht zum Einsatz kommt.

$$\frac{€\ 75.600,–}{630.000\ \text{km}} = €\ 0{,}12 \text{ Abschreibungen/km}$$

Treibstoff je km:

$$\frac{50\ \text{l} \times €\ 1,–}{100\ \text{km}} = €\ 0{,}50 \text{ Treibstoff/km}$$

Reifenkosten je km:

$$\frac{€\ 900,– \times 6}{100.000\ \text{km}} = €\ 0{,}054 \text{ Reifenkosten/km}$$

Bei Einzelinvestitionen werden die kalkulatorischen Zinsen vom durchschnittlich gebundenen Kapital gerechnet, um so über die Nutzungsdauer der Investition eine gleichmäßige Belastung mit Kosten zu erreichen. Das durchschnittlich gebundene Kapital setzt sich zusammen aus dem ständig gebundenen Kapital (z. B. Schrottwert) und der Hälfte der Abschreibungsbeträge.

Kalkulatorische Zinsen je km:

Errechnung des ∅ gebundenen Kapitals:

	€
Anschaffungswert	100.000,—
– Restwert (ständig gebundenes Kapital)	19.000,—
= Summe der Abschreibungsbeträge (Reifen und Lkw)	81.000,—
davon 50% ∅ gebunden	40.500,—
+ ständig gebundenes Kapital	19.000,—
= ∅ gebundenes Kapital	59.500,—
davon 7% p. a. kalkulatorische Zinsen	4.165,—

$$\frac{€\ 4.165,–}{126.000\ \text{km}} = €\ 0{,}033 \text{ kalkulatorische Zinsen/km}$$

Sonstige Kosten je km:

$$\frac{€\ 56.700,–}{126.000\ \text{km}} = €\ 0{,}45 \text{ sonstige Kosten/km}$$

	€
Abschreibungen je km	0,12
+ Treibstoff je km	0,5
+ Reifenkosten je km	0,054
+ kalkulatorische Zinsen je km	0,033
+ sonstige Kosten je km	0,45
= Kilometersatz	1,157

b) Stundensatz:

Variante 1:

$$\frac{€\ 1{,}157 \times 126.000\ \text{km / Jahr}}{3.500\ \text{Einsatzstunden / Jahr}} = €\ 41{,}652\ \text{Stundensatz}$$

Rundungsfehler:	€ 0,033 kalkulatorische Zinsen/km × 126.000 km	€ 4.158,–
	kalkulatorische Zinsen p. a.	€ 4.165,–
	Differenz	€ 7,–

Variante 2:

jährliche Abschreibungen:

$$\frac{€\ 75.600,–}{5\ \text{Jahre}} = €\ 15.120,–\ \text{Abschreibungen/Jahr}$$

jährliche Treibstoffkosten:

$$\frac{50\ \text{l} \times €\ 1,– \times 126.000\ \text{km}}{100\ \text{km}} = €\ 63.000,–\ \text{Treibstoffkosten/Jahr}$$

jährliche Reifenkosten:

$$\frac{€\ 900,– \times 6 \times 126.000\ \text{km}}{100.000\ \text{km}} = €\ 6.804,–\ \text{Reifenkosten/Jahr}$$

kalkulatorische Zinsen: = € 4.165,– kalkulatorische Zinsen/Jahr
sonstige Kosten: = € 56.700,– sonstige Kosten/Jahr

	€
Abschreibungen p. a.	15.120,—
+ Treibstoff p. a.	63.000,—
+ Reifenkosten p. a.	6.804,—
+ kalkulatorische Zinsen p. a.	4.165,—
+ sonstige Kosten p. a.	56.700,—
= Σ Jahreskosten	145.789,—

$$\frac{\Sigma\ \text{Jahreskosten}\ €\ 145.789,–}{\text{Jahreseinsatzstunden}\ 3.500\ \text{h}} = €\ 41{,}654\ \text{Stundensatz}$$

Die Differenz zwischen diesem Stundensatz (€ 41,654) und jenem Stundensatz nach Variante 1 (€ 41,652) in Höhe von € 0,002 ergibt sich aus dem Rundungsfehler

$$\frac{€\ 7,–}{3.500\ \text{h}} = €\ 0{,}002\ \text{je Stunde.}$$

C.2. Beispiele zur stufenweisen Divisionskalkulation

C.2.1

		€
Stufe 1:	$\frac{\text{Förderkosten € 750.000,–}}{\text{Output 30.000 t}}$ = € 25,– Förderkosten/t	
Stufe 2:	weiterverarbeitete Menge 25.000 t × Förderkosten/t € 25,–	625.000,–
	+ zusätzliche Verarbeitungskosten	280.000,–
	= Kosten der Stufe 2	905.000,–
	$\frac{\text{Kosten der Stufe 2 € 905.000,–}}{\text{Output der Stufe 2 20.000 t}}$ = € 45,25 Kosten/t Rohmehl	
Stufe 3:	weiterverarb. Menge 32.000 t × Kosten/t Rohmehl € 45,25	1,448.000,–
	+ zusätzliche Verarbeitungskosten	152.000,–
	= Kosten der Stufe 3	1,600.000,–
	$\frac{\text{Kosten der Stufe 3 € 1,600.000,–}}{\text{Output der Stufe 3 16.000 t}}$ = € 100,– Kosten/t Klinker	
Stufe 4:	weiterverarb. Menge 15.000 t × Kosten/t Klinker € 100,–	1,500.000,–
	+ zusätzliche Verarbeitungskosten	280.000,–
	= Kosten der Stufe 4	1,780.000,–
	$\frac{\text{Kosten der Stufe 4 € 1,780.000,–}}{\text{Output der Stufe 4 10.000 t}}$ = € 178,– Kosten/t Zement	

C.2.2

		€
Stufe 1:	$\frac{\text{Kosten der Stufe 1 € 10,740.000,–}}{\text{Output der Stufe 1 120.000 t}}$ = € 89,50/t Stufe 1	
Stufe 2:	weiterverarb. Menge 110.000 t × Kosten/t Stufe 1 € 89,50	9,845.000,–
	+ zusätzliche Verarbeitungskosten	1,195.000,–
	= Kosten der Stufe 2	11,040.000,–
	$\frac{\text{Kosten der Stufe 2 € 11,040.000,–}}{\text{Output der Stufe 2 96.000 t}}$ = € 115,– /t Stufe 2	
Stufe 3:	weiterverarb. Menge 100.000 t × Kosten/t Stufe 2 € 115,–	11,500.000,–
	+ zusätzliche Verarbeitungskosten	2,080.000,–
	+ Kosten für Chemikalien (3.500 kg × € 120,–)	420.000,–
	= Kosten der Stufe 3	14,000.000,–
	$\frac{\text{Kosten der Stufe 3 € 14,000.000,–}}{\text{Output der Stufe 3 80.000 t}}$ = € 175,– / t Stufe 3	
Stufe 4:	weiterverarb. Menge 75.000 t × Kosten/t Stufe 3 € 175,–	13,125.000,–
	+ zusätzliche Verarbeitungskosten	1,011.000,–
	= Kosten der Stufe 4	14,136.000,–
	$\frac{\text{Kosten der Stufe 4 € 14,136.000,–}}{\text{Output der Stufe 4 62.000 t}}$ = € 228,– Herstellkosten / t Endprodukt	

C.2.3

Förderstufe:

$$\frac{€\ 5{,}129.600,–}{4.580\ t} = €\ 1.120,–\ \text{Förderkosten/t}$$

Produktionsstufe 1:

	€
Kosten der übernommenen Menge (4.200 t × € 1.120,—)	4,704.000,—
+ Fertigungskosten	2,586.000,—
+ Hilfsstoffe	249.000,—
= Kosten der Produktionsstufe 1	7,539.000,—

$$\frac{\text{Kosten der Produktionsstufe 1}\ €\ 7{,}539.000,–}{\text{Output der Produktionsstufe 1}\ 25.130\ \text{Stück}} = €\ 300,–\ /\text{Stück}$$

Produktionsstufe 2:

	€
Kosten der übernommenen Menge (26.000 Stück × € 300,—)	7,800.000,—
+ Kosten der zugekauften Menge (4.000 Stück × € 400,—)	1,600.000,—
+ Fertigungskosten	3,656.000,—
= Kosten der Produktionsstufe 2	13,056.000,—
– Erlöse aus Schrottverkauf (3.000 Stück × € 5,—)	15.000,—
= restliche Produktionskosten	13,041.000,—

$$\frac{\text{Kosten der Produktionsstufe 2}\ €\ 13{,}041.000,–}{\text{Output der Produktionsstufe 2}\ 27.000\ \text{Stück}} = €\ 483,–\ /\text{Fertigfabrikat}$$

Erläuterungen:

Da in der Produktionsstufe 2 insgesamt 30.000 Stück Halbfabrikate verarbeitet werden und 4.000 Stück zugekauft werden müssen, verbleiben 26.000 Stück, die von der vorigen Stufe übernommen werden. Da in dieser Periode in der Stufe 1 nur 25.130 Stück gefertigt werden, müssen 870 Stück einem Zwischenlager entnommen werden.

Die 30.000 Fertigfabrikate der Produktionsstufe 2 verursachen Gesamtkosten von € 13,056.000,–.

Da schließlich nur 27.000 Stück die Qualitätskontrolle bestehen (3.000 Stück sind Ausschuß), müssen die Kosten auf nur 27.000 Stück verteilt werden, wobei die Erlöse aus dem Schrottverkauf die Produktionskosten der 27.000 Stück reduzieren. (Vgl. dazu auch den Abschnitt Kuppelproduktkalkulation.)

C.2.4

Produktionsstufe 1:

	€
Materialkosten (5.000 t × € 3.000,—)	15,000.000,—
+ Fertigungskosten	5,000.000,—
= Kosten der Produktionsstufe 1	20,000.000,—

$$\frac{\text{€ } 20{,}000.000,–}{1{,}000.000 \text{ Stück}} = \text{€ } 20,– \text{ je getrocknetem Ziegel}$$

Produktionsstufe 2:

	€
Kosten der übernommenen Menge (900.000 Stück × € 20,—)	18,000.000,—
+ Fertigungskosten	1,800.000,—
= Kosten der Produktionsstufe 2	19,800.000,—

$$\frac{\text{€ } 19{,}800.000,–}{900.000 \text{ Stück}} = \text{€ } 22,– \text{ je glasiertem Ziegel (exkl. Glasurmittel)}$$

Glasurmittel:

	€
Kosten des Produktionsprozesses	940.000,—
– Erlöse des Nebenproduktes (2.000 Liter × € 20,—)	40.000,—
= Kosten des Glasurmittels	900.000,—

Die Kosten des Glasurmittels von € 900.000,– verteilen sich auf 300.000 Stück der Sorte A, 300.000 Stück der Sorte B und 300.000 Stück der Sorte C, wobei einem C die 3fachen Kosten von A und einem B die 2fachen Kosten von A zugerechnet werden sollen (vgl. Äquivalenzziffernkalkulation).

Sorte	Menge in Stück	Äquivalenzziffer	Rechnungseinheiten je Sorte	Kosten des Glasurmittels je Stück in €
A	300.000	1	300.000	0,50
B	300.000	2	600.000	1,–
C	300.000	3	900.000	1,50
Summe Rechnungseinheiten			1,800.000	

$$\frac{\text{zu verteilende Kosten € 900.000,–}}{\text{Summe Rechnungseinheiten 1,800.000}} = \text{€ 0,50 / Rechnungseinheit}$$

Herstellkosten je Ziegel:

Sorte	(Angaben in €)		
	Kosten je glasiertem Ziegel exkl. Glasurmittel	Kosten des Glasurmittels je Stück	Herstellkosten je Ziegel
A	22,–	0,50	22,50
B	22,–	1,–	23,–
C	22,–	1,50	23,50

C.2.5

Aufbereitung:

	€
Materialkosten (3.000 kg × € 58,—)	174.000,—
+ Aufbereitungskosten	100.000,—
+ Entsorgungskosten	6.000,—
= Kosten der Aufbereitungsstufe	280.000,—

$$\frac{\text{Kosten der Stufe € 280.000,–}}{\text{Output der Stufe 2.500 kg}} = \text{€ 112,– / kg aufbereitetes Material}$$

Behältererzeugung:

	€
Kosten der übernommenen Menge (2.200 kg × € 112,–)	246.400,–
+ Fertigungskosten	209.600,–
= Kosten der Behältererzeugung	456.000,–

$$\frac{\text{Kosten der Stufe € 456.000,–}}{\text{Output der Stufe 60.000 Stück}} = \text{€ 7,60/Behälter}$$

Verpackung (vgl. dazu Äquivalenzziffernkalkulation):

	abgepackte Behälter	Behälter je Packung	erstellte Packungen	Äquivalenzziffer	Rechnungseinheiten	Kosten je Packung in €
Einzelpackung	15.000	1	15.000	1	15.000	1,40
Kleinpackung	24.000	20	1.200	10	12.000	14,–
Großpackung	25.000	100	250	30	7.500	42,–
Summe Rechnungseinheiten					34.500	

$$\frac{\text{Kosten der Verpackung € 48.300,–}}{\text{Summe Rechnungseinheiten 34.500}} = \text{€ 1,40/Rechnungseinheit}$$

Herstellkosten der Packungen:

	Kosten je Behälter in €	Behälter je Packung in Stück	Behälterkosten je Packung in €	Verpackungskosten je Packung in €	Herstellkosten je Packung in €
Einzelpackung	7,60	1	7,60	1,40	9,–
Kleinpackung	7,60	20	152,–	14,–	166,–
Großpackung	7,60	100	760,–	42,–	802,–

C.2.6

Lösung 1:
Kuppelproduktkalkulation

	€
Pflege und Lese	7.000,–
– Kostendeckung aus der gekuppelten Produktion	
5.000 kg Trauben à € 0,30	1.500,–
1.000 kg Trester à € 1,–	1.000,–
= übrige Kosten	4.500,–
– Mostverkauf	
1.000 Liter à € 0,80	800,–
+ Kosten Kellerbetrieb	1.200,–
= 7.000 Liter Wein **€ 0,70 je Liter Wein**	4.900,–

Lösung 2:
Stufendivisionskalkulation

	€
$\frac{\text{Kosten für Pflege und Lese}}{\text{Output}}$ = € 0,46$\dot{6}$ je kg Trauben	$\frac{7.000,–}{15.000 \text{ kg Trauben}}$
$\frac{€\ 0{,}46\dot{6} \text{ je kg} \times 10.000 \text{ kg}}{\text{Output}}$ = € 0,58$\dot{3}$ je kg Trauben	$\frac{4.666{,}6\dot{6}}{8.000 \text{ Liter Most}}$
€ 0,58$\dot{3}$ je Liter Most × 7.000 Liter + Kosten Kellerbetrieb	4.083,3$\dot{3}$ 1.200,–
Output = **€ 0,75476 je Liter Wein**	$\frac{5.283{,}3\dot{3}}{7.000 \text{ Liter Wein}}$

C.3. Beispiele zur Äquivalenzziffernkalkulation

C.3.1

Herstellkosten je Stück:

Sorte	Menge in Stück	Äquivalenzziffer	Rechnungseinheiten	Herstellkosten je Stück in €
Normalflasche	40.000	1	40.000	0,60
Großflasche	20.000	11	220.000	6,60
Summe Rechnungseinheiten			260.000	

$$\frac{\text{Herstellkosten € 156.000,–}}{\text{Summe der Rechnungseinheiten 260.000}} = \text{€ 0,60 Kosten/Rechnungseinheit}$$

Die Verwaltungs- und Vertriebskosten sind so auf die beiden Sorten zu verteilen, daß sich die Kosten einer Großflasche zu den Kosten einer Normalflasche wie 3 : 1 verhalten.

Verwaltungs- und Vertriebskosten je Stück:

Sorte	Menge in Stück	Äquivalenzziffer	Rechnungseinheiten	Verwaltungs- und Vertriebskosten je Stück in €
Normalflasche	40.000	1	40.000	0,50
Großflasche	20.000	3	60.000	1,50
Summe Rechnungseinheiten			100.000	

$$\frac{\text{Verwaltungs- und Vertriebskosten € 50.000,–}}{\text{Summe Rechnungseinheiten 100.000}} = \text{€ 0,50 Kosten/Rechnungseinheit}$$

Selbstkosten je Stück:

Sorte	Herstellkosten je Stück in €	Verwaltungs- und Vertriebskosten je Stück in €	Selbstkosten je Stück in €	Selbstkosten je Sorte in €
Normalflasche	0,60	0,50	1,10	44.000,–
Großflasche	6,60	1,50	8,10	162.000,–
Gesamtkosten (€ 156.000,– + € 50.000,–)				206.000,–

C.3.2

Materialkosten je hl der 5 Sorten:

Champagnersorte	Menge in hl	Äquivalenz-ziffer	Rechnungs-einheiten	Materialkosten je hl in €
A	1.500	0,6	900	300,–
B	1.500	0,8	1.200	400,–
C	1.000	1	1.000	500,–
D	800	1,2	960	600,–
E	600	1,4	840	700,–
Summe Rechnungseinheiten			4.900	

$$\frac{\text{Materialkosten € 2,450.000,–}}{\text{Summe Rechnungseinheiten 4.900}} = \text{€ 500,– Materialkosten/Rechnungseinheit}$$

Verarbeitungskosten je hl der 5 Sorten:

Champagnersorte	Menge in hl	Äquivalenzziffer	Rechnungseinheiten	Verarbeitungskosten je hl in €
A	1.500	1	1.500	200,–
B	1.500	1,2	1.800	240,–
C	1.000	1,5	1.500	300,–
D	800	1,8	1.440	360,–
E	600	2	1.200	400,–
Summe Rechnungseinheiten			7.440	

$$\frac{\text{Verarbeitungskosten € 1,488.000,–}}{\text{Summe Rechnungseinheiten 7.440}} = \text{€ 200,– Verarbeitungskosten / Rechnungseinheit}$$

Abfüllkosten je Flaschengröße:

Champagnersorte	Menge in hl je Sorte	Flaschengröße in Liter Füllmenge	Menge in hl je Flaschengröße	Menge in Flaschen
A	1.500	2	3.000	150.000
B	1.500			
C	1.000	1	1.000	100.000
D	800	0,7	1.400	200.000
E	600			

Flaschensorte	Menge in Flaschen	Äquivalenzziffer	Rechnungseinheiten	Abfüllkosten je Flasche in €
2 Liter	150.000	1,2	180.000	1,20
1 Liter	100.000	1	100.000	1,–
0,7 Liter	200.000	1,5	300.000	1,50
Summe Rechnungseinheiten			580.000	

$$\frac{\text{Abfüllkosten € 580.000,–}}{\text{Summe Rechnungseinheiten 580.000}} = \text{€ 1,– Abfüllkosten/Rechnungseinheit}$$

Während sich die Äquivalenzziffern bei den Materialkosten und den Verarbeitungskosten auf hl beziehen, ist die Relation der Abfüllkosten je Flaschengröße angegeben. Die gesamten Abfüllkosten von € 580.000,– müssen daher im angegebenen Verhältnis auf die Flaschenmenge der drei Gebindegrößen verteilt werden; zuerst sind die Flaschenmengen der drei Flaschengrößen zu errechnen.

Z. B. werden die Sorten A (1.500 hl) und B (1.500 hl) – somit insgesamt 3.000 hl – in 2-Liter-Flaschen abgefüllt, womit im angegebenen Zeitraum 150.000 2-Liter-Flaschen abgefüllt wurden.

Damit können die Herstellkosten je Flasche Champagner für jede der fünf Sorten ermittelt werden:

	€
Materialkosten/Flasche + Verarbeitungskosten/Flasche + Abfüllkosten/Flasche	
= Herstellkosten/Flasche	

Herstellkosten je Flasche der 5 Sorten:

Sorte	Flaschengröße in Liter	Materialkosten je hl in €	Materialkosten je Flasche in €	Verarbeitungskosten je hl in €	Verarbeitungskosten je Flasche in €	Abfüllkosten je Flasche in €	Herstellkosten je Flasche in €
A	2	300,–	6,– ①	200,–	4,– ②	1,20	11,20
B	2	400,–	8,–	240,–	4,80	1,20	14,–
C	1	500,–	5,–	300,–	3,–	1,–	9,–
D	0,7	600,–	4,20	360,–	2,52	1,50	8,22
E	0,7	700,–	4,90	400,–	2,80	1,50	9,20

Erläuterungen siehe nächste Seite.

Erläuterungen:

① $\frac{\text{Materialkosten je hl A € 300,–}}{\text{100 Liter}}$ = € 3,– / Liter
= € 6,– Materialkosten /Flasche A

② $\frac{\text{Verarbeitungskosten je hl A € 200,–}}{\text{100 Liter}}$ = € 2,– / Liter
= € 4,– Verarbeitungskosten /Flasche A

C.3.3

Herstellkosten:

Sorte	Menge in t	Äquivalenzziffer	Rechnungseinheiten	Herstellkosten je t in €
2,5 mm	300	0,9	270	2.700,–
1,25 mm	600	0,95	570	2.850,–
1 mm	700	1	700	3.000,–
0,5 mm	400	1,3	520	3.900,–
0,4 mm	500	1,5	750	4.500,–
Summe Rechnungseinheiten			2.810	

$\frac{\text{Herstellkosten € 8,430.000,–}}{\text{Summe Rechnungseinheiten 2.810}}$ = € 3.000,– Kosten /Rechnungseinheit

Verwaltungs- und Vertriebskosten:

$\frac{\text{Vw /Vt-Kosten € 1,500.000,–}}{\text{erzeugte Menge 2.500 t}}$ = € 600,– /t

Sonderkosten des Vertriebes:

$\frac{\text{Soko des Vertriebes Sorte 0,5 mm € 28.000,–}}{\text{erzeugte Menge Sorte 0,5 mm 400 t}}$ = € 70,– /t Sorte 0,5 mm

$\frac{\text{Soko des Vertriebes Sorte 0,4 mm € 25.000,–}}{\text{erzeugte Menge Sorte 0,4 mm 500 t}}$ = € 50,– /t Sorte 0,4 mm

Selbstkosten:

Sorte	Herstellkosten je t in €	Verwaltungs- und Vertriebskosten je t in €	Sonderkosten des Vertriebes je t in €	Selbstkosten je t in €
2,5 mm	2.700,–	600,–	–	3.300,–
1,25 mm	2.850,–	600,–	–	3.450,–
1 mm	3.000,–	600,–	–	3.600,–
0,5 mm	3.900,–	600,–	70,–	4.570,–
0,4 mm	4.500,–	600,–	50,–	5.150,–

C.3.4

Herstellkosten je Tonne:

Sorte	Menge in t	Äquivalenzziffer	Rechnungseinheiten	Herstellkosten je t in €
I	40	0,5	20	2.500,–
II	80	1	80	5.000,–
Summe Rechnungseinheiten			100	

$$\frac{\text{Herstellkosten € 500.000,–}}{\text{Summe Rechnungseinheiten 100}} = \text{€ 5.000,– Herstellkosten/Rechnungseinheit}$$

Verwaltungs- und Vertriebskosten je Tonne:

Da die Maschinendurchlaufzeiten nicht zur Schlüsselung der Verwaltungs- und Vertriebskosten verwendet werden können, werden sie entweder über einen Kostensatz je Tonne oder über einen Zuschlagsatz auf die Herstellkosten verrechnet.

Variante 1: Verwaltungs- und Vertriebskosten je Tonne:

$$\frac{\text{Verwaltungs- und Vertriebskosten € 120.000,–}}{\text{produzierte Menge 120 t}} = \text{€ 1.000,– Verwaltungs- und Vertriebskosten je t}$$

Sorte	Herstellkosten je t in €	Verwaltungs- und Vertriebskosten je t in €	Selbstkosten je t in €	Selbstkosten je Sorte in €
I	2.500,–	1.000,–	3.500,–	140.000,–
II	5.000,–	1.000,–	6.000,–	480.000,–
gesamte Selbstkosten (€ 500.000,– + € 120.000,–)				620.000,–

Dieser Variante liegt die Annahme zugrunde, daß die Verwaltungs- und Vertriebskosten vom Wert der produzierten Menge unabhängig sind. Man unterstellt, daß zwischen der Menge und den Verwaltungs- und Vertriebskosten ein direkt proportionaler Zusammenhang besteht.

Variante 2: Verwaltungs- und Vertriebskostenzuschlagsatz auf die Herstellkosten:

$$\frac{\text{Verwaltungs- und Vertriebskosten € 120.000,– × 100}}{\text{Herstellkosten € 500.000,–}} = \text{24\% Zuschlagsatz}$$

Sorte	Herstellkosten je t in €	+ 24% Verwaltungs- und Vertriebskosten je t in €	Selbstkosten je t in €	Selbstkosten je Sorte in €
I	2.500,–	600,–	3.100,–	124.000,–
II	5.000,–	1.200,–	6.200,–	496.000,–
gesamte Selbstkosten (€ 500.000,– + € 120.000,–)				620.000,–

Dieser Variante liegt die Annahme zugrunde, daß die Verwaltungs- und Vertriebskosten vom Wert der produzierten Menge abhängig sind. Man vermutet bei steigenden Herstellkosten auch zunehmende Verwaltungs- und Vertriebskosten.

Variante 3: Kombination von Schlüsseln:

Eine Aufteilung der Verwaltungs- und Vertriebskosten in eine wertabhängige und eine mengenabhängige Komponente würde eine weitere Variante darstellen; z. B.:

50% der Verwaltungs- und Vertriebskosten werden mengenabhängig verrechnet,
50% der Verwaltungs- und Vertriebskosten werden wertabhängig verrechnet:

$$\frac{\text{50\% der Verwaltungs- und Vertriebskosten € 60.000,–}}{\text{produzierte Menge 120 t}} = \text{€ 500,– Verwaltungs- und Vertriebskosten je t}$$

$$\frac{\text{50\% der Verwaltungs- und Vertriebskosten € 60.000,– × 100}}{\text{Herstellkosten € 500.000,–}} = \text{12\% Zuschlagsatz}$$

Die unterschiedlichen Ergebnisse der beiden Rechenvarianten zeigen die Wichtigkeit der Wahl des jeweils dem Kostenverursachungsprinzip am besten entsprechenden Kalkulationsverfahrens auf.

C.3.5

Material- und Produktionskosten:

10.000 Packungen à 10 $\frac{1}{3}$-l-Krüge = 100.000 $\frac{1}{3}$-l-Krüge
6.000 Packungen à 25 $\frac{1}{2}$-l-Krüge = 150.000 $\frac{1}{2}$-l-Krüge
11.000 Packungen à 6 1-l-Krüge = 66.000 1-l-Krüge

Sorte	Menge in Stück	Äquivalenzziffer	Rechnungseinheiten	Kosten je Krug in €
$\frac{1}{3}$ l	100.000	0,8	80.000	6,40
$\frac{1}{2}$ l	150.000	1	150.000	8,–
1 l	66.000	1,5	99.000	12,–
Summe Rechnungseinheiten			329.000	

$$\frac{\text{Material- und Produktionskosten € 2,632.000,–}}{\text{Summe Rechnungseinheiten 329.000}} = \text{€ 8,– Kosten/Rechnungseinheit}$$

Verpackungskosten je Krug:

Sorte	Verpackungskosten je Packung in €	Stück je Packung	Verpackungskosten je Krug in €
$\frac{1}{3}$ l	25,–	10	2,50
$\frac{1}{2}$ l	50,–	25	2,–
1 l	18,–	6	3,–

Herstellkosten je Krug und Herstellkosten insgesamt:

Sorte	Material- und Produktionskosten je Krug in €	Verpackungskosten je Krug in €	Herstellkosten je Krug in €	Herstellkosten je Sorte in €
$\frac{1}{3}$ l	6,40	2,50	8,90	890.000,–
$\frac{1}{2}$ l	8,–	2,–	10,–	1,500.000,–
1 l	12,–	3,–	15,–	990.000,–
Summe Herstellkosten				3,380.000,–

$$\frac{\text{Verwaltungs- und Vertriebskosten € 507.000,–} \times 100}{\text{Summe Herstellkosten € 3,380.000,–}} = 15\%\ \text{Zuschlag}$$

Kalkulation der Verkaufspreise:

	Sorte (Angaben in €)		
	⅓-l-Krug	½-l-Krug	1-l-Krug
Herstellkosten je Krug + 15% Vw- + Vt-Zuschlag	8,90 1,335	10,– 1,50	15,– 2,25
= Selbstkosten je Krug + 10% Gewinnzuschlag	10,235 1,0235	11,50 1,15	17,25 1,725
= Nettoverkaufspreis + 20% USt	11,26 2,25	12,65 2,53	18,98 3,80
= Bruttoverkaufspreis Bruttoverkaufspreis/Packung	13,51 135,10	15,18 379,50	22,78 136,68

Kontrollrechnung:

verrechnete Kosten:

Sorte	Menge in Stück	Selbstkosten je Stück in €	Selbstkosten der Sorte in €
⅓-l-Krug	100.000	10,235	1,023.500,–
½-l-Krug	150.000	11,50	1,725.000,–
1-l-Krug	66.000	17,25	1,138.500,–
Summe Rechnungseinheiten			3,887.000,–

angefallene Kosten:

	€
Material und Produktionskosten	2,632.000,–
+ Verpackungskosten (10.000 Pkg. × € 25,–)	250.000,–
(6.000 Pkg. × € 50,–)	300.000,–
(11.000 Pkg. × € 18,–)	198.000,–
= Herstellkosten	3,380.000,–
+ Verwaltungs- und Vertriebskosten	507.000,–
= Summe Selbstkosten	3,887.000,–

C.3.6

Vgl. Lösung zum Beispiel C.2.4 aus dem Kapitel „stufenweise Divisionskalkulation".

Bei der Verrechnung der Kosten für das Glasurmittel ist hier neben dem im Lösungsteil bei Beispiel C.2.4 dargestellten Lösungsweg noch eine zweite Variante möglich.

Variante 1 (lt. Lösung Beispiel C.2.4):

Die Kosten des Glasurmittels von € 900.000,– verteilen sich auf 300.000 Stück der Sorte A, 300.000 Stück der Sorte B und 300.000 Stück der Sorte C, wobei einem C die 3fachen Kosten von A und einem B die 2fachen Kosten von A zugerechnet werden sollen.

Sorte	Menge in Stück	Äquivalenzziffer	Rechnungseinheiten je Sorte	Kosten des Glasurmittels je Stück in €
A	300.000	1	300.000	0,50
B	300.000	2	600.000	1,–
C	300.000	3	900.000	1,50
Summe Rechnungseinheiten			1,800.000	

$$\frac{\text{zu verteilende Kosten € 900.000,–}}{\text{Summe Rechnungseinheiten 1,800.000}} = \text{€ 0,50/Rechnungseinheit}$$

Variante 2:

Da hier je Sorte gleiche Mengen produziert werden, gelten die Kostenverhältnisse des Glasurmittels auf der Produktebene (ÄZ) ebenso auch auf der Sortenebene (RE ≙ ÄZ).

Sorte	ÄZ ≙ RE	Kosten des Glasurmittels je Sorte in €	Menge in Stück	Kosten des Glasurmittels je Stück in €
A	1	150.000	300.000	0,50
B	2	300.000	300.000	1,–
C	3	450.000	300.000	1,50
	6	900.000		

$$\frac{\text{zu verteilende Kosten € 900.000,–}}{\text{Summe ÄZ} \triangleq \text{RE 6}} = \text{€ 150.000,– /ÄZ} \triangleq \text{Rechnungseinheit}$$

C.3.7

a) Gemeinkosten sind abhängig von Einzelkosten:

Anzahl der Menüs pro Jahr:

250 Menüs pro Tag × 250 Betriebstage pro Jahr =	62.500
oder:	
Anzahl Menü 1	10.500
Anzahl Menü 2	30.700
Anzahl Menü 3	7.800
Anzahl Menü 4	13.500
	62.500

Gemeinkosten pro Jahr:

	€	€
Personalkosten Küche		50.000,–
Abschreibung der Gebäude		
Anschaffungskosten inkl. 20% Umsatzsteuer	120.000,–	
– 20% Umsatzsteuer a. H.	20.000,–	
= Anschaffungskosten ohne Umsatzsteuer	100.000,–	
Umwertung auf Tagespreis		
$\frac{\text{Anschaffungswert € 100.000,– × Index Berichtsperiode 180}}{\text{Index Basisperiode 120}} =$		
= € 150.000,– Tageswert		
$\frac{\text{Tageswert € 150.000,–}}{\text{Nutzungsdauer 30 Jahre}}$ = Kalkulatorische Abschreibung		5.000,–
Abschreibung der Einrichtung		5.000,–
Gemeinkosten pro Jahr		60.000,–

Einzelkosten pro Jahr:

	€	€
Bedienung		8.000,–
Materialkosten Lebensmittel		
Hauptbestandteile	70.000,–	
Beilagen etc.	45.000,–	115.000,–
Einzelkosten pro Jahr		123.000,–

Bedienungskosten je Menü:

$$\frac{\text{Bedienungskosten pro Jahr € 8.000,–}}{\text{Anzahl der Menüs pro Jahr 62.500}} = \text{€ 0,128 Bedienungskosten je Menü}$$

Materialkosten je Menü:

Sorte	Menge in Stück	Äquivalenzziffer	Rechnungseinheiten	Kosten je Menü in €
Menü 1	10.500	1	10.500	1,279
Menü 2	30.700	1,3	39.910	1,663
Menü 3	7.800	1,6	12.480	2,046
Menü 4	13.500	2	27.000	2,558
			89.890	

$$\frac{\text{Materialkosten € 115.000,–}}{\text{Summe Rechnungseinheiten 89.890}} = \text{€ 1,279 Kosten/Rechnungseinheit}$$

$$\frac{\text{Gemeinkosten € 60.000,–} \times 100}{\text{Einzelkosten € 123.000,–}} = \text{48,78\% Gemeinkostenzuschlag auf Einzelkosten}$$

Kalkulation der Selbstkosten für ein Menü je Menüart:

(Angaben in €)	Menüart			
	1	2	3	4
Bedienung	0,128	0,128	0,128	0,128
+ Material	1,279	1,663	2,046	2,558
= Einzelkosten	1,407	1,791	2,174	2,686
+ 48,78% Gemeinkostenzuschlag	0,686	0,874	1,060	1,310
= Selbstkosten	2,093	2,665	3,234	3,996

b) Gemeinkosten sind von der Anzahl der Menüs abhängig:

$$\frac{\text{Gemeinkosten € 60.000,–}}{\text{Anzahl der Menüs 62.500}} = \text{€ 0,96 Gemeinkosten je Menü}$$

Kalkulation der Selbstkosten für ein Menü je Menüart:

	Menüart (Angaben in €)			
	1	2	3	4
Bedienung	0,128	0,128	0,128	0,128
+ Material	1,279	1,663	2,046	2,558
= Einzelkosten	1,407	1,791	2,174	2,686
+ Gemeinkosten je Menü	0,960	0,960	0,960	0,960
= Selbstkosten	2,367	2,751	3,134	3,646

C.3.8

	€
Kosten für die Bearbeitung des Weingartens und für die Lese	20.000,—
+ Kalkulatorischer Unternehmerlohn	10.000,—
= Kosten insgesamt	30.000,—
– Verkaufserlös an Winzergenossenschaft① 600 Butten à 50 kg à € 0,60	18.000,—
= Kosten nach Abzug des Verkaufserlöses	12.000,—
+ Kosten der Weinproduktion	25.500,—
= Kosten insgesamt	37.500,—

① Siehe dazu Kapitel Kuppelproduktkalkulation.

Herstellkosten je hl und je Liter:

Sorte	Menge in hl	Äquivalenzziffer	Rechnungs-einheiten	Herstellkosten je hl in €	Herstellkosten je l in €
Riesling	50	1,5	75	150,–	1,50
Pinot Blanc	50	2	100	200,–	2,–
Heuriger	200	1	200	100,–	1,–
			375		

$$\frac{\text{Herstellkosten € 37.500,–}}{\text{375 Rechnungseinheiten}} = \text{€ 100,– Herstellkosten/Rechnungseinheit}$$

C.3.9

Kalkulatorische Abschreibung des EDV-gestützten Zählsystems:

$$\frac{\text{Abschreibungsbasis € 345.000,–}}{\text{Nutzungsdauer 5 Jahre}} = \text{€ 69.000,– kalkulatorische Abschreibung/Jahr}$$

Ermittlung der Gesamtkapazität der Genossenschaft:

Liftanlage	Kapazität
A	9.700
B	5.700
C	7.900
D	4.500
E	6.700
Gesamtkapazität	34.500 beförderte Personen pro Stunde

$$\frac{\text{Kalkulatorische Abschreibung/Jahr € 69.000,–}}{\text{Gesamtkapazität 34.500 Personen}} = \text{€ 2,–} \text{ kalkulatorische Abschreibung je beförderte Person}$$

Aufteilung der kalkulatorischen Abschreibung pro Jahr auf die Liftanlagen:

Liftanlage	Kapazität in beförderten Personen	Kalkulatorische Abschreibung je beförderte Person in €	Kalkulatorische Abschreibung je Liftanlage in €
A	9.700	2,–	19.400,–
B	5.700	2,–	11.400,–
C	7.900	2,–	15.800,–
D	4.500	2,–	9.000,–
E	6.700	2,–	13.400 ,–
	34.500		69.000,–

Ermittlung der Betriebskosten je Liftanlage:

Liftanlage	Kapazität in beförderten Personen	Äquivalenz-ziffer	Rechnungs-einheiten	Kosten je beförderte Person in €	Betriebskosten je Liftanlage in €
A	9.700	90	873.000	0,45	4.365,–
B	5.700	90	513.000	0,45	2.565,–
C	7.900	85	671.500	0,425	3.357,5
D	4.500	90	405.000	0,45	2.025,–
E	6.700	75	502.500	0,375	2.512,5
	34.500		2,965.000		14.825,–

$$\frac{\text{Betriebskosten € 14.825,–}}{\text{Summe Rechnungseinheiten 2,965.000}} = \text{€ 0,005/Rechnungseinheit}$$

Ermittlung der Veränderung der Gesamterlöse:

Um 1% gesteigerte Gesamterlöse € 8,983.950,–

$$\text{Erlössteigerung} = \frac{\text{€ 8,983.950,–} \times 1}{101} = \text{€ 88.950,– Erlössteigerung pro Jahr}$$

Ermittlung der Erlössteigerung je Liftanlage:

Liftanlage	Rechnungseinheiten	Erlössteigerung je beförderte Person in €	Erlössteigerung je Liftanlage in €
A	873.000	2,70	26.190,–
B	513.000	2,70	15.390,–
C	671.500	2,55	20.145,–
D	405.000	2,70	12.150,–
E	502.500	2,25	15.075,–
	2,965.000		88.950,–

$$\frac{\text{Erlössteigerung € 88.950,–}}{\text{Summe Rechnungseinheiten 2,965.000}} = \text{€ 0,03/Rechnungseinheit}$$

Ermittlung der Veränderung des Betriebsergebnisses je Liftanlage:

	Liftanlage (Angaben in €)				
	A	B	C	D	E
Erlössteigerung	26.190,–	15.390,–	20.145,–	12.150,–	15.075,–
– Betriebskosten	4.365,–	2.565,–	3.357,5	2.025,–	2.512,5
– Kalkulatorische Abschreibung	19.400,–	11.400,–	15.800,–	9.000,–	13.400,–
= Betriebsergebnis	+2.425,–	+1.425,–	+ 987,5	+1.125,–	– 837,5

Der Zusammenschluß brachte für die Eigentümer der Anlagen A, B, C und D eine Verbesserung der Betriebsergebnisse. Nur für die Anlage E verschlechterte sich durch die schlechte Auslastung von 75% das Betriebsergebnis.

C.3.10

a) Mehlkosten:

Sorten	Menge	ÄZ	RE	Kosten in €/Stück	Kosten in €/Sorte
Semmeln	12.000	40	480.000	0,1	1.200,–
Salzstangerl	4.000	35	140.000	0,0875	350,–
Kipferl	3.000	30	90.000	0,075	225,–
Striezel	800	700	560.000	1,75	1.400,–
Brotsorte A	2.000	800	1,600.000	2,–	4.000,–
Bortsorte B	1.800	950	1,710.000	2,375	4.275,–
Bortsorte C	2.200	725	1,595.000	1,8125	3.987,5
Summe RE			6,175.000	gesamte Mehlkosten	15.437,5

$$\frac{\text{gesamte Mehlkosten € 15.437,50}}{\text{Summe Rechnungseinheiten 6,175.000}} = \text{€ 0,0025/Rechnungseinheit}$$

b) Deckungsbeitrag Sanatoriumsauftrag:

	€
Mehlkosten/Semmel	0,100
+ sonstige variable Kosten/Semmel	0,100
+ variabler Materialgemeinkostenzuschlag 10%	0,020
+ variable Fertigungsgemeinkosten/Fertigungsstunde 1.200 : (10 × 60)	0,200
= variable Herstellkosten/Semmel	0,420
+ variable Verwaltungs- und Vertriebsgemeinkosten 10%	0,042
= variable Selbstkosten/Semmel	0,462
Nettoerlös/Semmel	0,500
Deckungsbeitrag/Semmel	0,038
= Summe Deckungsbeitrag des Sanatoriumsauftrags/Monat	76,–

Ja, die Annahme des Sanatoriumsauftrags verbessert das Monatsbetriebsergebnis um € 76,–.

C.3.11

Materialkosten je kg:

Sorte	Menge in kg	ÄZ	RE	Materialkosten/kg in €
A	1.000	1,2	1.200	20,70
B	1.400	1,4	1.960	24,15
C	1.700	1,–	1.700	17,25
D	800	0,9	720	15,525
E	700	0,7	490	12,075
			6.070	

$$\frac{\text{Materialkosten € 104.707,50}}{\text{Summe RE 6.070}} = \text{€ 17,25 Materialkosten/RE}$$

Fertigungskosten je kg:

Sorte	Menge in kg	ÄZ	RE	Fertigungskosten/kg in €
A	1.000	1,5	1.500	5,625
B	1.400	1,25	1.750	4,6875
C	1.700	1,–	1.700	3,75
D	800	1,–	800	3,75
E	700	0,9	630	3,375
			6.380	

$$\frac{\text{Fertigungskosten € 23.925,–}}{\text{Summe RE 6.380}} = \text{€ 3,75 Fertigungskosten/RE}$$

	€
Materialkosten	104.707,50
+ Fertigungskosten	23.925,—
+ Verpackungskosten	11.200,—
= Herstellkosten insgesamt	139.832,50

$$\frac{\text{Verwaltungs- und Vertriebskosten € 22.373,20}}{\text{Summe Herstellkosten € 139.832,50}} \times 100 = 16\%\ \text{Zuschlagsatz}$$

Kalkulation:

	Angaben in €				
	A	B	C	D	E
Materialkosten/kg	20,70	24,15	17,25	15,525	12,075
+ Fertigungskosten/kg	5,625	4,6875	3,75	3,750	3,375
+ Verpackungskosten/kg	2,—	2,—	2,—	2,—	2,—
= Herstellkosten/kg	28,325	30,838	23,—	21,275	17,450
+ 16% Vw/Vt	4,532	4,934	3,68	3,404	2,792
= Selbstkosten	32,857	35,772	26,68	24,679	20,242
+ 10% Gewinn	3,286	3,577	2,668	2,468	2,024
= Nettoverkaufspreis	36,143	39,349	29,348	27,147	22,266
+ 10% USt	3,614	3,935	2,935	2,715	2,227
= Bruttoverkaufspreis/kg	39,757	43,284	32,283	29,862	24,493

C.3.**12**

Bearbeitungskosten pro kg geernteter Trauben:	€
€ 15.980,– : 68.000 kg	0,235/kg
Kosten der übernommenen Menge:	
€ 0,235 × 64.500 kg	15.157,50
+ Transportkosten	2.332,50
= Summe	17.490,–
Kosten pro kg gepreßter Trauben:	
€ 17.490,– : 63.600 kg	0,275
Kosten pro l gepreßter Trauben:	
(€ 0,275 × 100 kg) : 75 l oder (200 hl + 165 hl + 112 hl) = 477 hl = 47.700 l € 17.490,– : 47.700 l	0,367/l

Äquivalenzzahlenkalkulation für Produktionskosten:

Weinsorte	Menge in hl	ÄZ	RE	Kosten/hl in €	Kosten/l in €
Sauerperle	200	10	2.000	35,–	0,35
Rotwelsch	165	12	1.980	42,–	0,42
Lebertraum	112	18	2.016	63,–	0,63
			5.996		

€ 20.986,– : 5.996 = € 3,50 Ko/RE

Herstellkosten pro l in €:

	Sauerperle	Rotwelsch	Lebertraum
Materialkosten	0,367	0,367	0,367
+ Produktionskosten	0,350	0,420	0,630
= Herstellkosten	0,717	0,787	0,997

C.4. Beispiele zur Kuppelproduktkalkulation

C.4.1

Beiträge der Nebenprodukte zur Kostentragung:

	€
Erlöse der Nebenprodukte	300.000,–
– zusätzliche Kosten Produkt 1	50.000,–
– zusätzliche Kosten Produkt 2	100.000,–
= Beitrag der Nebenprodukte zur Kostentragung	150.000,–
Kosten der Kuppelproduktion	10,000.000,–
– Beiträge der Nebenprodukte	150.000,–
= dem Hauptprodukt zuzurechnende Kosten	9,850.000,–

Die Kuppelproduktkalkulation basiert nicht auf dem Kostenverursachungsprinzip, sondern auf dem Kostentragfähigkeitsprinzip.

Daher werden den Nebenprodukten so viele Kosten angelastet, wie diese Produkte tragen können, ohne einen Verlust zu realisieren. Die verbleibenden Produktionskosten werden dem Hauptprodukt zugerechnet.

Neben der hier vorgestellten Restwertmethode sind auch andere Kalkulationsverfahren für die Kuppelkalkulation entwickelt worden. Z. B. Marktpreisverfahren: Die Kosten der Kuppelproduktion werden so auf die Haupt- und Nebenprodukte aufgeteilt, daß sie einen gleichen Prozentsatz der Nettoerlöse an Kostenlast zu tragen haben.

C.4.2

Beitrag von B (Semmelbrösel) zur Kostentragung:

	€
5.000 kg à € 4,–	20.000,–
3.000 kg à € 3,–	9.000,–
= Erlöse B	29.000,–
zusätzliche Kosten von B:	
– 2.000 kg entsorgen à € 0,20	400,–
– 8.000 kg verpacken (je 100 kg € 6,–)	480,–
– 8.000 kg vertreiben (je 100 kg € 30,–)	2.400,–
= Beitrag von B zur Kostentragung	25.720,–

Beitrag von C (Semmelwürfel) zur Kostentragung:

	€
Erlöse C: 11.000 kg à € 4,20	46.200,–
zusätzliche Kosten von C:	
– 11.000 kg weiterverarbeiten à € 1,50	16.500,–
– 11.000 kg verpacken (je 100 kg € 6,–)	660,–
– 11.000 kg vertreiben (je 100 kg € 50,–)	5.500,–
= Beitrag von C zur Kostentragung	23.540,–

Restkosten des Hauptproduktes A (Weißbrot):

	€
Kosten der Kuppelproduktion	307.700,–
– Beitrag von B zur Kostentragung	25.720,–
– Beitrag von C zur Kostentragung	23.540,–
= dem Produkt A zuzurechnende Kosten	258.440,–

Kalkulation des Hauptproduktes A (Weißbrot):

$$\frac{\text{Restkosten € 258.440,–}}{\text{Menge A 142.000 kg}} = \text{€ 1,82/kg A}$$

C.4.3

Beitrag von Schrott B zur Kostentragung:

	€
Erlöse B: 5.000 kg à € 130,–	650.000,–
zusätzliche Kosten von B:	
– Frachtkosten	36.000,–
– Vertriebskosten	13.000,–
= Beitrag von B zur Kostentragung	601.000,–

Beitrag von Schrott C zur Kostentragung:

	€
Erlöse C: 13.000 kg à € 0,32	4.160,–
zusätzliche Kosten von C:	
– 3.000 kg entsorgen à € 0,60	1.800,–
– Frachtkosten	400,–
– Vertriebskosten	700,–
= Beitrag von C zur Kostentragung	1.260,–

Restkosten des Hauptproduktes:

	€
Kosten der Kuppelproduktion	142,602.260,–
– Beitrag von B zur Kostentragung	601.000,–
– Beitrag von C zur Kostentragung	1.260,–
= dem Hauptprodukt zuzurechnende Kosten	142,000.000,–

Kalkulation des Hauptproduktes:

$$\frac{\text{Restkosten € 142,000.000,–}}{\text{Menge Hauptprodukt 142.000 kg}} = \text{€ 1.000,–/kg Stahlprofil}$$

C.4.4

Beitrag von A zur Kostentragung:

	€
Erlöse	70.800,–
zusätzliche Kosten von A:	
– 18% der Herstellkosten, Verwaltungs- und Vertriebsgemeinkosten	10.800,– ①
– 10 t à 3 h à € 1.200,–	36.000,–
= Beitrag von A zur Kostentragung	24.000,–

① Nettoverkaufspreis = fiktive Selbstkosten = Herstellkosten + 18% Verwaltungs- und Vertriebsgemeinkostenzuschlag

€ 70.800,– = 118% der Herstellkosten

$$\frac{\text{€ 70.800,–} \times 100}{118} = \text{€ 60.000,– Herstellkosten}$$

€ 70.800,– – € 60.000,– = € 10.800,– Verwaltungs- und Vertriebsgemeinkosten

Beitrag von B zur Kostentragung:

	€
Erlöse	24.780,–
zusätzliche Kosten von B:	
– 18% der Herstellkosten (18% auf Hundert € 24.780,–)	3.780,–
– 2 t à 4 h à € 1.200,–	9.600,–
= Beitrag von B zur Kostentragung	11.400,–

Restkosten des Hauptproduktes C:

	€
Kosten der Kuppelproduktion	285.400,–
– Beitrag von A zur Kostentragung	24.000,–
– Beitrag von B zur Kostentragung	11.400,–
= dem Hauptprodukt C zuzurechnende Kosten	250.000,–

Kalkulation des Hauptproduktes C:

$$\frac{\text{Restkosten € 250.000,–}}{\text{Menge Produkt C 25 t}} = \text{€ 10.000,–/t C im Werk I}$$

C.4.5

Lösung 1:
Kuppelproduktkalkulation

	€
Pflege und Lese	7.000,–
– Kostendeckung aus der gekuppelten Produktion	
5.000 kg Trauben à € 0,30	1.500,–
1.000 kg Trester à € 1,–	1.000,–

➤

= übrige Kosten	4.500,–
– Mostverkauf 1.000 Liter à € 0,80	800,–
+ Kosten Kellerbetrieb	1.200,–
= 7.000 Liter Wein **€ 0,70 je Liter Wein**	4.900,–

Lösung 2:
Stufendivisionskalkulation

	€
Kosten für Pflege und Lese / Output = € $0{,}46\dot{6}$ je kg Trauben	7.000,– / 15.000 kg Trauben
€ $0{,}46\dot{6}$ je kg × 10.000 kg / Output = € $0{,}58\dot{3}$ je kg Trauben	$4.666{,}6\dot{6}$ / 8.000 Liter Most
€ $0{,}58\dot{3}$ je Liter Most × 7.000 Liter + Kosten Kellerbetrieb	$4.083{,}3\dot{3}$ 12.000,–
Output = **€ 0,75476 je Liter Wein**	$5.283{,}3\dot{3}$ / 7.000 Liter Wein

C.4.6

		€	€
Brösel	5.000 kg à 3.000 kg à	4,– 3,–	20.000,– 9.000,–
 – Entsorgung – Verpackung – Vertrieb	 2.000 kg à 8.000 kg à 8.000 kg à	 0,20 0,06 0,30	29.000,– 400,– 480,– 2.400,–
DB Brösel			25.720,–
Würfel – Weiterverarbeitung – Verpackung – Vertrieb	11.000 kg à 11.000 kg à 11.000 kg à 11.000 kg à	4,20 1,90 0,06 0,50	46.200,– 20.900,– 660,– 5.500,–
DB Würfel			19.140,–
Summe DB Würfel und DB Brösel			44.860,–
Summe Kosten – DB			186.860,– 44.860,–
 kg Weißbrot € je kg			142.000,– 14.200,– **1,–**

C.5. Beispiele zur summarischen Zuschlagskalkulation

C.5.1

Sorte	Einzelkosten je kg in €	abgesetzte Menge in kg	Einzelkosten je Sorte in €
T1	50,–	4.500	225.000,–
O	70,–	6.750	472.500,–
D	60,–	6.000	360.000,–
T2	75,–	2.250	168.750,–
Summe Einzelkosten			1,226.250,–

$$\frac{\text{Gemeinkosten € 367.875,– × 100}}{\text{Summe Einzelkosten € 1,226.250,–}} = \text{30\% Gemeinkostenzuschlagsatz}$$

Sorte	Einzelkosten in €	+ 30% Gemeinkosten-zuschlag in €	Selbstkosten je Sorte in €	Selbstkosten je kg in €
T1	225.000,–	67.500,–	292.500,–	65,–
O	472.500,–	141.750,–	614.250,–	91,–
D	360.000,–	108.000,–	468.000,–	78,–
T2	168.750,–	50.625,–	219.375,–	97,50
Summen		367.875,–	1,594.125,–	

Beinhaltet der Gemeinkostenzuschlag auch den Gewinn, dann spricht man im Handel von Rohgewinn, Bruttogewinn oder Margin.

C.5.2

Gemeinkostensatz:

$$\frac{\text{Gemeinkosten × 100}}{\text{Wareneinsatz}} = \frac{\text{€ 661.000,– × 100}}{\text{€ 512.000,–}} = 129{,}1\%$$

Kalkulation einer Speise:

	€
Wareneinsatz	2,–
+ 129,1% Gemeinkostensatz	2,582
= Selbstkosten ohne Bedienung	4,582
+ 10% Gewinn	0,458
= Zwischensumme	5,040
+ 10,5% Bedienungsentgelt	0,529
= Nettoverkaufspreis ohne USt	5,569
+ 10% Umsatzsteuer	0,557
= Bruttoverkaufspreis inkl. USt	6,126

C.5.3

a) summarische Zuschlagskalkulation:

10% Zuschlagsatz, da € 820.000,– auf € 8,200.000,– verteilt werden sollen: d. h. auf jeden € Einzelkosten sind 10% zum Abdecken der Gemeinkosten aufzuschlagen.

Kalkulation der Waren:

Waren	Einstandspreis in €	+ 10% Gemeinkosten in €	Selbstkosten in €
1 kg Orangen	1,80	0,18	1,98
1 kg Wurst	6,50	0,65	7,15
1 Packung Eis	3,–	0,30	3,30
1 Tafel Schokolade	1,50	0,105	1,155
1 Plastikkübel	2,80	0,28	3,08

b) differenzierte Zuschlagskalkulation:

Variante1:

Den einzelnen Kostenstellen werden die zugewiesenen Gemeinkosten angelastet (d. h. diese Gemeinkosten werden nur auf die Waren dieser Kostenstelle weiterverrechnet). Nicht zuordenbare Gemeinkosten werden der (Hilfs-)Kostenstelle „Verwaltung" zugewiesen. Diese „Verwaltungsgemeinkosten" werden allen Waren gleichermaßen (d. h. über eine summarische Zuschlagskalkulation) angelastet.

Kalkulation der Waren:

Kostenstelle	Einzelkosten Abrechnungsbasis in €	Gemeinkosten in €	Zuschlagsatz in %
Obst & Gemüse	400.000,–	80.000,–	20
Fleisch & Wurst	1,500.000,–	285.000,–	19
Tiefkühlprodukte	1,800.000,–	94.500,–	5,25
sonstige Lebensmittel	4,000.000,–	108.000,–	2,7
Hartwaren	500.000,–	6.500–	1,3
„Verwaltung"	8,200.000,–	246.000,–	3
Summe		820.000,–	

Waren	Einstandspreis in €	Zuschlag zum Abdecken der primären GK in %	allgemeiner Zuschlag in %	Selbstkosten in €
1 kg Orangen	1,80	20	3	2,214
1 kg Wurst	6,50	19	3	7,93
1 Packung Eis	3,–	5,25	3	3,248
1 Tafel Schokolade	1,05	2,7	3	1,11
1 Plastikkübel	2,80	1,3	3	2,92

Variante 2:

Den einzelnen Kostenstellen werden die zugewiesenen Gemeinkosten angelastet (d. h. diese Gemeinkosten werden nur auf die Waren dieser Kostenstelle weiterverrechnet). Nicht zuordenbare Gemeinkosten werden der (Hilfs-)Kostenstelle „Verwaltung" zugewiesen. Diese „Verwaltungsgemeinkosten" werden allen Waren gleichermaßen (d. h. summarische Zuschlagskalkulation) angelastet, wobei die Abrechnungsbasis nicht nur durch die Einzelkosten, sondern auch durch die jeweils anfallenden Gemeinkosten gebildet wird (i. S. von Herstellkosten).

Kostenstelle	Einzelkosten Abrechnungsbasis in €	Gemeinkosten in €	Zuschlagsatz in %
Obst & Gemüse	400.000,–	80.000,–	20
Fleisch & Wurst	1,500.000,–	285.000,–	19
Tiefkühlprodukte	1,800.000,–	94.500,–	5,25
sonstige Lebensmittel	4,000.000,–	108.000,–	2,7
Hartwaren	500.000,–	6.500,–	1,3
„Verwaltung"	8,774.000,– ①	246.000,–	2,8
Summe		820.000,–	

①	
Einzelkosten	8,200.000,–
+ Gemeinkosten	820.000,–
Gesamtkosten	9,020.000,–
– Gemeinkosten Verwaltung	246.000,–
= „Herstellkosten"	8,774.000,–

$$\frac{\text{Gemeinkosten „Verwaltung" € 246.000,–} \times 100}{\text{„Herstellkosten" € 8,774.000,–}} = 2{,}8\%$$

Waren	Einstandspreis in €	Zuschlag zum Abdecken der primären GK in %	„Herstellkosten" in €	„Verwaltungszuschlag" in %	Selbstkosten in €
1 kg Orangen	1,80	20	2,16	2,8	2,22
1 kg Wurst	6,50	19	7,735	2,8	7,952
1 Packung Eis	3,–	5,25	3,158	2,8	3,246
1 Tafel Schokolade	1,05	2,7	1,078	2,8	1,108
1 Plastikkübel	2,80	1,3	2,836	2,8	2,915

C.5.4

Summe der Gemeinkosten:	€
Personal	400.000,–
Raum	200.000,–
sonstige	200.000,–
Innerbetriebliche Leistungsverrechnung	200.000,–
= Summe Gemeinkosten	1,000.000,–
Basis der Gemeinkostenverrechnung:	**€**
= Wareneinsatz Küche	1,000.000,–

Gemeinkostenverrechnungssatz:

$$\frac{\text{Summe Gemeinkosten € 1,000.000,–} \times 100}{\text{Wareneinsatz € 1,000.000,–}} = \text{100\% Gemeinkostenzuschlagsatz}$$

Kalkulation:

	€
Wareneinsatz	2,–
+ 100% Gemeinkostenzuschlagsatz	2,–
= Selbstkosten	4,–
+ 6% Gewinn	0,24
= Zwischensumme	4,24

➤

+ 10,5% Bedienungsgeld	0,445
= Zwischensumme	4,685
+ 10% Umsatzsteuer	0,469
= Verkaufspreis	5,154

C.5.5

Kalkulation der Selbstkosten:

	€
Bruttoverkaufspreis inkl. USt	999,90
– 40% Rabatt	399,96
= Händlereinstandspreis netto	599,94
+ Manipulationskosten	71,99
= Selbstkosten	671,93

Kalkulation des Erlöses:

	€
Bruttoverkaufspreis inkl. USt	999,90
– 20% USt	166,65
= Händlerverkaufspreis netto	833,25
– 3% Skonto	25,00
= Erlös	808,25

Gewinn = Erlös – Selbstkosten = € 808,252 – € 671,933 = **€ 136,319**

Prozentualer Gewinn auf Basis der Selbstkosten:

$$\frac{\text{Gewinn} \times 100}{\text{Selbstkosten}} = \frac{€\ 136{,}32 \times 100}{€\ 671{,}93} = \mathbf{20{,}29\%}$$

C.6. Beispiele zur differenzierten Zuschlagskalkulation

C.6.1

	Kostenstellen (Angaben in €)				
Kostenarten	Material	Fertigung I	Fertigung II	Verwaltung/ Vertrieb	Fuhrpark
Einzelkosten: Fertigungsmaterial Fertigungslöhne	 (1,000.000,–)	 (3,000.000,–)			
Gemeinkosten: lt. Angabe	 165.000,–	 3,555.000,–	 2,473.500,–	 656.000,–	 436.500,–
Umlage Fuhrpark	135.000,–	45.000,–	76.500,–	180.000,–	–436.500,–
Gemeinkostensumme Basis	300.000,– 1,000.000,–	3,600.000,– 3,000.000,–	2,550.000,– 3.000 h	836.000,– HK; Aufträge	0,–
Zuschlagsatz bzw. Verrechnungssatz	 30%	 120%	 850,–/h	4% 400,–/Auftrag	

Umlage Fuhrpark:

97% der Leistung werden an andere Kostenstellen abgegeben, die Gesamtkosten des Fuhrparks werden daher auf 97 Prozentpunkte abgerechnet.

Z. B. Umlage Fuhrpark Materialstelle:

$$\frac{€\ 436.500,– \times 30}{97} = €\ 135.000,–$$

Abrechnung Verwaltung/Vertrieb:

50% der Gemeinkosten (€ 418.000,—) auf Basis Herstellkosten

	€
Materialeinzelkosten	1,000.000,—
+ Materialgemeinkosten	300.000,—
+ Lohneinzelkosten Fertigung I	3,000.000,—
+ Fertigungsgemeinkosten I	3,600.000,—
+ Fertigungsgemeinkosten II	2,550.000,—
= Herstellkosten der erzeugten Menge (= Herstellkosten der abgesetzten Menge)	10,450.000,—

50% der Gemeinkosten (€ 418.000,–) auf Basis Aufträge; je Auftrag müssen € 400,– (€ 418.000,– : 1.045 Aufträge) verrechnet werden.

Kalkulation:

	€
Fertigungsmaterial	3.000,—
+ 30% Materialgemeinkostenzuschlag	900,—
+ Fertigungslöhne in Fertigung I	2.000,—
+ 120% Fertigungsgemeinkostenzuschlag I	2.400,—
+ 2 h × € 850,— Gemeinkostenstundensatz	1.700,—
= Herstellkosten	10.000,—
+ 4% Verwaltungs- und Vertriebsgemeinkostenzuschlag	400,—
+ Gemeinkostensatz/Auftrag	400,—
= Selbstkosten	10.800,—
+ 5% Gewinnzuschlag	540,—
= Nettoverkaufspreis	11.340,—
+ 20% USt	2.268,—
= Bruttoverkaufspreis	13.608,—

C.6.2

Kostenarten	Kostenstellen (Angaben in €)						
	Material	Fertigung I	Fertigung II	Verwaltung	Vertrieb	Werksküche	Raumstelle
Einzelkosten:							
Fertigungsmaterial	(60.000,–)						
Fertigungslöhne		(25.000,–)					
Gemeinkosten:							
lt. Angabe	4.000,–	21.500,–	25.000,–	26.050,–	15.320,–	7.000,–	12.000,–
Löhne Fertigung II			15.000,–				
Umlage Raumstelle	3.000,–	3.500,–	2.000,–	1.000,–	1.500,–	1.000,–	–12.000,–
Umlage Werksküche	2.000,–	2. 500,–	1.500,–	1.000,–	1.000,–	–8.000,–	
Gemeinkostensumme	9.000,–	27.500,–	43.500,–	28.050,–	17.820,–	0,–	0,–
Basis	60.000,–	25.000,–	250 Mh	165.000,–①	148.500,–②		
Zuschlagsatz bzw. Stundensatz	15%	110%	174,–/Mh	17%	12%		

① Basis Verwaltung:	€	
+ Materialeinzelkosten	60.000,–	Materialkosten
+ Materialgemeinkosten	9.000,–	
+ Lohneinzelkosten Fertigung I	25.000,–	Fertigungskosten
+ Fertigungsgemeinkosten I	27.500,–	
+ Fertigungsgemeinkosten II	43.500,–	
= Herstellkosten der erzeugten Menge	165.000,–	

② Basis Vertrieb:
0,9 × Herstellkosten der erzeugten Menge € 165.000,–
= € 148.500,– Herstellkosten der abgesetzten Menge

Kalkulation:

	€
Materialeinzelkosten	250,–
+ 15% Materialgemeinkostenzuschlag	37,50
+ Lohneinzelkosten in Fertigung I	300,–

➤

+ 110% Fertigungsgemeinkostenzuschlag I	330,–
+ 1,5 Mh × € 174,– Stundensatz II	261,–
= Herstellkosten des Auftrages	1.178,50
+ 17% Verwaltungsgemeinkostenzuschlag	200,35
+ 12% Vertriebsgemeinkostenzuschlag	141,42
= Selbstkosten des Auftrages	1.520,27
+ 10% Gewinnzuschlag	152,03
= Nettoverkaufspreis des Auftrages	1.672,30
+ 20% USt	334,46
= Bruttoverkaufspreis	2.006,76

Erläuterungen:

zur Umlage der Raumstelle:

- Abrechnung nach Flächenbedarf
- die m^2 der beziehenden Kostenstellen
  ($300\ m^2 + 350\ m^2 + 200\ m^2 + 100\ m^2 + 150\ m^2 + 100\ m^2$)= $1.200\ m^2$
- auf einen m^2 entfallen daher € 10,–

zur Umlage der Werksküche:

- Abrechnung nach Personen
- die Personensumme der beziehenden Kostenstellen (4 + 5 + 3 + 2 + 2) = 16 Personen. Da die Kosten der Werksküche auf die anderen Kostenstellen übertragen werden sollen, sind auch die Kosten der Eigenleistung (Verpflegungskosten für die in der Werksküche Beschäftigten) auf die beziehenden Kostenstellen zu übertragen.
- Auf eine Person entfallen daher € 500,–.

C.6.3

Kostenarten	Kostenstellen (Angaben in €)						
	Material	Fertigung I	Fertigung II	Verwaltung	Vertrieb	Raumstelle	Werksküche
Einzelkosten:							
Material	(1,307.500,–)						
Löhne		(490.000,–)	(1,315.500,–)				
Gemeinkosten:							
Hilfsmaterial	10.000,–	115.000,–	120.000,–	24.900,–	25.000,–	5.000,–	35.000,–
Hilfslöhne	50.000,–	130.000,–	100.000,–	164.000,–	140.000,–		50.000,–
Abschreibungen	20.000,–	200.000,–	900.000,–	140.000,–	60.000,–	90.000,–	40.000,–
Zinsen	5.000,–	50.000,–	225.000,–	35.000,–	15.000,–	122.500,–	10.000,–
sonstige Kosten	20.750,–	60.000,–	69.500,–	48.360,–	14.195,–	25.500,–	11.000,–
						243.000,–	
Umlage Raumstelle	15.000,–	90.000,–	60.000,–	18.000,–	36.000,–	–243.000,–	24.000,–
							170.000,–
Umlage Werksküche	10.000,–	90.000,–	50.000,–	10.000,–	10.000,–		–170.000,–
Gemeinkosten-summe	130.750,–	735.000,–	1,524.500,–	440.260,–	300.195,–	0,–	0,–
Basis	1,307.500,–	490.000,–	5.000 Mh	5,503.250,–	5,003.250,–		
Zuschlagsatz bzw. Stundensatz	10%	150%	304,90/Mh	8%	6%		

Da die Fertigungslöhne der Fertigung II auftragsbezogen erfaßt werden, stellen sie keine Gemeinkosten dar.

Die Gemeinkosten der Fertigung II werden lt. Angabe über einen Gemeinkostenstundensatz verrechnet.

Da die Raumstelle nur an andere Kostenstellen Leistungen abgibt, aber von keiner Kostenstelle Leistungen empfängt, wird sie zuerst abgerechnet.

Die Gemeinkostensumme von € 243.000,– wird auf 810 m² verteilt und nach dem jeweiligen Flächenbedarf den Kostenstellen zugerechnet.

Die Gemeinkostensumme von € 170.000,– der Werksküche wird den beziehenden Kostenstellen nach den dort beschäftigten Personen zugerechnet, in den beziehenden Kostenstellen sind insgesamt 34 Personen beschäftigt; auf eine Person entfallen daher € 5.000,–.

Basis Verwaltung:

	€
Materialeinzelkosten	1,307.500,–
+ Materialgemeinkosten	130.750,–
+ Lohneinzelkosten Fertigung I	490.000,–
+ Fertigungsgemeinkosten I	735.000,–
+ Lohneinzelkosten Fertigung II	1,315.500,–
+ Fertigungsgemeinkosten II	1,524.500,–
= Herstellkosten der erzeugten Menge	5,503.250,–

Basis Vertrieb:

	€
Herstellkosten der erzeugten Menge	5,503.250,–
– Lagerbestandszuwachs zu Herstellkosten	500.000,–
+ Lagerbestandsreduktion zu Herstellkosten	0,–
= Herstellkosten der abgesetzten Menge	5,003.250,–

Kalkulation:

	€
Materialeinzelkosten	3.000,–
+ 10% Materialgemeinkostenzuschlag	300,–
+ Lohneinzelkosten in Fertigung I	2.800,–
+ 150% Fertigungsgemeinkostenzuschlag I	4.200,–
+ Lohneinzelkosten in Fertigung II	2.000,–
+ 3 Mh × € 304,90 Gemeinkostenstundensatz II	914,70
= Herstellkosten	13.214,70

+ 8% Verwaltungsgemeinkostenzuschlag	1.057,18
+ 6% Vertriebsgemeinkostenzuschlag	792,88
= Selbstkosten	15.064,76
+ 5% Gewinnzuschlag	753,24
= Nettoverkaufspreis	15.818,–
+ 20% USt	3.163,60
= Bruttoverkaufspreis	18.981,60

C.6.4

	Kostenstellen (Angaben in €)						
Kostenarten	Material	Fertigung I	Fertigung II	Verwaltung	Vertrieb	Fuhrpark	Werksküche
Fertigungsmaterial	(900.000,–)						
Fertigungslöhne		450.000,–	(180.000,–)				
Gemeinkosten	52.600,–	70.550,–	340.900,–	83.250,–	81.153,–	89.650,–	12.250,–
Umlage Werksküche	1.400,–	2.450,–	5.600,–	1.400,–	1.050,–	350,–	–12.250,–
						90.000,–	
Umlage Fuhrpark	27.000,–	9.000,–	13.500,–	18.000,–	22.500,–	–90.000,–	
Gemeinkostensumme	81.000,–	532.000,–	360.000,–	102.650,–	104.703,–	0,–	0,–
Basis	900.000,–	2.000 Fh	180.000,–	2,053.000,–	1,745.050,–		
Zuschlagsatz bzw. Stundensatz	9%	266,–/Fh	200%	5%	6%		

Da die Werksküche Leistungen abgibt, aber keine bezieht, wird sie zuerst abgerechnet:

Abrechnung nach Menüs;
Menüs in beziehenden Kostenstellen 4 + 7 + 16 + 4 + 3 + 1 = 35;
auf ein Menü entfallen daher € 350,–.

Die Gemeinkostensumme des Fuhrparks (€ 90.000,–) wird nach dem Verhältnis des Leistungsempfangs abgerechnet.

Die Materialstelle und die Fertigungsstelle II werden auf Basis Einzelkosten abgerechnet. Aus dem Kalkulationsschema ist abzulesen, daß das Fertigungsmaterial und die Fertigungslöhne in Fertigung II Einzelkosten darstellen. In Fertigung I hingegen werden die Fertigungslöhne nicht auftragsbezogen erfaßt und stellen daher Gemeinkosten dar.

Basis Verwaltung:

	€
Materialeinzelkosten	900.000,–
+ Materialgemeinkosten	81.000,–
+ Fertigungsgemeinkosten Fertigung I	532.000,–
+ Lohneinzelkosten Fertigung II	180.000,–
+ Fertigungsgemeinkosten Fertigung II	360.000,–
= Herstellkosten der erzeugten Menge	2,053.000,–

Basis Vertrieb:

85% der Herstellkosten der erzeugten Menge (€ 2,053.000,–) =
= € 1,745.050,– Herstellkosten der abgesetzten Menge

Kalkulation:

	€
Materialeinzelkosten	500,–
+ 9% Materialgemeinkostenzuschlag	45,–
+ 2,5 Mh × € 266,– Stundensatz Fertigung I	665,–
+ Lohneinzelkosten in Fertigung II	450,–
+ 200% Fertigungsgemeinkostenzuschlag II	900,–
= Herstellkosten	2.560,–
+ 5% Verwaltungsgemeinkostenzuschlag	128,–
+ 6% Vertriebsgemeinkostenzuschlag	153,60
= Selbstkosten	2.841,60
+ 10% Gewinnzuschlag	284,16
= Nettokassapreis (= 97% vom Nettozielpreis)	3.125,76
+ 3% vom Nettozielpreis (im Hundert)	96,67 ①
= Nettozielpreis	3.222,43

① Siehe Erläuterungen auf der nächsten Seite

+ 20% USt (USt ohne Skontogewährung)	644,49
= Bruttozielpreis (USt bei Skontogewährung, 20% vom Nettokassapreis)	3.866,92 625,15

Zum gleichen Ergebnis führt die Skontoerrechnung vom Bruttopreis:

	€
Nettokassapreis	3.125,76
+ 20% USt (USt bei Skontogewährung)	625,15
= Bruttokassapreis (= 97% vom Bruttozielpreis)	3.750,91
+ 3% vom Bruttozielpreis (im Hundert)	116,01①
= Bruttozielpreis (USt ohne Skontogewährung)	3.866,92 644,49

① *Erläuterungen:*

vom Hundert: $\frac{\text{Basis} \times \text{Prozentsatz}}{100}$ im Hundert: $\frac{\text{Basis} \times \text{Prozentsatz}}{(100 - \text{Prozentsatz})}$

auf Hundert: $\frac{\text{Basis} \times \text{Prozentsatz}}{(100 + \text{Prozentsatz})}$

C.6.5

	Kostenstellen (Angaben in € 1.000,–)								
Kostenarten	Allgem. Stelle	Hilfsstelle I	Hilfsstelle II	Fertigung I	Fertigung II	Fertigung III	Material	Verwaltung	Vertrieb
Einzelkosten:									
Fertigungsmaterial							(20.000,–)		
Fertigungslöhne				(2.000,–)	(3.000,–)	(3.020,–)			
Gemeinkosten:									
GK lt. Angabe	1.400,–	1.150,–	1.250,–	1.800,–	3.000,–	1.700,–	2.150,–	3.175,60	2.588,–
Umlage Allg. Stelle	–1.400,–	50,–	50,–	600,–	300,–	200,–	50,–	50,—	100,–
		1.200,–	1.300,–						
Umlage Hilfsstelle I				600,–	200,–	400,–			
Umlage Hilfstelle II		–1.200,–	–1.300,–	500,–	400,–	400,–			

Gemeinkosten-summe Basis	0,–	0,–	0,–	3.500,– 2.000,–	3.900,– 3.000,–	2.700,– 10.000 Mh	2.200,– 20.000,–	3.225,60 40.320,00	2.688,– 44.800,–
Zuschlagsatz bzw. Gemeinkosten-stundensatz				175%	130%	in tausend 0,27/Mh = € 270,–/Mh	11%	8%	6%

Die Allgemeine Stelle wird auf 14 Teile (0,5 + 0,5 + 6 + 3 + 2 + 0,5 + 0,5 + 1) abgerechnet.

Die Gemeinkosten der Hilfsstelle I (€ 1,200.000,–) werden auf 6 Teile (Fertigung I 3 Teile, Fertigung II 1 Teil und Fertigung III 2 Teile) abgerechnet.

Die Hilfsstelle II wird auf 13 Teile abgerechnet.

In der Materialstelle und in den Fertigungsstellen I und II werden nur die Einzelkosten erfaßt; die Gemeinkosten dieser Kostenstellen müssen daher auf Basis Einzelkosten über eine Zuschlagskalkulation abgerechnet werden.

In der Fertigungsstelle III hingegen werden neben den Lohneinzelkosten auch die benötigten Maschinenstunden erfaßt.

Da bei einer Abrechnung der Gemeinkosten auf Basis Lohneinzelkosten diese Erfassung überflüssig wäre, rechnet der Betrieb die Gemeinkosten der Fertigungsstelle III auf Basis geleisteter Maschinenstunden über eine Divisionskalkulation ab.

(Die Fertigungslöhne der Fertigungsstelle III können als Einzelkosten den Kostenträgern direkt zugerechnet werden und dürfen daher nicht in den Stundensatz miteinbezogen werden.)

Basis Verwaltung:

	€
Materialeinzelkosten	20,000.000,–
+ Materialgemeinkosten	2,200.000,–
+ Lohneinzelkosten Fertigung I	2,000.000,–
+ Fertigungsgemeinkosten I	3,500.000,–
+ Lohneinzelkosten Fertigung II	3,000.000,–
+ Fertigungsgemeinkosten II	3,900.000,–
+ Lohneinzelkosten Fertigung III	3,020.000,–
+ Fertigungsgemeinkosten III	2,700.000,–
= Herstellkosten der erzeugten Menge	40,320.000,–

Basis Vertrieb:

	€
Herstellkosten der abgesetzten Menge – 10% der Herstellkosten der abgesetzten Menge	
= Herstellkosten der erzeugten Menge = 90% der Herstellkosten der abgesetzten Menge	
Herstellkosten der erzeugten Menge (= 90%)	40,320.000,–
+ 10% der Herstellkosten der abgesetzten Menge (im Hundert)	4,480.000,–
= Herstellkosten der abgesetzten Menge	44,800.000,–

Nachkalkulation:

	€
Fertigungsmaterial	30.000,–
+ 11% Materialgemeinkostenzuschlag	3.300,–
+ Lohneinzelkosten Fertigung I	10.000,–
+ 175% Fertigungsgemeinkostenzuschlag I	17.500,–
+ Lohneinzelkosten Fertigung II	20.000,–
+ 130% Fertigungsgemeinkostenzuschlag II	26.000,–
+ Lohneinzelkosten Fertigung III	15.000,–
+ 200 Mh × € 270,– Gemeinkostenstundensatz III	54.000,–
= Herstellkosten des Auftrages	175.800,–
+ 8% Verwaltungsgemeinkostenzuschlag	14.064,–
+ 6% Vertriebsgemeinkostenzuschlag	10.548,–
= Selbstkosten des Auftrages	200.412,–

C.6.6

a) Betriebsabrechnung und Kalkulation:

Kostenarten	Kostenstellen (Angaben in €)				
	Material	Fertigung I	Fertigung II	Verwaltung/ Vertrieb	Werksküche
Einzelkosten: Fertigungsmaterial Fertigungslöhne	 (800.000,–①)	 (600.000,–②)			
Gemeinkosten: Gemeinkosten lt. Angabe Umlage Werksküche	 56.000,– 8.000,–	 2,360.000,– 40.000,–	 670.000,– 30.000,–	 509.096,– 12.000,–	 90.000,– –90.000,–
Gemeinkostensumme Basis	64.000,– 800.000,–	2,400.000,– 600.000,–	700.000,– 2.000 Mh③	521.096,– 3,256.850,–④	0,–
Zuschlagsatz bzw. Gemeinkosten-stundensatz	8%	400%	350,–/Mh	16%	

① Ermittlung des Fertigungsmaterials:

Sorte	produzierte Menge in Stück	Fertigungsmaterial je Stück in €	Fertigungsmaterial je Sorte in €
A	300	500,–	150.000,–
B	200	800,–	160.000,–
C	400	700,–	280.000,–
D	700	300,–	210.000,–
Fertigungsmaterialeinsatz			800.000,–

② Ermittlung der Fertigungslöhne in Fertigung I:

Sorte	produzierte Menge in Stück	Fertigungslöhne je Stück in €	Fertigungslöhne je Sorte in €
A	300	600,–	180.000,–
B	200	500,–	100.000,–
C	400	450,–	180.000,–
D	700	200,–	140.000,–
Fertigungslöhne in Fertigung I			600.000,–

③ Ermittlung der Maschinenstunden in Fertigung II:

Sorte	produzierte Menge in Stück	Maschinenstunden je Stück	Maschinenstunden je Sorte
A	300	0,5	150
B	200	1,75	350
C	400	2	800
D	700	1	700
Maschinenstunden in Fertigung II			2.000

④ Ermittlung der Herstellkosten der abgesetzten Menge:

Variante 1:

	A	B	C	D	Summe	in %
erzeugte Menge (Stk.)	300	200	400	700	1.600	100
verkaufte Menge (Stk.)	200	100	300	600	1.200	75

75% der erzeugten Menge wurden verkauft.

Die Errechnung der Herstellkosten der Absatzleistung mit 75% der Herstellkosten der Produktion führt nicht zum richtigen Ergebnis, da sich für jede Sorte ein anderer Prozentsatz der Absatzleistung ergibt (z. B.: B 50%, D 85,71%) und die einzelnen Produkte unterschiedliche Herstellkosten aufweisen.

Variante 2:

Ermittlung der Herstellkosten je Stück der vier Sorten; die Multiplikation mit den Absatzzahlen ergibt die Herstellkosten der Absatzleistung.

Kalkulation der Herstellkosten je Stück in €	Produktarten			
	A	B	C	D
Fertigungsmaterial	500,–	800,–	700,–	300,–
+ 8% Materialgemeinkostenzuschlag	40,–	64,–	56,–	24,–
+ Fertigungslöhne Fertigung I	600,–	500,–	450,–	200,–
+ 400% Fertigungsgemeinkostenzuschlag I	2.400,–	2.000,–	1.800,–	800,–
+ Maschinenstunden × € 350,– Stundensatz II	175,–	612,50	700,–	350,–
= Herstellkosten je Stück	3.715,–	3.976,50	3.706,–	1.674,–

Herstellkosten der Absatzleistung in €	Produktarten				
	A	B	C	D	Summe
Herstellkosten je Stück in € × verkaufte Menge in Stück	3.715,– 200	3.976,50 100	3.706,– 300	1.674,– 600	
= Herstellkosten der Absatzleistung in €	743.000,–	397.650,–	1,111.800,–	1,004.400,–	3,256.850,–

b) Kalkulation Produkt E:

	€
Fertigungsmaterial	700,—
+ 8% Materialgemeinkostenzuschlag	56,—
+ Fertigungslöhne in Fertigung I	200,—
+ 400% Fertigungsgemeinkostenzuschlag I	800,—
+ 1 Mh × € 350,– Stundensatz Fertigung II	350,—
= Herstellkosten	2.106,—
+ 16% Verwaltungs- und Vertriebsgemeinkostenzuschlag	336,96
= Selbstkosten	2.442,96
+ 10% Gewinnzuschlag	244,30
= Nettoverkaufspreis	2.687,26
+ 20% USt	537,45
= Bruttoverkaufspreis	3.224,71

c) Stückerfolg Produkt E im Export:

	€
Exportpreis	2.700,—
– 5% Rabatt	135,—
= Zielpreis	2.565,—

– 2% Skonto	51,30
= Nettoerlös – Selbstkosten	2.513,70 2.442,96
= Stückerfolg	70,74

Die USt entfällt bei Exporten.

C.6.7

Betriebsabrechnung und Kalkulation:

	Kostenstellen (Angaben in €)					
	Material	Produktion 1	Produktion 2	Verwaltung	Vertrieb	Reinigung
Fertigungsaterial	(390.000,–)					
Fertigungslohn		(174.780,–)	174.780,–			
Lohngemeinkosten		122.346,–	122.346,–			
Gehälter	70.000,–			185.000,–	60.000,–	25.000,–
Hilfsmaterial	6.000,–	6.000,–	6.000,–	6.000,–		36.000,–
sonstige Gemeinkosten	18.500,–	100.837,20	671.874,–	166.958,–	209.478,70	14.000,–
						75.000,–
Umlage Reinigung	22.500,–	22.500,–	15.000,–	7.500,–	7.500,–	– 75.000,–
Gemeinkostensumme	117.000,–	251.683,20	990.000,–	365.458,–	276.978,70	0,–
Basis	390.000,–	174.780,–	120,–	1,923.463,20	1,731.116.90	
Zuschlagsatz	30%	144%	825,–	19%	16%	

Basis Verwaltung:

	€
Fertigungsmaterial	390.000,–
+ Materialgemeinkosten	117.000,–
+ Fertigungslohn Produktion 1	174.780,–
+ Fertigungsgemeinkosten Produktion 1	251.683,20
+ Fertigungsgemeinkosten Produktion 2	990.000,–
= Herstellkosten der erzeugten Menge	1,923.463,20

Basis Vertrieb:

	€
0,9 × Herstellkosten der erzeugten Menge € 1,923.463,20	
= Herstellkosten der abgesetzten Menge	1,731.116,90

Kalkulation:

	€
Materialkosten	800,–
+ 30% Materialgemeinkosten	240,–
+ Fertigungslohn Produktion 1	700,–
+ 144% Gemeinkosten Produktion 1	1.008,–
+ 1 h Kosten Produktion 2	825,–
= Herstellkosten	3.573,–
+ 19% Verwaltungsgemeinkosten	678,87
+ 16% Vertriebsgemeinkosten	571,68
= Selbstkosten	4.823,55
+ Umsatzrentabilität (5% vom Umsatz)	253,87
= Nettoverkaufspreis	5.077,42
+ 20% USt	1.015,48
= Bruttoverkaufspreis	6.092,90

C.6.8

Betriebsabrechnung und Kalkulation:

Kostenarten	Kostenstellen (Angaben in €)					
	Material	Fertigung 1	Fertigung 2	Verwaltung & Vertrieb	Allgemeine Kostenstelle	Aushilfe
Fertigungsmaterial	(500.000,–)					
Fertigungslohn		1,000.000,–	(2,000.000,–)			
Gemeinkosten	50.000,–	100.000,–	200.000,–	127.500,–	300.000,–	500.000,–
Umlage Aushilfe		200.000,–	200.000,–		100.000,–	– 500.000,–
					400.000,–	
Umlage Allgemeine Kostenstelle	100.000,–	100.000,–	100.000,–	100.000,–	– 400.000,–	
Gemeinkostensumme	150.000,–	1,400.000,–	500.000,–	227.500,–	0,–	0,–
Basis	500.000,–	10.000,–	2,000.000,–	4,550.000,–		
Zuschlagsatz	30%	140%	25%	5%		

Basis Verwaltung/Vertrieb:

	€
Fertigungsmaterial	500.000,–
+ Materialgemeinkosten	150.000,–
+ Fertigungsgemeinkosten Fertigung 1	1,400.000,–
+ Fertigungslohn Fertigung 2	2,000.000,–
+ Fertigungsgemeinkosten Fertigung 2	500.000,–
= Herstellkosten	4,550.000,–

Kalkulation:

	€
Materialkosten	1.000,00
+ 30% Materialgemeinkosten	300,00
+ 100 m^2 Stahlblech	14.000,00
+ Fertigungslohn in Fertigung 2	1.000,00
+ 25% Fertigungsgemeinkosten	250,00
= Herstellkosten	16.550,00
+ 5% Verwaltungsgemeinkosten und Vertriebsgemeinkosten	827,50
= Selbstkosten	17.377,50
+ 5% Gewinn	868,88
= Nettokassaspreis (97% vom Nettozielpreis)	18.246,38
+ 3% Skonto (im Hundert)[1]	564,32
= Nettozielpreis	18.810,70
+ Rabatt (10% im Hundert)[1]	2.090,08
= Bruttozielpreis ohne USt	20.900,77
+ 20% USt	4.180,16
= Bruttoverkaufspreis	25.080,93

1 Die Reihenfolge der Kalkulation kann auch vertauscht werden, also zuerst Rabatt und dann Skonto. Das Ergebnis ist dasselbe.

C.6.9

Betriebsabrechnung und Kalkulation:

	Kostenstellen (Angaben in €)							
	Material	Fertigung	Montage	Verwaltung	Vertrieb	Betriebsleitung	Reparatur	Strom
Fertigungsmaterial	(318.000,–)							
Fertigungslohn		(80.000,–)	40.000,–					
Hilfslöhne	8.000,–	10.000,–	6.000,–				12.000,–	2.000,–
Gehälter	14.000,–			33.270,–	47.995,–	16.000,–		
Personalnebenkosten	15.400,–	63.000,–	32.200,–	23.289,–	33.596,5	11.200,–	8.400,–	1.400,–
Strom								24.000,–
Miete	12.000,–	12.000,–	6.000,–	4.000,–	6.400,–	1.600,–	6.000,–	2.000,–
Reisekosten				2.400,–	29.600,–			
Sonstige Gemeinkosten	8.600,–	33.960,–	35.640,–	30.160,–	17.400,–	7.200,–	11.600,–	2.600,–
								32.000,–
Umlage Strom	5.600,–	12.400,–	6.200,–	2.600,–	600,–	200,–	4.400,–	– 32.000,–
							42.400,–	
Umlage Reparatur		30.000,–	12.000,–			400,–	– 42.400,–	
						36.600,–		
Umlage Betriebsleitung		14.640,–	21.960,–			–36.600,–		
Gemeinkostensumme	63.600,–	176.000,–	160.000,–	95.719,–	135.591,5	0,–	0–	0,–
Basis	318.000,–	80.000,–	2.000 h	797.600,–	677.960,–			
Zuschlagsatz	20%	220%	€ 80,–	12%	20%			

Basis Verwaltung:

	€
Fertigungsmaterial	318.000,–
+ Materialgemeinkosten	63.600,–
+ Fertigungslohn Fertigung	80.000,–
+ Fertigungsgemeinkosten Fertigung	176.000,–
+ Fertigungsgemeinkosten Montage	160.000,–
= Herstellkosten der erzeugten Menge	797.600,–

Basis Vertrieb:

	€
0,85 × Herstellkosten der erzeugten Menge € 797.600,–	
= Herstellkosten der abgesetzten Menge	677.960,–

Kalkulation:

	€
Materialkosten	150,–
+ 20% Materialgemeinkosten	30,–
+ Fertigungslohn Fertigung	120,–
+ 220% Gemeinkosten Fertigung	264,–
+ 2 h Kosten Montage	160,–
= Herstellkosten	724,–
+ 12% Verwaltungsgemeinkosten	86,88
+ 20% Vertriebsgemeinkosten	144,80
= Selbstkosten	955,68
+ Umsatzrentabilität (8% vom Umsatz)	83,10
= Nettoverkaufspreis	1.038,78
+ 20% USt	207,76
= Bruttoverkaufspreis	1.246,54

C.7. Beispiele zur Exportkalkulation

C.7.1

	€	€	€
Herstellkosten je Sieb	61.000,–		
Selbstkosten je Sieb		70.150,–	
+ Exportgemeinkosten i. w. S. Exportgemeinkosten 14% der Herstellkosten		8.540,–	
+ Auslandsmarktbearbeitungskosten 1% der Herstellkosten		610,–	
= Zwischensumme		79.300,–	
Zwischensumme für 100 Siebe			7,930.000,–
+ Exportsonderkosten „Ab Werk" Exportverpackung			15.000,–
= Kosten „Ab Werk"			7,945.000,–
Exportsonderkosten „FOB Hamburg"			
+ Kosten Bahntransport Wien nach Hamburg inkl. Nebenspesen			54.613,–
+ Kosten für Mieten, Standgelder u. a.			1.958,–
+ Kosten für Lagerung im Hafen Hamburg			4.984,–
= Zwischensumme			8,006.555,–
+ Kai-Umschlagsgebühren			2.759,–
+ Hafenkosten inkl. Abgaben			1.655,40
+ FOB- und Verschiffungsprovision des Seehafenspediteurs			6.578,88
+ Kosten Speditionsversicherungsschein (SVS)			1.602,–
+ Kosten Rollfuhrversicherungsschein (RVS)			1.246,–
= Kosten „FOB Hamburg"			8,020.396,28

C.7.2

Betriebsabrechnung:

	Kostenstellen (Angaben in €)						
	Material	Fertigung I	Fertigung II	Verwaltung	Vertrieb	Werksküche	Energie
Fertigungslöhne		400,–	(500,–)				
Fertigungsmaterial	(1.000,–)						
Gemeinkosten	41,5	222,5	201,5	113,75	999,–	17,–	30,–
Umlage Energie	1,5	7,5	13,5	4,5		3,–	–30,–
Umlage Werksküche	2,–	5,–	10,–	2,–	1,–	–20,–	
Gemeinkosten	45,–	635,–	225,–	120,25	1.000,–	0	0
Basis	1.000,–	21.166,67	500,–	2.405,–	5		
Zuschlagsätze	4,5%	0,03	45%	5%	200,–		

Kalkulation:

	€
Fertigungsmaterial	400,—
+ Materialgemeinkosten 4,5%	18,—
+ Fertigung I	273,—
= Herstellkosten	691,—
+ Verwaltungsgemeinkosten 5%	34,55
+ Vertriebsgemeinkosten	400,—
= Selbstkosten	1.125,55
+ Exportgemeinkosten 10%	112,56
+ Auslandsmarktbearbeitung 1%	11,26
+ Exportverpackung	29,40
= Kosten „ab Werk“	1.278,77
+ Transport Wien–Genua	282,—
+ Mieten, Standgelder	11,—
+ Lagerung	35,—

➤

+ Kai-Umschlagsgebühren	5,–
+ FOB und Verschiffungsprovision	12,50
+ Speditionsversicherungsschein	2,50
+ Rollfuhrversicherungsschein	2,–
= Kosten „FOB Genua"	1.628,77
+ Seefracht Genua-Hongkong	370,–
+ Dokumentenkosten	43,–
+ Seeversicherungsprämie	31,09
= Kosten „CIF Hongkong"	2.072,86

D.
Beispiele zur Teilkostenrechnung

Texthinweis: Statt des für Unbekannte üblichen Symbols „*x*" wird das Zeichen „*y*" verwendet, um Verwechslungen mit dem Mal-Zeichen auszuschließen.

D.1. Beispiele zur Kostenauflösung

D.1.1

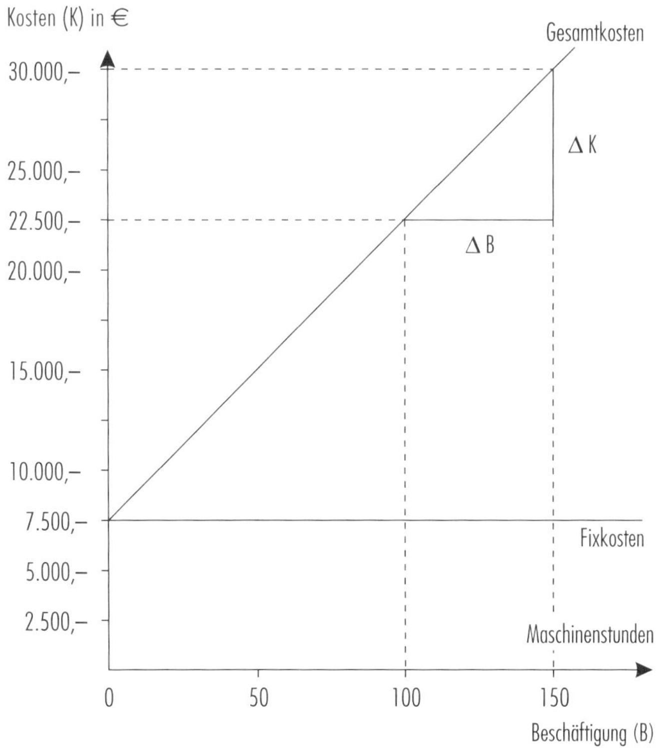

0,6 cm ≙ € 2.500,–
2 cm ≙ 50 Stunden

Variante 1:

Errechnung der variablen Kosten:

Da die Fixkosten sowohl bei einer Beschäftigung von 100 Mh als auch bei 150 Mh in gleicher Höhe anfallen, stellt der Unterschiedsbetrag der Gesamtkosten (€ 7.500,–) variable Kosten dar.

€ 7.500,– sind daher die variablen Kosten, die für 50 Mh anfallen.

$$\frac{\Delta \text{ Gesamtkosten € 7.500,–}}{\Delta \text{ Beschäftigung 50 Mh}} = \text{€ 150,– variable Kosten / Mh}$$

Errechnung der Fixkosten:

Kostenfunktion: $K_{(y)} = K_f + k_v \times y$

$K_{(100)} = K_f + k_v \times 100$

$€\ 22.500,– = K_f + €\ 150,– \times 100$

$K_f = €\ 7.500,–$

$K_{(150)} = K_f + k_v \times 150$

$€\ 30.000,– = K_f + €\ 150,– \times 150$

$K_f = €\ 7.500,–$

Variante 2:

Die variablen Kosten sind geometrisch interpretiert der Anstieg der Kostenfunktion.

Der Anstieg ist über den Tangens errechenbar:

$$\tan_\alpha = \frac{\text{Gegenkathete € 7.500,–}}{\text{Ankathete 50 Mh}} = \text{€ 150,– variable Kosten / Mh}$$

D.1.2

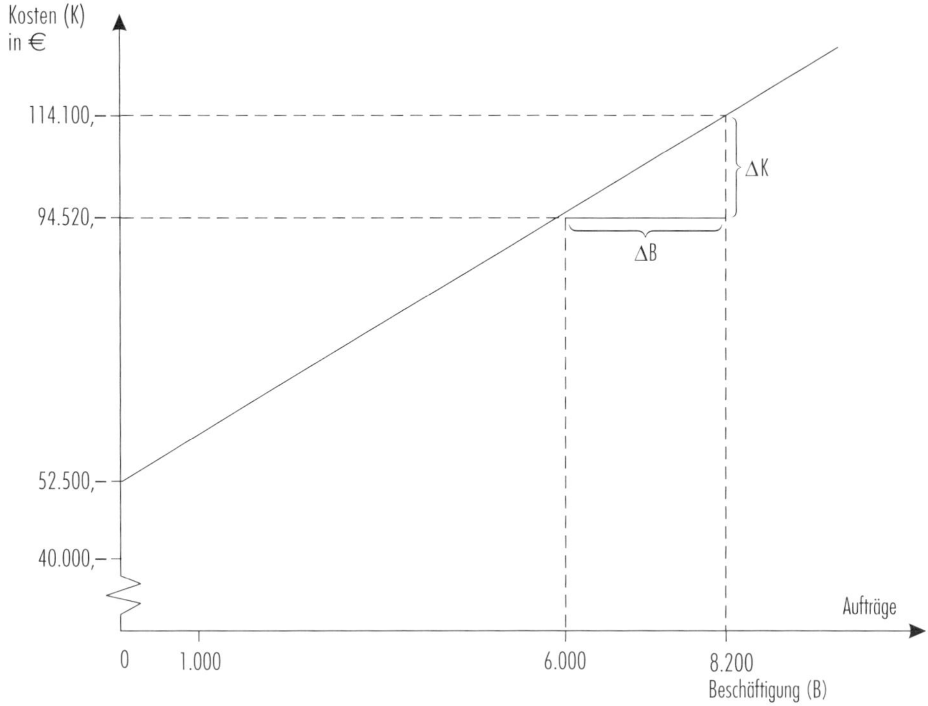

1 cm ≙ € 12.500,–
1,1 cm ≙ 1.000 Aufträge

a) $\frac{\Delta \text{ Gesamtkosten € } 19.580,\text{–}}{\Delta \text{ Aufträge } 2.200} = \text{€ } 8{,}90$ variable Kosten / Auftrag

$K_{(y)} = K_f + k_v \times y$

$\text{€ } 94.520,\text{–} = K_f + \text{€ } 8{,}90 \times 6.000$

$K_f = \text{€ } 41.120,\text{–}$

b) $K_{(y)} = K_f + k_v \times y$

$K_{(9.840)} = \text{€ } 41.120,\text{–} + \text{€ } 8{,}90 \times 9.840$

$K_{(9.840)} = \text{€ } 128.696,\text{–}$

D.1.3

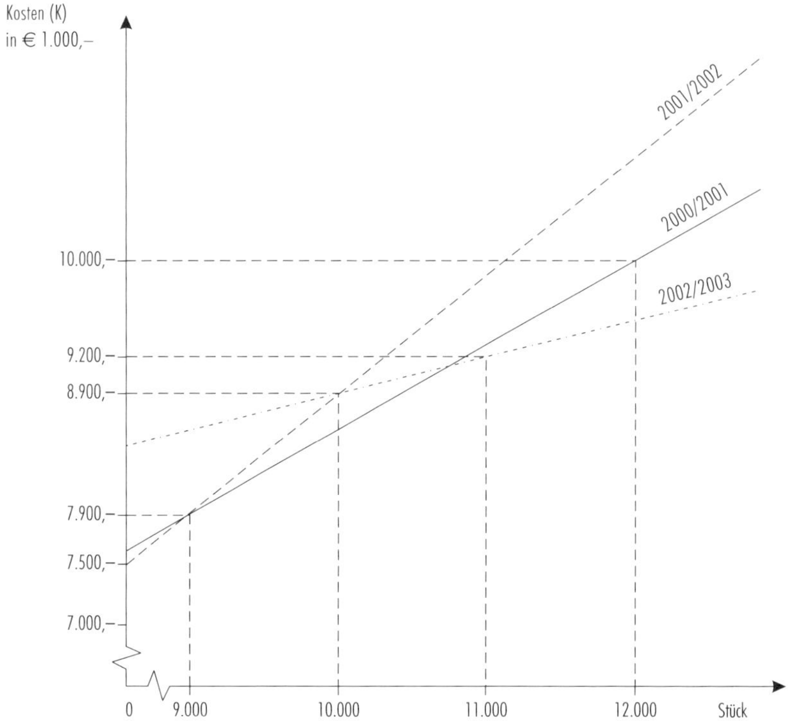

2,1 cm ≙ 1.000 Stück
0,85 cm ≙ € 400,–

Beim Versuch der graphischen Lösung erkennt man, daß die 4 Wertpaare (Menge/Gesamtkosten) nicht auf einer Geraden liegen.

Je nach Auswahl zweier Punkte ergeben sich nach dem proportionalen Satz andere k_v und andere K_f.

Menge in Stück	Gesamtkosten in €	k_v/Stück in €	Fixkosten in €
9.000	7,900.000,–		
		1.000,–	–1,100.000,–
10.000	8,900.000,–		
		300,–	5,900.000,–
11.000	9,200.000,–		
		800,–	400.000
12.000	10,000.000,–		

Annäherung mit Hilfe des proportionalen Satzes von Schmalenbach:

größtes Intervall: 9.000 Stück–12.000 Stück

Je größer das betrachtete Intervall ist, umso geringer ist der Einfluß von Zufallsabweichungen.

$$\frac{\Delta \text{ Gesamtkosten € } 2{,}100.000,–}{\Delta \text{ Beschäftigung } 3.000 \text{ Stück}} = \text{€ } 700,– \text{ variable Kosten / Stück}$$

$K_{(y)} = K_f + k_v \times y$

$K_{(9.000)} = K_f + \text{€ } 700,– \times 9.000$

$\text{€ } 7{,}900.000,– = K_f + \text{€ } 700,– \times 9.000$

$K_f = \text{€ } 1{,}600.000,–$

$K_{(y)} = \text{€ } 1{,}600.000,– + \text{€ } 700,– \times y$

D.1.4

Gesamte Personalkosten für diesen Mitarbeiter:

	in Wochen	in Monaten
Bruttogehälter für	52	12
+ Urlaubszuschuß	4,3	1
+ Weihnachtsremuneration	4,3	1
Basis für soziale Lasten	60,6	14
+ 30%	18,18	4,2
Gesamte Personalkosten	78,78	18,2

Beitrag zur Abdeckung der sonstigen Gemeinkosten und Fixkosten:

Wöchentliches Gehalt: € 2.500,– : 4,3 = € 581,395

Personalkosten pro Jahr: € 581,395 × 78,78 = € 45.802,298 oder

€ 2.500,– × 18,2 = € 45.500,–

	Erzielbares Gesamthonorar	
	in Wochen (in €)	in Monaten (in €)
800,– × 5 Tage × 30 Wochen =	120.000,–	120.000,–
– Gesamte Personalkosten =	45.802,298	45.500,–
Beitrag zur Abdeckung der Fixkosten	74.197,702	74.500,–

D.2. Beispiele zu Kalkulationsverfahren zu Teilkosten

D.2.1

Volle Herstellkosten:

Stufe 1: $\frac{\text{volle Kosten € 2,700.000,– + € 1,500.000,–}}{\text{Output Stufe 1 10.000 t}}$ = € 420,–/t aufbereitetes Material

Stufe 2:

	€
übernommene Menge 7.800 t × volle Kosten/t Stufe 1 € 420,–	3,276.000,–
+ zusätzliche volle Kosten (€ 1,081.500,– + € 892.500,–)	1,974.000,–
= volle Kosten der Stufe 2	5,250.000,–

$\frac{\text{volle Kosten Stufe 2 € 5,250.000,–}}{\text{Output Stufe 2 7.500 t}}$ = € 700,– volle Herstellkosten/t Halbfertigerzeugnis

Stufe 3:

	€
übernommene Menge 4.500 t × volle Kosten/t Stufe 2 € 700,–	3,150.000,–
+ zusätzliche volle Kosten (€ 337.500,– + € 67.500,–)	405.000,–
= volle Kosten der Stufe 3	3,555.000,–

$\frac{\text{volle Kosten Stufe 3 € 3,555.000,–}}{\text{Output Stufe 3 4.500 t}}$ = € 790,– volle Herstellkosten/t Fertigerzeugnis

Variable Herstellkosten:

Stufe 1: $\frac{\text{variable Kosten Stufe 1 € 2,700.000,–}}{\text{Output Stufe 1 10.000 t}}$ = € 270,– /t aufbereitetes Material

Stufe 2:

	€
übernommene Menge 7.800 t × variable Kosten/t Stufe 1 € 270,–	2,106.000,–
+ zusätzliche variable Kosten	1,081.500,–
= variable Kosten der Stufe 2	3,187.500,–

$$\frac{\text{variable Kosten Stufe 2} \quad € \; 3{,}187.500{,}–}{\text{Output Stufe 2} \quad 7.500 \text{ t}} = € \; 425{,}–$$ variable Herstellkosten/t Halbfertigerzeugnis

Stufe 3:

	€
übernommene Menge 4.500 t × variable Kosten/t Stufe 2 € 425,–	1,912.500,–
+ zusätzliche variable Kosten	337.500,–
= variable Kosten der Stufe 3	2,250.000,–

$$\frac{\text{variable Kosten Stufe 3} \quad € \; 2{,}250.000{,}–}{\text{Output Stufe 3} \quad 4.500 \text{ t}} = € \; 500{,}–$$ variable Herstellkosten/t Fertigerzeugnis

D.2.2

BAB zu Vollkosten:

Kostenarten	Kostenstellen (Angaben in €)				
	Materialstelle	Fertigung I	Fertigung II	Verwaltung	Fuhrpark
Einzelkosten:					
Fertigungslöhne		(600.000,–)	(500.000,–)		
Fertigungsmaterial	(800.000,–)				
Gemeinkosten:					
Gehälter	12.000,–	20.000,–	20.000,–	12.000,–	4.000,–
Hilfslöhne	13.000,–	40.000,–	25.000,–	10.000,–	2.000,–
lohn- und gehaltsabhängige Kosten	20.000,–	528.000,–	436.000,–	17.600,–	4.800,–
Hilfsmaterial		15.000,–	4.000,–		
Energie	8.000,–	24.000,–	27.500,–	3.000,–	6.400,–

➤

Abschreibungen Zinsen Sonstiges Umlage Fuhrpark	4.200,– 6.000,– 8.800,–	23.000,– 7.800,– 2.200,–	15.000,– 4.400,– 1.100,–	1.000,– 600,– 72.500,– 9.900,–	4.500,– 300,– 22.000,– –22.000,–
Gemeinkostensumme Basis	72.000,– 800.000,–	660.000,– 600.000,–	533.000,– 200 Fh	126.600,– 3,165.000,–	0,–
Zuschlagsatz bzw. Gemeinkostenstundensatz	9%	110%	2.665,–/Fh	4%	

In der Stelle Fertigung II werden die Gemeinkosten auf Basis geleisteter Fertigungsstunden abgerechnet. Die Fertigungslöhne sind Einzelkosten, sie werden beim Kostenträger direkt erhoben und werden daher nicht in den Gemeinkostenstundensatz einbezogen.

Basis Verwaltung:

	€
Materialeinzelkosten	800.000,–
+ Materialgemeinkosten	72.000,–
+ Lohneinzelkosten Fertigung I	600.000,–
+ Fertigungsgemeinkosten Fertigung I	660.000,–
+ Lohneinzelkosten Fertigung II	500.000,–
+ Fertigungsgemeinkosten Fertigung II	533.000,–
= volle Herstellkosten	3,165.000,–

Kalkulation zu Vollkosten:

	Produkt A in €	Produkt B in €
Fertigungsmaterial	350,—	200,—
+ 9% Materialgemeinkostenzuschlag	31,50	18,—
+ Fertigungslöhne Fertigung I	200,—	400,—
+ 110% Fertigungsgemeinkostenzuschlag I	220,—	440,—
+ Fertigungslöhne Fertigung II	120,—	520,—
+ benötigte Fh × € 2.665,– Gemeinkostenstundensatz II	133,25	533,—
= volle Herstellkosten	1.054,75	2.111,—
+ 4% Verwaltungsgemeinkostenzuschlag	42,19	84,44
= volle Selbstkosten	1.096,94	2.195,44

BAB zu Teilkosten:

Gesamte Fixkosten = € 343.410,–

Kostenarten	Kostenstellen (Angaben in €)				
	Materialstelle	Fertigung I	Fertigung II	Verwaltung	Fuhrpark
Einzelkosten:					
Fertigungslöhne		(600.000,–)	(500.000,–)		
Fertigungsmaterial	(800.000,–)				
variable Gemeinkosten:					
Gehälter					
Hilfslöhne	5.000,–	20.000,–	10.000,–	5.000,–	2.000,–
lohn- und gehalts-abhängige Kosten	4.000,–	496.000,–	408.000,–	4.000,–	1.600,–
Hilfsmaterial		10.000,–	3.000,–		
Energie	6.000,–	20.000,–	21.500,–	1.000,–	4.400,–
Abschreibungen		5.000,–			2.000,–
Zinsen	5.000,–				
Sonstiges				14.690,–	
					10.000,–
Umlage Fuhrpark	4.000,–	1.000,–	500,–	4.500,–	–10.000,–
Gemeinkostensumme	24.000,–	552.000,–	443.000,–	29.190,–	0,–
Basis	800.000,–	600.000,–	200 Fh	2,919.000,–	
Zuschlagsatz bzw. Gemeinkostenstundensatz	3%	92%	2.215,–/Fh	1%	

Basis Verwaltung:

	€
Materialeinzelkosten	800.000,–
+ variable Materialgemeinkosten	24.000,–
+ Lohneinzelkosten Fertigung I	600.000,–
+ variable Fertigungsgemeinkosten Fertigung I	552.000,–
+ Lohneinzelkosten Fertigung II	500.000,–
+ variable Fertigungsgemeinkosten Fertigung II	443.000,–
= variable Herstellkosten	2,919.000,–

Kalkulation zu Teilkosten:

	Produkt A in €	Produkt B in €
Fertigungsmaterial	350,—	200,—
+ 3% variabler Materialgemeinkostenzuschlag	10,50	6,—
+ Fertigungslöhne Fertigung I	200,—	400,—
+ 92% variabler Fertigungsgemeinkostenzuschlag I	184,—	368,—
+ Fertigungslöhne Fertigung II	120,—	520,—
+ benötigte Fh × € 2.215,– variabler Gemeinkostenstundensatz II	110,75	443,—
= variable Herstellkosten	975,25	1.937,—
+ 1% variabler Verwaltungsgemeinkostenzuschlag	9,75	19,37
= variable Selbstkosten	985,—	1.956,37

Kontrollrechnung:

	€
variable Herstellkosten	2,919.000,–
+ variable Verwaltungskosten	29.190,–
+ Fixkosten	343.410,–
= volle Selbstkosten	3,291.600,–
volle Herstellkosten	3,165.000,–
+ volle Verwaltungskosten	126.600,–
= volle Selbstkosten	3,291.600,–

D.2.3

a) Abschreibung des Fahrzeuges:

	€
Kaufpreis	27.850,–
– Bereifung	600,–
– Restwert	7.000,–
= Abschreibungsbasis	20.250,–

Abschreibung/km: $\frac{€\ 20.250,–}{250.000\ km}$ = € 0,081/km

Treibstoffkosten/km: $\frac{11 \times €\ 0,80}{100}$ = € 0,088/km

Öl und Schmierstoffe/km: $\frac{0,1 \times €\ 5,–}{100}$ = € 0,005/km

Reifenabnutzung: $\frac{4 \times €\ 150,–}{60.000\ km}$ = € 0,01/km

Reparaturkosten/km: $\frac{€\ 3.200,–}{50.000\ km}$ = € 0,064/km

Summe der variablen Kosten/km:

	€
Abschreibung	0,081
+ Treibstoff	0,088
+ Öl- und Schmierstoffe	0,005
+ Reifenabnutzung	0,01
+ Reparatur	0,064
= Summe	0,248

Kalkulation:

	€
variable Kosten nach Salzburg (€ 0,248 × 620 km)	153,76
+ Bruttoentgelt für Chauffeur (40% von € 350,–)	140,–
+ Nebenkosten (98% von € 140,–)	137,20
= variable Kosten	430,96
Nettoerlös	350,–
– variable Kosten	430,96
= Deckungsbeitrag	– 80,96

Der Auftrag ist nicht anzunehmen, da die variablen Kosten nicht gedeckt werden!

b) Deckungsbeitrag:

	€
Nettoerlös	350,–
– variable Kosten	153,76
= Deckungsbeitrag	196,24

Der Auftrag ist anzunehmen, wenn Ihnen der positive Deckungsbeitrag ausreichend erscheint.

D.3. Beispiele zur Ermittlung des optimalen Absatz- oder Produktionsprogramms

D.3.1. Beispiele zum Absatz- oder Produktionsprogramm bei Absatzengpässen ohne Produktionsengpässe

D.3.1.1

Errechnen der Deckungsbeiträge:

	Produkte (Angaben in €)			
	A	B	C	D
Bruttoverkaufspreis/Stück – 20% USt auf Hundert	144,– 24,–	153,60 25,60	134,40 22,40	175,20 29,20
Nettoverkaufspreis/Stück – variable Kosten/Stück	120,– 112,–	128,— 109,—	112,— 126,—	146,— 140,—
= Deckungsbeitrag/Stück	8,–	19,—	–14,—	6,—

Produkt C wird ausgeschieden.

Produktionsprogramm und Deckungsbeitragssumme:

	Produkte			Summe
	A	B	D	
Deckungsbeitrag/Stück in € × produzierte Menge in Stück	8,– 30.000	19,– 2.000	6,– 5.000	
= Deckungsbeitrag/Sorte in €	240.000,–	38.000,–	30.000,–	308.000,–

	€
Deckungsbeitragssumme	308.000,–
– Fixkostensumme	150.000,–
= Betriebsergebnis	158.000,–

D.3.1.2

a) Entscheidung nach Vollkostenrechnung:

Fixkosten: € 12.000 : 2.000 = € 6,– pro Produkt
variable Kosten: € 6.000 : 1.000 = € 6,– (A)
€ 5.000 : 1.000 = € 5,– (B)

	Produkte (Angaben in €)	
	A	B
fixe Kosten je Stück variable Kosten je Stück	6,– 6,–	6,– 5,–
Vollkosten je Stück	12,–	11,–
Nettoerlös je Stück – Vollkosten je Stück	10,– 12,–	20,– 11,–
Betriebsergebnis je Stück	–2,–	+9,–

Entscheidung: Wegen Verlust wird A nicht produziert und nur B weitererzeugt.

b) Entscheidung nach Teilkostenrechnung:

	Produkte (Angaben in €)	
	A	B
Nettoerlös je Stück – variable Kosten je Stück	10,– 6,–	20,– 5,–
Deckungsbeitrag je Stück	4,–	15,–

Entscheidung: Da A und B jeweils einen positiven Stückdeckungsbeitrag aufweisen, werden beide weiter erzeugt.

c) Vergleich der Ergebnisse der Entscheidungen:

1. Vollkostenrechnung:
Auflassung von Produkt A und Weiterproduktion von Produkt B

	€
Nettoerlös € 20,– × 1.000 Stück B	20.000,–
– variable Kosten € 5,– × 1.000 Stück B	5.000,–
– fixe Kosten	12.000,–
= Betriebsergebnis	+ 3.000,–

2. Teilkostenrechnung:
Weitererzeugung beider Produkte

	€
Deckungsbeitrag Produkt A € 4,– × 1.000 Stück A	4.000,–
+ Deckungsbeitrag Produkt B € 15,– × 1.000 Stück B	15.000,–
= Gesamtdeckungsbeitrag	19.000,–
– fixe Kosten	12.000,–
= Betriebsergebnis	+ 7.000,–

Die Entscheidung auf Basis der Vollkostenrechnung führt zu einer Verschlechterung des Betriebsergebnisses um € 4.000,–.

D.3.1.3

a) Stückerfolge – Vollkostenrechnung:

	Produkte (Angaben in €)		
	A	B	C
Gesamtkosten der Sorte : erzeugte Stück der Sorte	690.000,– 5.000	440.000,– 10.000	300.000,– 6.000
= volle Kosten/Stück	138,–	44,–	50,–

Nettoerlös/Stück – volle Kosten/Stück	180,– 138,–	50,– 44,–	45,– 50,–
= Erfolg je Stück	42,–	6,–	–5,–

Deckungsbeiträge – Teilkostenrechnung:

	Produkte (Angaben in €)		
	A	B	C
variable Kosten der Sorte : erzeugte Stück der Sorte	640.000,– 5.000	340.000,– 10.000	240.000,– 6.000
= variable Kosten/Stück	128,–	34,–	40,–
Nettoerlös/Stück – variable Kosten/Stück	180,– 128,–	50,– 34,–	45,– 40,–
= Deckungsbeitrag je Stück	52,–	16,–	5,–

Die variablen Kosten ergeben sich aus der Summe der Einzelkosten (= variable Kosten) und den variablen Gemeinkosten.

b) **Produktionsprogramm:**

Nach der Vollkostenrechnung müßte die Produktion des Produktes C eingestellt werden, während nach der Teilkostenrechnung keine Veränderungen am Produktionsprogramm vorzunehmen sind.

	€
DB je Stück C	5,–
DB der Sorte C (6.000 Stück × € 5,–)	30.000,–

Würde die Produktion von C eingestellt werden, müßte die entgehende Fixkostendeckung von € 30.000,– von den beiden Sorten A und B getragen werden.

c) **Kalkulation Zusatzauftrag:**

	€
Nettoverkaufspreis/Stück C – variable Kosten/Stück C	38,– 40,–
= Deckungsbeitrag je Stück C	– 2,–

Zum Preis von € 38,– sollte der Zusatzauftrag nicht angenommen werden, da zu diesem Preis nicht einmal die variablen Kosten abgedeckt sind.

Die Annahme des Zusatzauftrages würde daher das Betriebsergebnis um € 4.000,– (2.000 Stück × € 2,– Unterdeckung der variablen Kosten/Stück) verschlechtern.

D.3.1.4

a) **Stückerfolge – Vollkostenrechnung:**

Ermittlung des Zuschlagsatzes der vollen Gemeinkosten auf die Einstandspreise (summarische Zuschlagskalkulation):

Produkte	abgesetzte Stück	Einstandspreis je Stück in €	Einstandspreis je Sorte in €
K	250	300,–	75.000,–
L	100	360,–	36.000,–
M	300	180,–	54.000,–
N	150	410,–	61.500,–
O	550	380,–	209.000,–
Summe = Zuschlagbasis			435.500,–

$$\frac{\text{volle Gemeinkosten € 108.875,– × 100}}{\text{Summe Einstandspreise € 435.500,–}} = 25\,\%\ \text{voller Gemeinkostenzuschlag}$$

Ermittlung der Stückerfolge:

	Produkte (Angaben in €)				
	K	L	M	N	O
Nettoerlös/Stück	600,–	660,–	340,–	520,–	430,–
– volle Kosten:					
Einstandspreis	300,–	360,–	180,–	410,–	380,–
25% voller Gemeinkostenzuschlag	75,–	90,–	45,–	102,50	95,–
= Stückerfolg	225,–	210,–	115,–	7,50	–45,–

Deckungsbeiträge – Teilkostenrechnung:

Ermittlung des Zuschlagsatzes der variablen Gemeinkosten auf die Einstandspreise (summarische Zuschlagskalkulation):

Produkte	abgesetzte Stück	Einstandspreis je Stück in €	Einstandspreis je Sorte in €
K	250	300,–	75.000,–
L	100	360,–	36.000,–
M	300	180,–	54.000,–
N	150	410,–	61.500,–
O	550	380,–	209.000,–
Summe = Zuschlagbasis			435.500,–

$$\frac{\text{variable Gemeinkosten € 54.437,50}^{1} \times 100}{\text{Summe Einstandspreise € 435.500,–}} = \text{12,5\% variabler Gemeinkostenzuschlag}$$

Ermittlung der Deckungsbeiträge:

	Produkte (Angaben in €)				
	K	L	M	N	O
Nettoerlös/Stück	600,—	660,–	340,—	520,—	430,—
— variable Kosten:					
Einstandspreis	300,—	360,–	180,—	410,—	380,—
12,5% variabler Gemeinkostenzuschlag	37,50	45,–	22,50	51,25	47,50
= Deckungsbeitrag/Stück	262,50	255,–	137,50	58,75	2,50

b) Produktionsprogramm:

Nach den Ergebnissen der Vollkostenrechnung müßte das Produkt O aus dem Programm gestrichen werden. Die Erlöse reichen nicht aus, die dem Produkt O zugerechneten Fixkosten von € 47,50 zur Gänze abzudecken.

Nach den Ergebnissen der Teilkostenrechnung sind keine Veränderungen am Sortiment vorzunehmen.

Die Erlöse von einem Stück O übersteigen die unmittelbar von O verursachten Kosten von € 427,50 um € 2,50. Die Sorte O leistet damit einen Beitrag zur Abdeckung der Fixkosten in Höhe von (€ 2,50 × 550 Stück) € 1.375,–.

1 50% der Gemeinkosten sind variabel.

D.3.1.5

Da sich die einzelnen Preise gegenseitig ausschließen und da jeweils andere Absatzmengen möglich sind, ist nicht der Deckungsbeitrag je Stück, sondern die Deckungsbeitragssumme je Preisfestsetzung das Entscheidungskriterium.

	Preisvarianten (Angaben in €)				
	2.800,–	2.600,–	2.500,–	2.400,–	2.300,–
Nettoerlös/Stück	2.800,–	2.600,–	2.500,–	2.400,–	2.300,–
– variable Kosten:					
Einstandspreis	2.000,–	2.000,–	2.000,–	2.000,–	2.000,–
4% variabler Gemeinkostenzuschlag	80,–	80,–	80,–	80,–	80,–
10% Provision vom Preis	280,–	260,–	250,–	240,–	230,–
= Deckungsbeitrag/Stück	440,–	260,–	170,–	80,–	–10,–
Absatzmenge in Stück	15	30	50	70	100
= Deckungsbeitragssumme	6.600,–	7.800,–	8.500,–	5.600,–	–1.000,–

€ 2.500,– stellt den gewinnoptimalen Preis dar, da dabei die höchste Deckungsbeitragssumme realisiert wird.

D.3.1.6

	Entscheidungsalternativen (Angaben in €)	
	Planwerte ohne Preissenkung	Planwerte mit Preissenkung
Nettoerlös/Stunde	240,–	204,–
– variable Kosten:		
variable Lohnkosten	60,–	60,–
lohnabhängige Gemeinkosten	51,–	51,–
variable Materialkosten	24,–	24,–
= Deckungsbeitrag/Stunde	105,–	69,–
absetzbare Stunden	4.000	5.200
= Deckungsbeitragssumme	420.000,–	358.800,–
– Fixkosten	50.000,–	50.000,–
= Betriebsergebnis	370.000,–	308.800,–

Die Preissenkung wird nicht durchgeführt (€ 420.000,– > € 358.800,–). Das Betriebsergebnis für die optimale Alternative beträgt € 370.000,–.

D.3.1.7

a) Betriebsergebnis:

	€
Erlöse A (1.000 Stück × € 200,–)	200.000,–
+ Erlöse B (1.000 Stück × € 260,–)	260.000,–
= Gesamterlöse	460.000,–
– Kosten A (1.000 Stück × € 50,– + € 100.000,–)	150.000,–
– Kosten B (1.000 Stück × € 40,– + € 200.000,–)	240.000,–
– Unternehmensfixkosten	20.000,–
= Betriebsergebnis	50.000,–

b) Voll- und Teilkostenrechnung:

- Der Vollkostenrechner entscheidet nach dem Stückerfolg, indem er alle Kosten auf die produzierten Stück weiterverrechnet.

	Produkte (Angaben in €)	
	A	B
Erlös/Stück	200,–	260,–
– volle Kosten/Stück:		
variable Kosten/Stück	50,–	40,–
anteilige Sortenfixkosten①	100,–	200,–
anteilige Unternehmensfixkosten②	10,–	10,–
= Stückerfolg	40,–	10,–

① Die Fixkosten der Sorte A von € 100.000,– werden auf 1.000 Stück A verteilt (€ 100,–/Stück A) und jene der Sorte B von € 200.000,– werden auf 1.000 Stück B verrechnet (€ 200,–/Stück B).

② Die Unternehmensfixkosten von € 20.000,– werden auf 2.000 produzierte Stück verteilt (Proportionalisierung der Fixkosten durch die Vollkostenrechnung).

Nach dem Ergebnis der Vollkostenrechnung wird die Sorte A forciert (€ 40,– > € 10,–), daher fällt die Entscheidung zugunsten des Produktionsprogramms I:

1.500 Stück A
500 Stück B

- Der Teilkostenrechner entscheidet nach dem Deckungsbeitrag je Stück. (Eine stufenweise Fixkostendeckungsrechnung – vgl. Kapitel D.3.3. – kommt nicht in Betracht, da Stillegungen von Produktionsbereichen nicht möglich sind, d. h. die gesamten Fixkosten von € 320.000,– fallen auf jeden Fall an.)

	Produkte (Angaben in €)	
	A	B
Erlös/Stück – variable Kosten/Stück	200,– 50,–	260,– 40,–
= Deckungsbeitrag/Stück	150,–	220,–

Nach dem Ergebnis der Teilkostenrechnung wird die Sorte B forciert (€ 220,– > € 150,–), daher fällt die Entscheidung zugunsten des Produktionsprogramms II:

500 Stück A
1.500 Stück B

c) Betriebsergebnis:

Betriebsergebnis beim Produktionsprogramm I:

	€
Erlöse A (1.500 Stück × € 200,–)	300.000,–
+ Erlöse B (500 Stück × € 260,–)	130.000,–
= Gesamterlöse	430.000,–
– Kosten A (1.500 Stück × € 50,– + € 100.000,–)	175.000,–
– Kosten B (500 Stück × € 40,– + € 200.000,–)	220.000,–
– Unternehmensfixkosten	20.000,–
= Betriebsergebnis I	15.000,–

Betriebsergebnis beim Produktionsprogramm II:

	€
Erlöse A (500 Stück × € 200,–)	100.000,–
+ Erlöse B (1.500 Stück × € 260,–)	390.000,–
= Gesamterlöse	490.000,–

– Kosten A (500 Stück × € 50,– + € 100.000,–)	125.000,—
– Kosten B (1.500 Stück × € 40,– + € 200.000,–)	260.000,—
– Unternehmensfixkosten	20.000,—
= Betriebsergebnis II	85.000,—

Der Vollkostenrechner vermeinte mit dem Produktionsprogramm I folgendes Betriebsergebnis zu erreichen:

	Produkte		Betriebsergebnis
	A	B	
Stückerfolg in € × absetzbare Menge in Stück	40,– 1.500	10,– 500	
= Sortenerfolg in €	60.000,–	5.000,–	65.000,–

Erklärung des Differenzbetrages:

	€
erwartetes Betriebsergebnis	65.000,—
– realisiertes Betriebsergebnis	15.000,—
= Differenzbetrag	50.000,—

Bei der Sorte B hat der Vollkostenrechner jedes der ursprünglich 1.000 Stück mit € 210,– an anteiligen Fixkosten belastet. Durch die Entscheidung, nur noch 500 Stück B zu produzieren, wurden (500 Stück × € 210,–) € 105.000,– zuwenig Fixkosten verrechnet, da die anteiligen Fixkosten nicht wegfallen.

Andererseits wurden jedem Stück A € 110,– anteilige Fixkosten zugerechnet. Durch die nunmehrige Produktion von 1.500 Stück steigen die Fixkosten allerdings nicht an, daher wurden um (500 Stück × € 110,–) € 55.000,– zuviel Fixkosten verrechnet.

Das erwartete Betriebsergebnis von € 65.000,– muß daher einerseits um € 105.000,– nach unten (ursprünglich zu gering angesetzte Kosten) und andererseits um € 55.000,– nach oben (ursprünglich zu hoch angesetzte Kosten) korrigiert werden; damit ergibt sich das realisierte Betriebsergebnis von € 15.000,–.

D.3.2. Beispiele zum Absatz- oder Produktionsprogramm bei Absatz- und Produktionsengpässen

D.3.2.1

Alle Kombinationen verschiedener Produkte würden die freie Kapazität überschreiten. Die Produkte A, C und D benötigen mehr als 7,5 h, daher könnte immer nur ein Stück gefertigt werden.

Ein Stück C überschreitet die freie Kapazität und scheidet daher als mögliche Variante aus. Mögliche Alternativen sind daher die Produktion von 1 A, die Produktion von 2 B und die Produktion von 1 D.

	Produkte (Angaben in €)		
	A	B	D
Nettoerlös/Stück – variable Kosten/Stück	500.000,– 300.000,–	600.000,– 450.000,–	400.000,– 150.000,–
= Deckungsbeitrag/Stück × produzierte Menge in Stück	200.000,– 1	150.000,– 2	250.000,– 1
= Deckungsbeitrag in 15 h in €	200.000,–	300.000,–	250.000,–

Die Variante „Erzeugung von 2 Stück B“ ist am günstigsten, da der in den freien 15 Fertigungsstunden erwirtschaftete Deckungsbeitrag dabei am größten ist, obwohl der Deckungsbeitrag/Stück bei B am kleinsten ist.

D.3.2.2

a) Die Produkte werden entsprechend ihrer Deckungsbeiträge/Stück forciert.

	Produkte (Angaben in €)		
	A	B	C
Nettoerlös/Stück – variable Kosten/Stück	20,– 6,–	50,– 33,–	40,– 32,–
= Deckungsbeitrag/Stück	14,–	17,–	8,–
Rangfolge	❷	❶	❸

Da alle Produkte einen positiven Deckungsbeitrag aufweisen und keine Produktions- und Absatzbeschränkungen vorliegen, würde das optimale Produktionsprogramm in der Fertigung aller drei Produkte mit jeweils unendlichen Stückzahlen bestehen.
Bei einem gegebenen Produktionsprogramm wird der Absatz der Produkte nach der ermittelten Rangfolge forciert.

b) Die Kapazität soll gewinnoptimal verwendet werden, d. h. jenes Produkt, das in einer Stunde den maximalen Deckungsbeitrag liefert, wird – da keine Absatzbeschränkung vorliegt – in der 600 Fertigungsstunden entsprechenden Stückzahl produziert.

	Produkte (Angaben in €)		
	A	B	C
Nettoerlös/Stück — variable Kosten/Stück	20,– 6,–	50,– 33,–	40,– 32,–
= Deckungsbeitrag/Stück : benötigte Fertigungsstunden/Stück	14,– 0,6	17,– 1	8,– 0,2
= Deckungsbeitrag der Sorte/Stunde (relativer Deckungsbeitrag)	23,33	17,–	40,–
Rangfolge	❷	❸	❶

Obwohl z. B. das Produkt C je Stück nur € 8,– an Deckungsbeitrag erwirtschaftet, erbringt eine Fertigungsstunde, in der das Produkt C gefertigt wird, einen Deckungsbeitrag von € 40,–, da in einer Stunde 5 Stück C gefertigt werden können.
Die Fertigungskapazität wird daher vorerst mit dem Produkt C belegt und zwar so viele Stunden, bis die absetzbare Menge produziert ist. Danach wird die verbleibende Kapazität nach der Rangfolge mit den anderen Produkten belegt, bis die Kapazitätsgrenze erreicht ist.
Da hier keine Absatzbeschränkungen vorliegen, wird die gesamte Kapazität zur Produktion der Sorte C verwendet.

Produktionsprogramm:

600 h Produkt C à 0,2 h = 3.000 Stück C

c) Die Kapazität soll gewinnoptimal verwendet werden, d. h. vorerst wird die Kapazität für jenes Produkt verwendet, das in einer Engpaßeinheit (hier: Stunde) den größten Deckungsbeitrag erwirtschaftet, und zwar soviele Stunden, bis die absetzbare Menge erzeugt ist. Weitere verbleibende Stunden werden nach der Rangfolge mit den anderen Produkten belegt.

	Produkte (Angaben in €)		
	A	B	C
Nettoerlös/Stück — variable Kosten/Stück	20,— 6,—	50,— 33,—	40,— 32,—
= Deckungsbeitrag/Stück : benötigte Fertigungsstunden/Stück	14,— 0,6	17,— 1,0	8,— 0,2
= Deckungsbeitrag der Sorte/Stunde (relativer Deckungsbeitrag)	23,33	17,—	40,—
Rangfolge	❷	❸	❶

Rangfolge	Sorte	absetzbare Menge in Stück	produzierte Menge in Stück	benötigte Fertigungsstunden je Stück	benötigte Fertigungsstunden der Sorte	Restkapazität in h
❶	C	1.000	1.000	0,2	200	400
❷	A	400	400	0,6	240	160
❸	B	500	160	1	160	0
zur Verfügung stehende Kapazität					600	

Vorerst werden 1.000 Stück C produziert, womit 200 h der Fertigungskapazität von 600 h beansprucht werden, es verbleiben noch 400 h. Die Produktion von 400 Stück A (Rangnummer 2) verbraucht weitere 240 h. Es verbleibt eine noch ungenutzte Kapazität von 160 h, die zur Produktion der Sorte B verwendet werden kann.
In diesen 160 h können aber nur 160 Stück B (1 B benötigt 1 h) gefertigt werden.

Produktionsprogramm:
400 A, 160 B und 1.000 C.

d) Betriebsergebnis:

Sorte	Deckungsbeitrag je Stück in €	produzierte Menge in Stück	Deckungsbeitrag der Sorte in €
A	14,–	400	5.600,–
B	17,–	160	2.720,–
C	8,–	1.000	8.000,–
Deckungsbeitragssumme — fixe Kosten			16.320,– 8.000,–
= Betriebsergebnis			8.320,–

Überprüfung des optimalen Produktionsprogramms:

Von A und C kann wegen der Absatzbeschränkungen nicht mehr erzeugt werden, daher sind 2 Fälle zu überprüfen:

Fall 1: Von A weniger erzeugen und die frei werdende Kapazität mit B belegen.
Fall 2: Von C weniger erzeugen und die frei werdende Kapazität mit B belegen.

Fall	Veränderungen am Programm	Auswirkungen auf die Kapazität in h		Auswirkungen auf das Betriebsergebnis in €	
1	– 5A + 3B	– 5A × 0,6 h = – 3 h + 3B × 1 h = + 3 h	0	– 5A × € 14,– = – 70,– + 3B × € 17,– = + 51,–	– 19,–
2	– 5C + 1B	– 5C × 0,2 h = – 1 h + 1B × 1 h = + 1 h	0	– 5C × € 8,– = – 40,– + 1B × € 17,– = + 17,–	– 23,–

Sowohl im Fall 1 als auch im Fall 2 verschlechtert sich das Betriebsergebnis.

D.3.2.3

Ermittlung der Produktionskapazität:

Beim bisherigen Produktionsprogramm war der Betrieb voll ausgelastet.

Sorte	produzierte Menge in Stück	benötigte Fertigungsstunden je Stück	benötigte Fertigungsstunden je Sorte
A	500	2	1.000
B	300	5	1.500
C	200	4	800
D	600	1	600
E	100	0,5	50
benötigte Fertigungsstunden in der Periode = Produktionskapazität			3.950

Prüfen, ob ein Engpaß vorliegt:

Sorte	mögliche Absatzmenge in Stück	benötigte Fertigungsstunden je Stück	benötigte Fertigungsstunden je Sorte
A	600	2	1.200
B	400	5	2.000
C	250	4	1.000
D	500	1	500
E	250	0,5	125
benötigte Fertigungsstunden			4.825

Produktionskapazität 3.950 h < benötigte Fertigungsstunden 4.825 h, d. h. es liegt ein Engpaß vor. Um die Kapazität gewinnoptimal zu verwenden, werden die Sorten mit dem größeren relativen Deckungsbeitrag den anderen vorgezogen:

	Produkte (Angaben in €)				
	A	B	C	D	E
Nettoerlös/Stück — variable Kosten/Stück	50,– 40,–	90,– 75,–	120,— 30,—	120,– 85,–	100,– 75,–
= Deckungsbeitrag/Stück : benötigte Fertigungsstunden/Stück	10,– 2	15,– 5	90,— 4	35,– 1	25,– 0,5
= Deckungsbeitrag der Sorte/Stunde (relativer Deckungsbeitrag)	5,–	3,–	22,50	35,–	50,–
Rangfolge	❹	❺	❸	❷	❶

Rangfolge	Sorte	absetzbare Menge in Stück	produzierte Menge in Stück	benötigte Fertigungsstunden je Stück	benötigte Fertigungsstunden der Sorte	Restkapazität in h
❶	E	250	250	0,5	125	3.825
❷	D	500	500	1	500	3.325
❸	C	250	250	4	1.000	2.325
❹	A	600	600	2	1.200	1.125
❺	B	400	225	5	1.125	0
zur Verfügung stehende Kapazität					3.950	

Produktionsprogramm:
600 A, 225 B, 250 C, 500 D und 250 E.

Betriebsergebnis:

Sorte	Deckungsbeitrag je Stück in €	produzierte Menge in Stück	Deckungsbeitrag der Sorte in €
A	10,–	600	6.000,–
B	15,–	225	3.375,–
C	90,–	250	22.500,–
D	35,–	500	17.500,–
E	25,–	250	6.250,–
Deckungsbeitragssumme — fixe Kosten			55.625,– 25.000,–
= Betriebsergebnis			30.625,–

D.3.2.4

500 C und 500 D müssen jedenfalls im Produktionsprogramm enthalten sein, dadurch verringert sich die noch freie Kapazität um (500 C × 4 h + 500 D × 2,5 h) 3.250 h auf 3.750 h. Da die maximalen Absatzmengen bei C 2.500 Stück und bei D 1.000 Stück betragen, aber jeweils 500 Stück auf jeden Fall produziert werden, können bei C höchstens weitere 2.000 Stück und bei D höchstens weitere 500 Stück erzeugt werden.

	Produkte (Angaben in €)			
	A	B	C	D
Nettoerlös/Stück – variable Kosten/Stück	300,– 200,–	300,– 150,–	400,– 200,–	500,– 250,–
= Deckungsbeitrag/Stück : benötigte Maschinenstunden/Stück	100,– 0,5	150,– 1,5	200,– 4	250,– 2,5
= Deckungsbeitrag der Produkte/Stunde (relativer Deckungsbeitrag)	200,–	100,–	50,–	100,–
Rangfolge	❶	❷	❹	❷

Rangfolge	Sorte	noch absetzbare Menge in Stück	davon produzierte Menge in Stück	benötigte Fertigungsstunden je Stück	benötigte Fertigungsstunden der Sorte	Restkapazität in h
❶	A	1.500	1.500	0,5	750	3.000
❷	B	1.800	1.800	1,5	2.700	300
❷	D	500	120	2,5	300	0
❹	C	2.000	–	4	–	
zur Verfügung stehende Kapazität in Mh					3.750	

Produktionsprogramm der noch freien Kapazität: 1.500 A, 1.800 B und 120 D.
Vorweg gegebenes Produktionsprogramm: 500 C und 500 D.
Gesamtes Produktionsprogramm: 1.500 A, 1.800 B, 500 C und 620 D.
Da die beiden Sorten B und D den gleichen relativen Deckungsbeitrag aufweisen, kann ein zweites Produktionsprogramm ermittelt werden, das die gleiche Deckungsbeitragssumme erbringt.

Rangfolge	Sorte	noch absetzbare Menge in Stück	davon produzierte Menge in Stück	benötigte Maschinenstunden je Stück	benötigte Maschinenstunden der Sorte	Restkapazität in Mh
❶	A	1.500	1.500	0,5	750	3.000
❷	D	500	500	2,5	1.250	1.750
❷	B	1.800	1.166	1,5	1.749	1
❹	C	2.000	–	4	–	1
zur Verfügung stehende Kapazität					3.749	

Produktionsprogramm der noch freien Kapazität: 1.500 A, 1.166 B und 500 D.
Vorweg gegebenes Produktionsprogramm: 500 C und 500 D.
Gesamtes Produktionsprogramm: 1.500 A, 1.166 B, 500 C und 1.000 D.

Diese Variante führt zu einer ungenutzten Restkapazität von 1 Maschinenstunde. Damit ergibt sich eine um € 100,– (relativer Deckungsbeitrag der Sorte B) geringere Deckungsbeitragssumme.

D.3.2.5

Prüfen, ob Produktionsengpässe vorliegen:

Sorte	maximale Absatzmenge in Stück	Maschine I	
		benötigte Maschinenzeit je Stück in Minuten	benötigte Maschinenzeit der Sorte in Minuten
A	2.000	30	60.000
B	1.700	10	17.000
C	1.400	20	28.000
D	3.000	15	45.000
benötigte Maschinenzeit in Minuten			150.000
zur Verfügung stehende Kapazität in Minuten			120.000

Maschine I stellt einen Engpaßfaktor dar.

Sorte	maximale Absatzmenge in Stück	Maschine II	
		benötigte Maschinenzeit je Stück in Minuten	benötigte Maschinenzeit der Sorte in Minuten
A	2.000	25	50.000
B	1.700	15	25.500
C	1.400	15	21.000
D	3.000	4	12.000
benötigte Maschinenzeit in Minuten			108.500
zur Verfügung stehende Kapazität in Minuten			120.000

Maschine II stellt keinen Engpaßfaktor dar.

Würde sich zeigen, daß beide Maschinen einen Engpaß darstellen und ergibt sich für jeden Engpaß die gleiche Rangfolge, so ermittelt sich das Produktionsprogramm entsprechend dieser Rangfolge bis jener Engpaß ausgeschöpft ist, der die Produktion am stärksten beschränkt.

Das Problem mehrerer Engpässe mit einander widersprechenden Rangfolgen innerhalb der Kapazitätsgrenzen kann nur über ein lineares Programm gelöst werden.

Ermittlung des optimalen Produktionsprogramms bei einem Produktionsengpaß (Maschine I):

	Produkte (Angaben in €)			
	A	B	C	D
Nettoerlös/Stück – variable Kosten/Stück	2.500,– 1.500,–	3.100,– 1.500,–	2.900,– 1.400,–	1.200,– 1.000,–
= Deckungsbeitrag/Stück : benötigte Maschinenzeit/Stück in Min.	1.000,– 30	1.600,– 10	1.500,– 20	200,– 15
= Deckungsbeitrag der Sorte/Minute (relativer Deckungsbeitrag)	33,33	160,–	75,–	13,33
Rangfolge	❸	❶	❷	❹

Rangfolge	Sorte	absetzbare Menge in Stück	produzierte Menge in Stück	benötigte Maschinenzeit je Stück in Minuten	benötigte Maschinenzeit der Sorte in Minuten	Restkapazität in Minuten
❶	B	1.700	1.700	10	17.000	103.000
❷	C	1.400	1.400	20	28.000	75.000
❸	A	2.000	2.000	30	60.000	15.000
❹	D	3.000	1.000	15	15.000	0
zur Verfügung stehende Kapazität					120.000	

Produktionsprogramm: 2.000 A, 1.700 B, 1.400 C und 1.000 D.

D.3.2.❻

Prüfen, ob Produktionsengpässe vorliegen:

Sorte	maximale Absatzmenge in Stück	Maschine I	
		benötigte Maschinenzeit je Stück in Minuten	benötigte Maschinenzeit der Sorte in Minuten
A	2.000	30	60.000
B	1.700	10	17.000
C	1.400	20	28.000
D	3.000	15	45.000
benötigte Maschinenzeit in Minuten			150.000
zur Verfügung stehende Kapazität in Minuten			120.000

Maschine I stellt einen Engpaßfaktor dar.

Sorte	maximale Absatzmenge in Stück	Maschine II	
		benötigte Maschinenzeit je Stück in Minuten	benötigte Maschinenzeit der Sorte in Minuten
A	2.000	25	50.000
B	1.700	20	34.000
C	1.400	20	28.000
D	3.000	20	60.000
benötigte Maschinenzeit in Minuten			172.000
zur Verfügung stehende Kapazität in Minuten			120.000

Maschine II stellt einen Engpaßfaktor dar.
Ergibt sich im folgenden für jeden Engpaß die gleiche Rangfolge, so ermittelt sich das Produktionsprogramm entsprechend dieser Rangfolge bis jener Engpaß ausgeschöpft ist, der die Produktion am stärksten beschränkt.

Das Problem mehrerer Engpässe mit einander widersprechenden Rangfolgen innerhalb der Kapazitätsgrenzen kann nur über ein lineares Programm gelöst werden.

Ermittlung des optimalen Produktionsprogramms bei zwei Produktionsengpässen (Maschine I und Maschine II):

Produktionsprogramm entsprechend den Bedingungen der Maschine I:

	Produkte (Angaben in €)			
	A	B	C	D
Nettoerlös/Stück	2.500,–	3.100,–	2.900,–	1.200,–
– variable Kosten/Stück	1.500,–	1.500,–	1.400,–	1.000,–
= Deckungsbeitrag/Stück	1.000,–	1.600,–	1.500,–	200,–
: benötigte Maschinenzeit/Stück in Min.	30	10	20	15
= Deckungsbeitrag der Sorte/Minute (relativer Deckungsbeitrag)	33,33	160,–	75,–	13,33
Rangfolge entsprechend Maschine I	❸	❶	❷	❹

Rangfolge	Sorte	absetzbare Menge in Stück	produzierte Menge in Stück	benötigte Maschinenzeit je Stück in Minuten	benötigte Maschinenzeit der Sorte in Minuten	Restkapazität in Minuten
❶	B	1.700	1.700	10	17.000	103.000
❷	C	1.400	1.400	20	28.000	75.000
❸	A	2.000	2.000	30	60.000	15.000
❹	D	3.000	1.000	15	15.000	0
zur Verfügung stehende Kapazität in Maschine I in Minuten					120.000	

Produktionsprogramm entsprechend den Bedingungen der Maschine I:
2.000 A, 1.700 B, 1.400 C und 1.000 D.

Produktionsprogramm entsprechend den Bedingungen der Maschine II:

	Produkte (Angaben in €)			
	A	B	C	D
Nettoerlös/Stück – variable Kosten/Stück	2.500,– 1.500,–	3.100,– 1.500,–	2.900,– 1.400,–	1.200,– 1.000,–
= Deckungsbeitrag/Stück : benötigte Maschinenzeit/Stück in Min.	1.000,– 25	1.600,– 20	1.500,– 20	200,– 20
= Deckungsbeitrag der Sorte/Minute (relativer Deckungsbeitrag)	40,–	80,–	75,–	10,–
Rangfolge entsprechend Maschine II	❸	❶	❷	❹

Rangfolge	Sorte	absetzbare Menge in Stück	produzierte Menge in Stück	benötigte Maschinenzeit je Stück in Minuten	benötigte Maschinenzeit der Sorte in Minuten	Restkapazität in Minuten
❶	B	1.700	1.700	20	34.000	86.000
❷	C	1.400	1.400	20	28.000	58.000
❸	A	2.000	2.000	25	50.000	8.000
❹	D	3.000	400	20	8.000	0
zur Verfügung stehende Kapazität in Maschine II in Minuten					120.000	

Produktionsprogramm entsprechend den Bedingungen der Maschine II:
2.000 A, 1.700 B, 1.400 C und 400 D.

Abgestimmtes Produktionsprogramm insgesamt:
2.000 A, 1.700 B, 1.400 C und 400 D.
Bei diesem Produktionsprogramm ist die Kapazität der Maschine II zur Gänze ausgeschöpft; Maschine I weist eine Leerkapazität von 9.000 Minuten (600 D × 15 min) auf.

D.3.2.7

a) Ermittlung der Rohgewinne je Produkt:

	Produkte			
	A	B	C	D
Nettoerlös in € – Einstandspreis in €	11.050,– 10.000,–	12.000,– 11.000,–	12.500,– 11.000,–	11.550,– 10.500,–
= Rohgewinn in €	1.050,–	1.000,–	1.500,–	1.050,–

Errechnung des Gewichtes in kg der transportierten und verkauften Produkte:

	Produkte			
	A	B	C	D
Stückzahl × Gewicht je Stück in kg	15 40	30 20	25 30	20 25
= Gewicht in kg	600	600	750	500

Variable Transportkosten der vier Produkte je kg:

Produkt	Gewicht in kg	Äquivalenzziffer	Rechnungseinheiten	variable Transportkosten je kg	variable Transportkosten je Produkt
A	600	1	600	4,–	160,–
B	600	4	2.400	16,–	320,–
C	750	2	1.500	8,–	240,–
D	500	3	1.500	12,–	300,–
Summe Rechnungseinheiten			6.000		

$$\frac{\text{variable Transportkosten € 24.000,–}}{\text{Summe Rechnungseinheiten 6.000}} = \text{€ 4,– variable Transportkosten/Rechnungseinheit}$$

Ermittlung der Deckungsbeiträge je Produkt:

	Produkte (Angaben in €)			
	A	B	C	D
Rohgewinn – variable Transportkosten – sonstige variable Kosten	1.050,– 160,– 210,–	1.000,– 320,– 180,–	1.500,– 240,– 300,–	1.050,– 300,– 190,–
= Deckungsbeitrag	680,–	500,–	960,–	560,–

Prüfen, ob ein Engpaß vorliegt:

Produkt	mögliche Absatzmenge in Stück	benötigte Beratungszeit in Minuten je Stück	benötigte Beratungszeit in Minuten je Produkt
A	15	60	900
B	30	45	1.350
C	25	90	2.250
D	20	50	1.000
benötigte Beratungszeit in Minuten benötigte Beratungszeit in Stunden			5.500 91,67

Verfügbare Beratungszeit 35 h < benötigte Beratungszeit 91,67 h, d. h. es liegt ein Engpaß vor. Die Beratungskapazität gewinnoptimal verwenden, d. h. die Produkte mit dem größeren relativen Deckungsbeitrag werden den anderen vorgezogen.

	Produkte (Angaben in €)			
	A	B	C	D
Deckungsbeitrag/Stück : benötigte Beratungszeit in Minuten/Stück	680,– 60	500,– 45	960,– 90	560,– 50
= Deckungsbeitrag der Sorte/Minute = (relativer Deckungsbeitrag)	11,33	11,11	10,67	11,20
Rangfolge	❶	❸	❹	❷

Rangfolge	Sorte	absetzbare Stück	produzierte Stück	benötigte Beratungszeit in Minuten je Stück	benötigte Beratungszeit in Stunden je Sorte	Restkapazität in Stunden
❶	A	15	15	60	15	20
❷	D	20	20	50	16,67	3,33
❸	B	30	4	45	3	0,33
❹	C	25				

Die Restkapazität von 0,33 Stunden oder 20 Minuten reicht nicht für die Produktion irgendeines der Produkte.

Produktionsprogramm: 15 A, 4 B und 20 D.

b) Errechnung des Betriebsergebnisses:

Sorte	Deckungsbeitrag je Stück in €	produzierte Menge in Stück	Deckungsbeitrag der Sorte in €
A	680,–	15	10.200,–
B	500,–	4	2.000,–
C	960,–	0	0,–
D	560,–	20	11.200,–
Deckungsbeitragssumme			23.400,–

	€
Deckungsbeitragssumme	23.400,–
– fixe Kosten	18.000,–
= Betriebsergebnis	5.400,–

D.3.2.8

a) Vollkostenrechnung:

	(Angaben in €)		
	Heckenscheren	Rasenmäher	Elektrogartenscheren
Erlöse/Stück	180,–	250,–	140,–
– Kosten/Stück	150,–	240,–	190,–
= Stückerfolg	30,–	10,–	– 50,–
Rangfolge	❶	❷	

Elektrogartenscheren sind nach dem Ergebnis der Vollkostenrechnung aus dem Programm auszuscheiden.

b) Teilkostenrechnung:

	(Angaben in €)		
	Heckenscheren	Rasenmäher	Elektrogartenscheren
Erlöse/Stück	180,–	250,–	140,–
– variable Kosten/Stück	100,–	220,–	120,–
= Deckungsbeitrag	80,–	30,–	20,–
Engpaßbeanspruchung (Min.)	30	60	20
DB/Engpaßeinheit	2,667	0,5	1,–
Rangfolge	❶	❸	❷

c) Optimales Produktionsprogramm:

Engpaßkapazität: 480.000 Minuten

	benötigte Maschinenminuten	restliche Maschinenminuten
2.000 Heckenscheren	60.000	420.000
1.000 Rasenmäher	60.000	360.000
6.000 Heckenscheren	180.000	180.000
6.000 Elektrogartenscheren	120.000	60.000
1.000 Rasenmäher	60.000	0

Produktionsprogramm:
8.000 Heckenscheren, 2.000 Rasenmäher und 6.000 Elektrogartenscheren.

Gesamtdeckungsbeitrag:

	€
8.000 Heckenscheren à € 80,–	640.000,–
+ 2.000 Rasenmäher à € 30,–	60.000,–
+ 6.000 Elektrogartenscheren à € 20,–	120.000,–
= Summe DB	820.000,–

D.3.2.9

Rangfolge

	P1	P2
A	❷	❷
B	❹	❹
C	❶	❶
D	❸	❸

Programm P1

Bereits verplant: 45.000 B
30.000 D
dadurch verbrauchte Kapazität: 1,185.000 Minuten

Produkte	Menge	Benötigte Minuten pro Stück	Gesamte benötigte Zeit pro Produkt in Minuten	Restkapazität in Minuten
C	33.000	16	528.000	2,287.000
A	100.000	15	1,500.000	787.000
D	98.375	8	787.000	0
B	0	21	0	

Programm nach Produktion P1: 100.000 A
45.000 B
33.000 C
128.375 D

Programm P2

Bereits verplant: 45.000 B
30.000 D
dadurch verbrauchte Kapazität: 375.000 Minuten

Produkte	Menge	Benötigte Minuten pro Stück	Gesamte benötigte Zeit pro Produkt in Minuten	Restkapazität in Minuten
C	33.000	4	132.000	693.000
A	100.000	5	500.000	193.000
D	96.500	2	193.000	0
B	0	7	0	

Programm nach Produktion P2: 100.000 A
45.000 B
33.000 C
126.500 D

= gesamtoptimales Programm

Betriebsergebnis:

Produkte	Menge in Stück	DB in €	Sorten DB in €
A	100.000	165,–	16,500.000,–
B	45.000	126,–	5,670.000,–
C	33.000	200,–	6,600.000,–
D	126.500	64,–	8,096.000,–
		Summe DB	36,866.000,–
		– Fixkosten	36,000.000,–
		= Betriebsergebnis	866.000,–

D.3.3. Beispiele zur stufenweisen Fixkostendeckungsrechnung

D.3.3.1

a) Einstufige Teilkostenrechnung:

	Produkte (Angaben in €)				Deckungs-beitragssumme
	1	2	3	4	
Erlös/Stück – variable Kosten/Stück	60,– 30,–	27,– 12,–	60,– 30,–	20,– 10,–	
= Deckungsbeitrag/Stk. × abgesetzte Menge in Stk.	30,– 100	15,– 500	30,– 150	10,– 600	
= Deckungsbeitrag der Sorte	3.000,–	7.500,–	4.500,–	6.000,–	21.000,–
– gesamte Fixkosten (€ 1.500,– + € 5.000,– + € 3.000,– + € 3.000,– + € 1.500,– + € 6.000,–)					20.000,–
= Betriebsergebnis					1.000,–

Stufenweise Fixkostendeckungsrechnung:

	Gruppe A (in €)		Gruppe B (in €)	
	Produkt 1	Produkt 2	Produkt 3	Produkt 4
Erlös/Stück – variable Kosten/Stück	60,– 30,–	27,– 12,–	60,– 30,–	20,– 10,–
= Deckungsbeitrag I/Stück × abgesetzte Menge in Stück	30,– 100	15,– 500	30,– 150	10,– 600
= Deckungsbeitrag I der Sorte – Sortenfixkosten	3.000,– –	7.500,– 1.500,–	4.500,– 5.000,–	6.000,– 3.000,–
= Deckungsbeitrag II	3.000,–	6.000,–	– 500,–	3.000,–
Deckungsbeitrag II der Gruppe – Gruppenfixkosten	9.000,– 3.000,–		2.500,– 1.500,–	
= Deckungsbeitrag III	6.000,–		1.000,–	
Deckungsbeitrag III der Unternehmung – Unternehmensfixkosten	7.000,– 6.000,–			
= Betriebsergebnis	1.000,–			

b) Die einstufige Teilkostenrechnung zeigt für alle Produkte positive Deckungsbeiträge und ein positives Betriebsergebnis. Nach diesen Ergebnissen werden keine Veränderungen am Produktionsprogramm vorgenommen.

Die mehrstufige Teilkostenrechnung zeigt darüber hinaus, daß das Produkt 3 mit seinen Erlösen zwar die variablen Kosten, nicht aber auch die der Sorte zurechenbaren Fixkosten tragen kann.
Beim Auflassen des Produkts 3 fallen einerseits der Deckungsbeitrag der Sorte von € 4.500,– und unter Umständen auch die Sortenfixkosten von € 5.000,– weg; das Betriebsergebnis kann dadurch um € 500,– verbessert werden, wenn die Sortenfixkosten abbaubar sind.

Produktionsprogramm:
100 Stück Produkt 1, 500 Stück Produkt 2 und 600 Stück Produkt 4, wobei das Betriebsergebnis € 1.500,– beträgt.

D.3.3.2

	(Angaben in Mio. €)								
	Unternehmung								
Sektor	Food							Non-food	
Artikelgruppe	Getränke		Obst/Gemüse		Fleisch/Käse			Kleidung	Haushaltswaren
Untergruppe	Soft Drinks	Alkoholika	Obst	Gemüse	Fleisch	Wurst	Käse		
Erlöse der Untergruppe	40,–	50,–	80,–	90,–	80,–	60,–	50,–	80,–	110,–
– variable Kosten der Untergruppe	32,–	41,–	55,–	68,–	70,–	40,–	40,–	47,–	77,–
= Deckungsbeitrag I der Untergruppe	8,–	9,–	25,–	22,–	10,–	20,–	10,–	33,–	33,–
– Fixkosten der Untergruppe	1,–	1,–	2,–	1,–	2,–	1,–	2,–	–	–
= Deckungsbeitrag II	7,–	8,–	23,–	21,–	8,–	19,–	8,–	33,–	33,–
Deckungsbeitrag II der Artikelgruppe	15,–		44,–		35,–				
– Fixkosten der Artikelgruppe	3,–		10,–		15,–			8,–	9,–
= Deckungsbeitrag III	12,–		34,–		20,–			25,–	24,–
Deckungsbeitrag III der Sektoren	66,–							49,–	
– Fixkosten der Sektoren	22,–							18,–	
= Deckungsbeitrag IV	44,–							31,–	
Deckungsbeitrag IV der Unternehmung	75,–								
– Fixkosten der Unternehmung	49,–								
= Betriebsergebnis	26,–								

Nach stufenweisem Abzug der variablen Kosten und der zuordenbaren Fixkosten verbleiben positive Deckungsbeiträge; daher sind keine Veränderungen am Sortiment vorzunehmen.

D.3.3.3

a) Einstufige Teilkostenrechnung:

	Sorte (Angaben in €)				
	A	B	C	D	E
Erlös/Stück – variable Kosten/Stück	100,– 60,–	200,– 144,– ①	150,– 120,– ①	250,– 220,–	100,– 80,–
= Deckungsbeitrag/Stück × abgesetzte Menge in Stück	40,– 200	56,– 400	30,– 350	30,– 450	20,– 150
= Deckungsbeitrag/Sorte	8.000,–	22.400,–	10.500,–	13.500,–	3.000,–

	€
Deckungsbeitragssumme – Summe Fixkosten ②	57.400,– 55.000,–
= Betriebsergebnis	2.400,–

① Die gesamten variablen Kosten der beiden Sorten B und C von € 99.600,– sind nach einer „Äquivalenzziffernkalkulation" auf 400 Stück B und 350 Stück C so zu verteilen, daß sich die variablen Kosten/Stück B zu den variablen Kosten/Stück C wie 120 : 100 (oder wie 1,2 : 1) verhalten.

Sorte	Menge in Stück	Äquivalenzziffer	Rechnungseinheiten	variable Kosten je Stück in €	variable Kosten der Sorte in €
B C	400 350	1,2 1	480 350	144,– 120,–	57.600,– 42.000,–
Summe Rechnungseinheiten			830		99.600,–

$$\frac{\text{variable Kosten € 99.600,–}}{\text{Summe Rechnungseinheiten 830}} = \text{€ 120,– variable Kosten/Rechnungseinheit}$$

② siehe nächste Seite

②

	€
Fixkosten der Maschine „AM“	4.000,–
+ Fixkosten der Maschine „BCM“	22.900,–
+ Fixkosten des Bereiches „Eigenerzeugnisse“	10.000,–
+ Fixkosten des Bereiches „Handelsware“	17.000,–
+ Unternehmensfixkosten	1.100,–
= Summe Fixkosten	55.000,–

Die einstufige Teilkostenrechnung zeigt für alle Produkte positive Deckungsbeiträge und ein positives Betriebsergebnis. Nach diesen Ergebnissen werden keine Veränderungen am Produktionsprogramm vorgenommen.

b) Stufenweise Fixkostendeckungsrechnung:

	Unternehmung (Angaben in €)				
Bereich	Eigenerzeugnisse			Handelsware	
Maschinengruppe	„AM“	„BCM“			
Sorte	A	B	C	D	E
Erlös/Stück – variable Kosten/Stück	100,– 60,–	200,– 144,–	150,– 120,–	250,– 220,–	100,– 80,–
= Deckungsbeitrag I/Stück × abgesetzte Menge in Stück	40,– 200	56,– 400	30,– 350	30,– 450	20,– 150
= Deckungsbeitrag I der Sorte	8.000,–	22.400,–	10.500,–	13.500,–	3.000,–
Deckungsbeitrag I der Maschinengruppe – Fixkosten der Maschine	8.000,– 4.000,–	32.900,– 22.900,–			
= Deckungsbeitrag II	4.000,–	10.000,–			
Deckungsbeitrag II des Bereiches – Fixkosten des Bereiches	14.000,– 10.000,–			16.500,– 17.000,–	
= Deckungsbeitrag III	4.000,–			–500,–	
Deckungsbeitrag III der Unternehmung – Unternehmensfixkosten	3.500,– 1.100,–				
= Betriebsergebnis	2.400,–				

Die stufenweise Fixkostendeckungsrechnung zeigt, daß der Bereich „Handelsware" mit seinen Erlösen zwar die variablen Kosten, nicht aber auch die von diesem Bereich verursachten Fixkosten tragen kann.

Bei Auflassen des Bereiches „Handelsware" fallen einerseits die Deckungsbeiträge von € 13.500,– und € 3.000,– und andererseits die Bereichsfixkosten von € 17.000,– weg; das Betriebsergebnis kann um € 500,– verbessert werden, wenn diese Bereichsfixkosten auch tatsächlich abgebaut werden können.

Produktions- und Absatzprogramm, wenn die Bereichsfixkosten abbaubar sind:
200 A, 400 B und 350 C; wobei das Betriebsergebnis € 2.900,– beträgt.

Produktions- und Absatzprogramm, wenn die Bereichsfixkosten nur langfristig abbaubar sind:

a) kurz- und mittelfristig: 200 A, 400 B, 350 C, 450 D und 150 E
b) langfristig: 200 A, 400 B und 350 C

D.3.3.4

Variable Herstellkosten/kg:

Sorte	Menge in kg	Äquivalenzziffer	Rechnungseinheiten	Herstellkosten je kg in €
KH	300	0,9	270	0,27
KR	600	0,95	570	0,285
HH	700	1,–	700	0,30
HR	400	1,3	520	0,39
SF	500	1,5	750	0,45
Summe Rechnungseinheiten			2.810	

$$\frac{\text{Herstellkosten € 843,–}}{\text{Rechnungseinheiten 2.810}} = \text{€ 0,30 Herstellkosten/Rechnungseinheit}$$

	Unternehmung (Angaben in €)				
Bereich	Privatfutter				Industriefutter
Produktgruppe	Katze		Hund		Schwein
Sorte	KH	KR	HH	HR	SF
Erlös/kg in €	0,97	0,885	1,–	0,89	0,65
– variable Kosten/kg	0,27	0,285	0,30	0,39	0,45
= DB 1/kg	0,70	0,60	0,70	0,50	0,20
× abgesetzte Menge	300	600	700	400	500
= DB 1 der Sorte	210,-	360,-	490,-	200,-	100,-

DB der Produktgruppe – Fixkosten der Produktgruppe	570,– 450,–	690,– 550,–	100,– 120,–
= DB 2	120,–	140,–	– 20,–
DB 2 des Bereiches – Fixkosten des Bereiches	260,– 40,–		– 20,– 10,–
= DB 3	220,–		– 30,–
DB 3 des Unternehmens – Fixkosten des Unternehmens	190,– 185,–		
= Betriebsergebnis	5,–		

a) Betriebsergebnis = 5,–
b) Das Schweinefutter müßte, wenn dessen Fixkosten abbaubar sind, aus dem Produktionsprogramm genommen werden.

D.4. Beispiele zur Ermittlung von kurzfristigen Preisuntergrenzen

D.4.1

Kurzfristig muß das Unternehmen je Stück nur jene Kosten verdienen, die durch die Produktion dieses Stücks verursacht werden (= variable Stückkosten).

Bei Produktion und Verkauf zu diesem Preis stellt sich das Unternehmen nicht schlechter oder besser (Deckungsbeitrag = 0). In dem Ausmaß, in dem der realisierte Preis die Preisuntergrenze übersteigt (unterschreitet), verbessert (verschlechtert) sich das Betriebsergebnis.

	Produkte (Angaben in €)				
	A	B	C	D	E
variable Materialkosten/Stück	105,–	120,–	150,–	80,–	180,–
+ variable Lohnkosten/Stück	40,–	50,–	65,–	35,–	80,–
+ sonstige variable Kosten/Stück	14,–	20,–	20,–	14,–	40,–
= Summe der variablen Stückkosten (= Preisuntergrenze)	159,–	190,–	235,–	129,–	300,–

	Produkte (Angaben in €)				
	A	B	C	D	E
kurzfristige Preisuntergrenze	159,–	190,–	235,–	129,–	300,–
– variable Stückkosten	159,–	190,–	235,–	129,–	300,–
= Deckungsbeitrag	0,–	0,–	0,–	0,–	0,–

Es ist zu beachten, daß in diesem Unternehmen Fixkosten von € 1,– Mio. anfallen, die durch positive Deckungsbeiträge abgedeckt werden müssen, wenn kein negatives Betriebsergebnis erwirtschaftet werden soll.

Wenn das Unternehmen während der gesamten Periode seine Produkte zur Preisuntergrenze verkauft, verbleiben die gesamten Fixkosten – hier also € 1,– Mio. – als negatives Betriebsergebnis der Periode.

D.4.2

Das Unternehmen muß mindestens jene Kosten in Rechnung stellen, die durch die Annahme des Auftrages unmittelbar entstehen (= variable Kosten).

a) Auftrag 30 D:

	Materialeinzelkosten in €	variable Materialgemeinkosten in €	benötigte Maschinenstunden	benötigte Arbeitsstunden
1 D	4.000,–	600,–	20	35
30 D	120.000,–	18.000,–	600	1.050

Zusätzliche Kosten im Materialbereich:

€ 120.000,– und
€ 18.000,–

Zusätzliche Maschinenkosten:

	Mh
Maschinenkapazität	12.000
– benötigte Mh für Sorte A	4.000
– benötigte Mh für Sorte B	3.000
– benötigte Mh für Sorte C	3.000
= freie Kapazität	2.000
– benötigte Mh für Auftrag D	600
= Restkapazität	1.400

Der Auftrag kann innerhalb der freien Kapazität produziert werden, es tritt daher keine Änderung der Fixkosten (€ 5.000,–) ein, der Auftrag verursacht lediglich eine Steigerung der variablen Kosten um € 6,– je benötigter Stunde.

Dadurch werden zusätzliche Maschinenkosten von € 3.600,– (600 Mh × € 6,–) verursacht.

Zusätzliche Personalkosten:

	h
Anwesenheitszeit	16.000
– Nichtleistungszeit (15%)	2.400
= vorhandene Arbeitskapazität (Leistungszeit)	13.600
– benötigte Arbeitsstunden für Sorte A	5.000
– benötigte Arbeitsstunden für Sorte B	4.500
– benötigte Arbeitsstunden für Sorte C	3.000
= freie Kapazität	1.100
– benötigte Arbeitsstunden für Auftrag D	1.050
= Restkapazität	50

Der Auftrag ist ohne Personalaufstockung innerhalb der freien Kapazität durchführbar; es entstehen keine zusätzlichen Personalkosten.

Zusätzliche Verwaltungs- und Vertriebskosten:
€ 1.000,–

Durch den Auftrag zusätzlich anfallende Kosten:

	€
Materialeinzelkosten	120.000,–
+ variable Materialgemeinkosten	18.000,–
+ variable Kosten für 600 Mh	3.600,–
= variable Herstellkosten	141.600,–
+ variable Verwaltungs- und Vertriebskosten	1.000,–
= variable Selbstkosten = kurzfristige Preisuntergrenze	142.600,–

b) Auftrag 70 D:

	Materialeinzelkosten in €	variable Material-gemeinkosten in €	benötigte Maschinenstunden	benötigte Arbeitsstunden
1 D 70 D	4.000,– 280.000,–	600,– 42.000,–	20 1.400	35 2.450

Zusätzliche Kosten im Materialbereich:

€ 280.000,– und
€ 42.000,–

Zusätzliche Maschinenkosten:

	Mh
Maschinenkapazität	12.000
– benötigte Mh für Sorte A	4.000
– benötigte Mh für Sorte B	3.000
– benötigte Mh für Sorte C	3.000
= freie Kapazität	2.000
– benötigte Mh für Auftrag D	1.400
= Restkapazität	600

Der Auftrag kann innerhalb der freien Kapazität produziert werden, es tritt daher keine Änderung der Fixkosten (€ 5.000,–) ein, der Auftrag verursacht lediglich eine Steigerung der variablen Kosten von € 6,– je benötigter Stunde.

Dadurch werden zusätzliche Maschinenkosten von € 8.400,– (1.400 Mh × € 6,–) verursacht.

Zusätzliche Personalkosten:

	h
Anwesenheitszeit	16.000
– Nichtleistungszeit (15%)	2.400
= vorhandene Arbeitskapazität (Leistungszeit)	13.600

➤

– benötigte Arbeitsstunden für Sorte A	5.000
– benötigte Arbeitsstunden für Sorte B	4.500
– benötigte Arbeitsstunden für Sorte C	3.000
= freie Kapazität	1.100
– benötigte Arbeitsstunden für Auftrag D	2.450
= Kapazitätsbedarf	1.350

Der Auftrag kann nur über eine Personalaufstockung durchgeführt werden. Es müßte daher eine weitere Arbeitskraft eingestellt werden, wodurch zusätzliche Personalkosten von € 28.750,– entstehen.

Zusätzliche Verwaltungs- und Vertriebskosten:
€ 1.000,–

Durch den Auftrag zusätzlich anfallende Kosten:

	€
Materialeinzelkosten	280.000,–
+ variable Materialgemeinkosten	42.000,–
+ variable Kosten für 1.400 Mh	8.400,–
+ zusätzliche Personalkosten	28.750,–
= variable Herstellkosten	359.150,–
+ variable Verwaltungs- und Vertriebskosten	1.000,–
= variable Selbstkosten = kurzfristige Preisuntergrenze	360.150,–

D.4.3

a) Preisuntergrenze = variable Selbstkosten:

	€
Materialeinzelkosten	100.000,–
+ 5% Materialgemeinkosten	5.000,–
+ Fertigungslöhne	200.000,–
+ 80% Fertigungsgemeinkosten F I	160.000,–
+ F II: 120 Mh × € 100,–	12.000,–
= variable Herstellkosten	477.000,–
+ Verwaltungs- und Vertriebsgemeinkosten	1.000,–
= variable Selbstkosten	478.000,–

b) Kapazitätsbedarf:

Verfügbare Kapazität in F II	40 Mh
Maschinenstundenbedarf in F II	120 Mh
zusätzlicher Kapazitätsbedarf	80 Mh

X + Y = 70 < 80
X + Z = 90 > 80 → Storno von X und Z
Y + Z = 60 < 80

Zusätzliche Kosten:	€ 20.000,–	DB X
	€ 60.000,–	DB Z
	€ 10.000,–	Pönale X
	€ 20.000,–	Pönale Z
	€ 110.000,–	Summe

Preisuntergrenze in € = 478.000,– + 110.000,– = 588.000,–

D.4.4

	Produkte (Angaben in €)		
	A	B	C
Nettoerlöse/Stück – variable Kosten/Stück	126,– 77,–	105,– 70,–	84,– 56,–
= Deckungsbeitrag I/Stück	49,–	35,–	28,–

Der Erzeugnisdeckungsbeitrag reicht noch nicht aus, um eine Entscheidung zu treffen, es müssen auch die variablen Transportkosten berücksichtigt werden.

	Teilmärkte (Angaben in €)		
Produkt A	1	2	3
Deckungsbeitrag I/Stück – variable Transportkosten/Stück	49,— 7,—	49,— 14,—	49,— 27,—
= Deckungsbeitrag II/Stück	42,—	35,—	22,—
Produkt B	1	2	3
Deckungsbeitrag I/Stück – variable Transportkosten/Stück	35,— 10,50	35,— 12,25	35,— 14,—
= Deckungsbeitrag II/Stück	24,50	22,75	21,—
Produkt C	1	2	3
Deckungsbeitrag I/Stück – variable Transportkosten/Stück	28,— 14,—	28,— 21,—	28,— 31,50
= Deckungsbeitrag II/Stück	14,—	7,—	–3,50

Produktionsprogramm:

Aufgrund der begrenzten Kapazität unter der Annahme eines maximalen Absatzes ergibt sich folgendes Produktionsprogramm:

	Teilmärkte		
	1	2	3
Produkt A in Stück Produkt B in Stück	100 100	100 100	50

Die kurzfristige Preisuntergrenze pro Gebiet und Produkt (Angaben in €):

Teilmarkt 1	A	B	C
variable Herstellkosten + variable Transportkosten	77,— 7,—	70,— 10,50	56,— 14,—
= Preisuntergrenze	84,—	80,50	70,—
Teilmarkt 2	A	B	C
variable Herstellkosten + variable Transportkosten	77,— 14,—	70,— 12,25	56,— 21,—
= Preisuntergrenze	91,—	82,25	77,—
Teilmarkt 3	A	B	C
variable Herstellkosten + variable Transportkosten	77,— 27,—	70,— 14,—	56,— 31,50
= Preisuntergrenze	104,—	84,—	87,50

D.5. Beispiele zur Ermittlung von kritischen Mengen (Verfahrensvergleich)

D.5.1

a) Gleichungsansatz:

Allgemeiner Gleichungsansatz zur Lösung von Problemen, bei denen mehrere Verfahren, die sich in bezug auf fixe und variable Kosten unterscheiden, bei einer bestimmten Ausnutzung der Kapazität kostengleich sind:

Fixe Kosten A (K_{fA}) + Variable Kosten A (k_{vA}) × Stück *(y)* =
= Fixe Kosten B (K_{fB}) + Variable Kosten B (k_{vB}) × Stück *(y)*

K_{fA1} € 11.000,– (Gehaltskosten A) + K_{fA2} € 4.000,– (Spesenersatz) + k_{vA} € 0,– × *y* = (Provision)

= K_{fB1} € 6.000,– (Gehaltskosten B) + K_{fB2} € 4.000,– (Spesenersatz) + k_{vB} € 10,– × *y* (Provision)

€ 15.000,– = € 10.000,– + € 10,– × *y*

€ 5.000,– = € 10,– × *y*

y = 500 Stück

Das Verfahren mit den niedrigeren fixen, aber höheren variablen Kosten wird dann dem anderen Verfahren vorzuziehen sein, wenn die Beschäftigung unter der kritischen Menge liegt. Liegt bei einem Verfahren hingegen die Beschäftigung über der kritischen Menge, dann ist jenes Verfahren vorzuziehen, das die höheren fixen Kosten aber die niedrigeren variablen Kosten aufweist.

Hier liegt die Beschäftigung (= 600 Stück) über der kritischen Menge; deswegen ist die Entlohnungsform A (höhere Fixkosten, aber geringere variable Kosten) der Entlohnungsform B vorzuziehen.

b) Graphische Ermittlung der kritischen Menge zwischen den beiden Entlohnungsformen:

Entlohnungsform A:

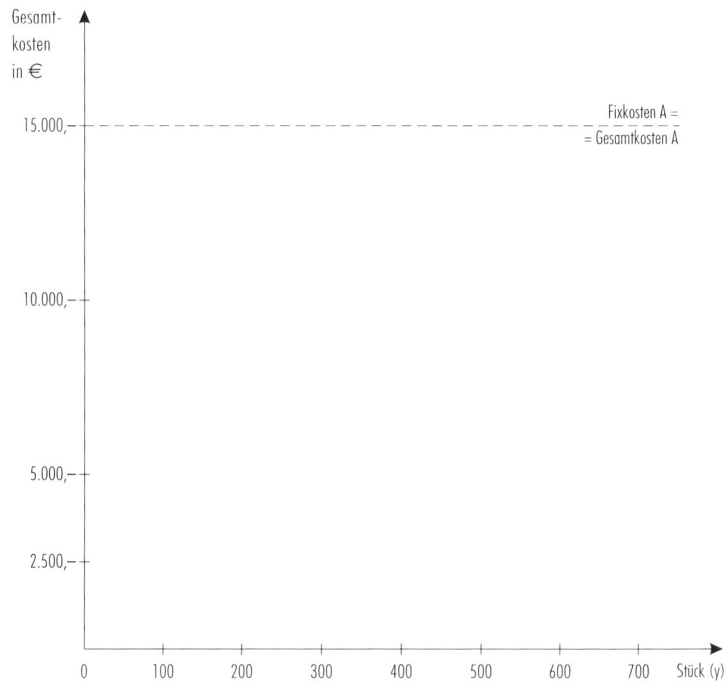

1,15 cm ≙ € 2.500,–
1,1 cm ≙ 100 Stück

Entlohnungsform B:

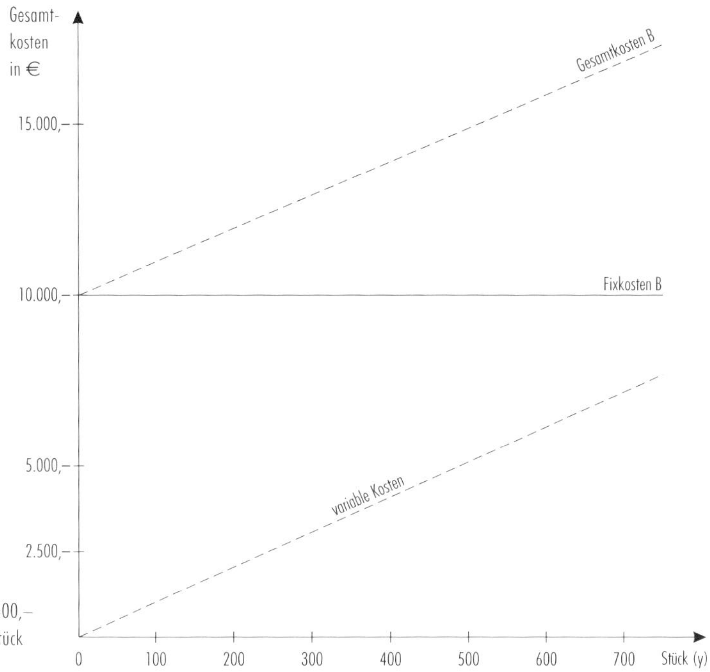

1,1 cm ≙ € 2.500,–
1,05 cm ≙ 100 Stück

Ermittlung der kritischen Menge der beiden Entlohnungsformen:

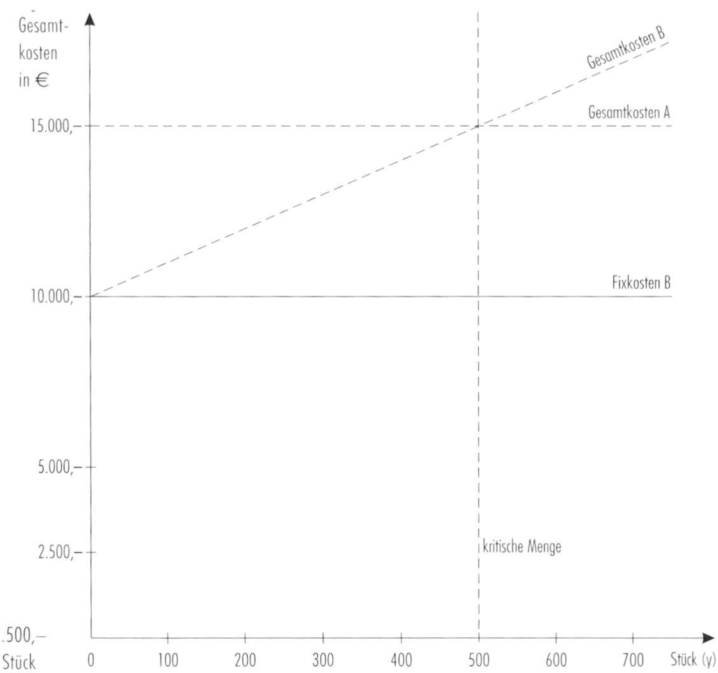

1,1 cm ≙ € 2.500,–
1,05 cm ≙ 100 Stück

D.5.2

a) Fixe Kosten A (K_{fA}) + Variable Kosten A (k_{vA}) × Stück *(y)* =
= Fixe Kosten B (K_{fB}) + Variable Kosten B (k_{vB}) × Stück *(y)*

€ 1.000,– + € 200,– + € 1,– × $(y - 200)$ = € 800,– + € 2,– × y

y = 200 Stück (Packungen)
L = $[y/y > 199]$

b) Variante B, da die Kosten für das Unternehmen höher sind.

c) € 800,– + € 2,– × 300 = € 1.400,–

D.5.3

Kalkulation der variablen Herstellkosten je Stück:

(Angaben in €)	Verfahren A	Verfahren B
Fertigungsmaterial	25,—	15,—
+ Fertigungsmaterialgemeinkostenzuschlag (10%)	2,50	1,50
+ Fertigungslohn	30,—	25,—
+ Fertigungslohngemeinkostenzuschlag(-satz)	13,50 (45%)	17,50 (70%)
= Herstellkosten	71,—	59,—

Berechnung der kritischen Menge:

Fixe Kosten A (K_{fA}) + Variable Kosten A (k_{vA}) × Stück *(y)* =
= Fixe Kosten B (K_{fB}) + Variable Kosten B (k_{vB}) × Stück *(y)*

€ 215.000,– Fixkosten Verfahren A + € 71,– variable Herstellkosten pro Stück A × y =
= € 227.000,– Fixkosten Verfahren B + € 59,– variable Herstellkosten pro Stück B × y

€ 12,– × y = € 12.000,–
y = 1.000 (Stück)

Von 0 bis 1000 Stück ist Verfahren A zu wählen, bei einer höheren Produktionsmenge ist das Verfahren B vorzuziehen.

D.5.4

Berechnung der kritischen Menge:

Fixe Kosten A (K_{fA}) + Variable Kosten A (k_{vA}) × Stück *(y)* =
= Fixe Kosten B (K_{fB}) + Variable Kosten B (k_{vB}) × Stück *(y)*

a) € 400.000,– jährliche Abschreibung + € 10.000,– Wartungskosten +
+ € 1.000,– sonstige Fixkosten × 12 Monate + € 0,30 variable Herstellkosten × *y* =
= € 450.000,– jährliche Abschreibung + € 10.000,– Wartungskosten +
+ € 1.500,– sonstige Fixkosten × 12 Monate + € 0,20 variable Herstellkosten × *y*

€ 422.000,– + € 0,30 × *y* = € 478.000,– + € 0,20 × *y*
€ 0,10 × *y* = € 56.000,–
y = 560.000 Stück

b) Eine Kapazitätsauslastung von 80% entspricht einer Menge von 1,000.000 Stück (1,250.000 Gesamtkapazität × 0,8).
Da die Kapazitätsauslastung über der kritischen Menge liegt, ist jenes Verfahren zu wählen, das die höheren fixen Kosten und die niedrigeren variablen Kosten aufweist.

D.5.5

a) graphisch:

Siehe folgende Seite.

b) rechnerisch:

Verfahrensvergleich Maschine I und II:

€ 80.000,– (K_{fI}) + € 7,– (k_{vI}) × *y* = € 20.000,– (K_{fII}) + € 20,– (k_{vII}) × *y*
€ 60.000,– = € 13,– × *y*
y = 4.615 Stück

Zwischen 0–4.615 Stück ist das Verfahren II vorzuziehen. Daher ist in weiterer Folge ein Verfahrensvergleich zwischen den Maschinen II und III im Intervall 0–4.500 Stück vorzunehmen.

Verfahrensvergleich Maschine II und III:

€ 20.000,– (K_{fII}) + € 20,– (k_{vII}) × *y* = € 50.000,– (K_{fIII}) + € 5,– (k_{vIII}) × *y*
€ 15,– × *y* = € 30.000,–
y = 2.000 Stück (kritische Menge 1)

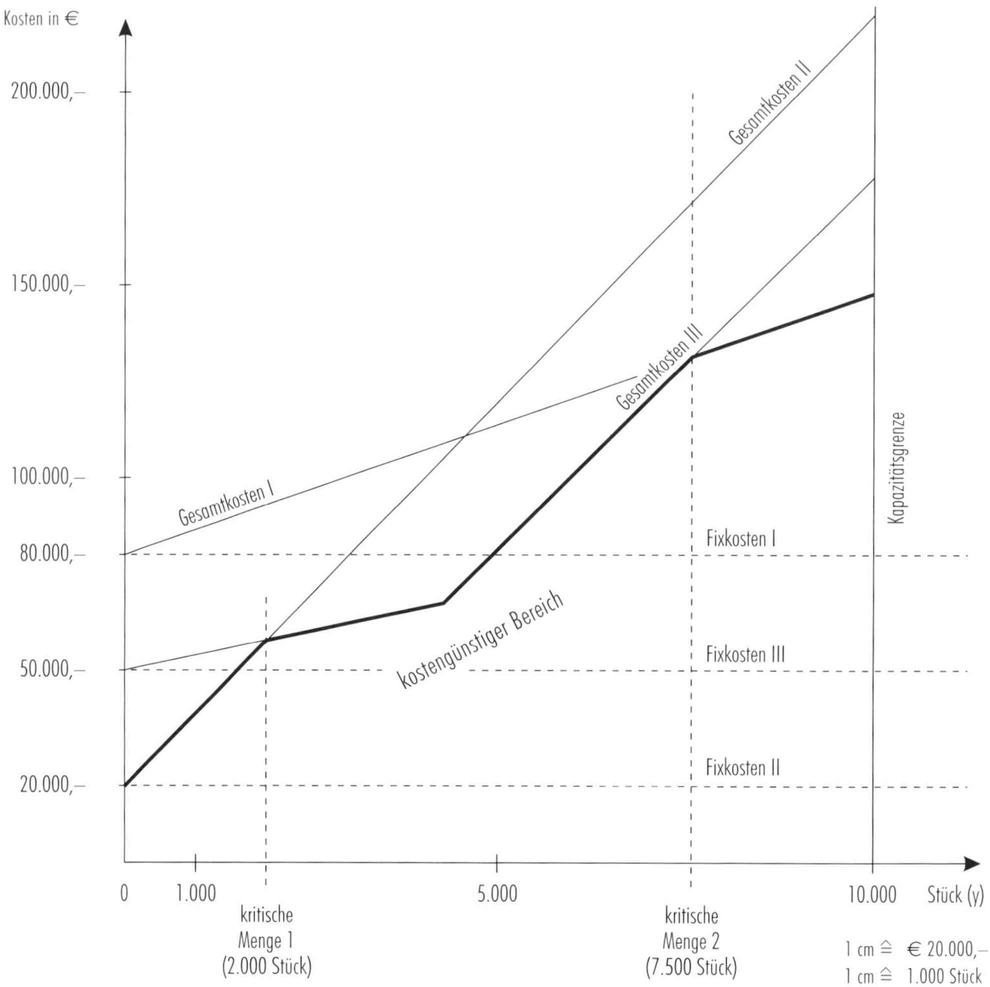

Daraus folgt, daß im Produktionsintervall 0–2.000 Stück die Maschine II einzusetzen ist. Noch nicht untersucht wurde das Intervall von 4.500–10.000 Stück zwischen den Maschinen I und III.

Verfahrensvergleich Maschine I und III:

Variante 1:

€ 80.000,– (K_{fI}) + € 7,– (k_{vI}) × y + 4.500 Stück × € 7,– (k_{vI}) (variable Kosten für die Produktionsmenge von 0–4.500 Stück) =
= € 50.000,– (K_{fIII}) + € 20,– (k_{vIII}) × y + 4.500 Stück × € 5,– (k_{vIII}) (variable Kosten für die Menge von 0–4.500 Stück)

€ 111.500,– + € 7,– × y = € 72.500,– + € 20,– × y

y	= 3.000	Stück
	+ 4.500	Stück, die schon produziert wurden und deren variable Kosten im obigen Gleichungsansatz enthalten sind
	= 7.500	Stück (kritische Menge 2)

Im Produktionsintervall von 0–2.000 Stück ist die Maschine II zu wählen, von 2.000–7.500 Stück ist der Maschine III der Vorzug zu geben und von 7.500 Stück bis zur vollen Produktionskapazität der Maschine I.

Variante 2:

€ 80.000,– (K_{fI}) + € 7,– (k_{vI}) × y =
= € 50.000,– (K_{fIII}) + € 5,– (k_{vIII}) × 4.500 Stück + € 20,– (k_{vIII}) × (y – 4.500 Stück)

€ 7.500,– = 13 y – € 90.000,–

y = 7.500 Stück

D.5.6

a)

Berater	€	Geschäftsführer selbst	€
Honorar € 70.000,– davon 18%	12.600,–	Zeit (€ 50,– + 100%) × 75 h	7.500,–
+ Inserat	2.500,–	+ Inserat	2.500,–
= Summe	15.100,–	= Summe	10.000,–

Geschäftsführer führt die Suche und Auswahl selbst durch.

b)

Geschäftsführer selbst	€
Zeit (€ 50,– + 100%) × 75 h	7.500,–
+ Inserat	2.500,–
+ entgangener Gewinn (€ 60.480 × 100/120) × 12/112	5.400,–
= Summe	15.400,–

Berater führt die Suche und Auswahl durch.

c)

Geschäftsführer selbst	€
Zeit (€ 50,– + 100%) × 75 h	7.500,—
+ Inserat	2.500,—
+ entgangener Gewinn (€ 60.480,– × 100/120) × 12/112	5.400,—
= Zwischensumme	15.400,—
+ 2 Monatsgehälter	10.000,—
+ anteilige SZ und soziale Lasten (2 × € 4.500,–)	9.000,—
+ EDV-Schulung	1.800,—
= Summe Kosten	36.200,—

D.5.7

Vergleich A : C:
€ 50.000,– = € 30.000,– + € 445,– × y
$y = 44{,}94$
Vergleich A : C:
€ 80.000,– = € 74.500,– + € 445,– × y
$y = 12{,}36\ (+\ 100) = 112{,}36$
Vergleich B : A:
€ 95.000,– = € 80.000,– + € 1.000,– × y
$y = 15\ (+\ 150) = 165$
Vergleich A : C:
€ 80.000,– + € 1.000,– × y = € 96.750,– + € 445,– × y
$y = 30{,}18\ (+\ 150) = 180{,}18$

Mitarbeiteranzahl	kostengünstigstes Angebot
1– 44	C
45–100	A
101–112	C
113–165	A
166–170	B
171–180	A
ab 180	C

Graphische Lösung:

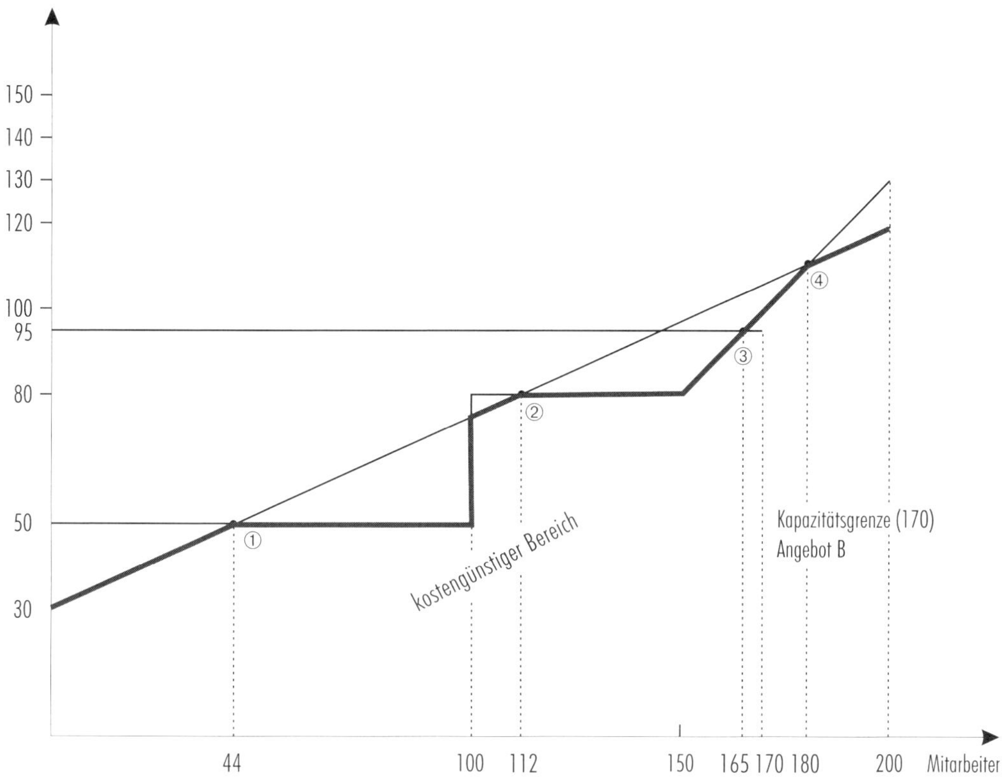

D.5.8

Putzfrau:

	€
Stundenhonorar Putzfrau inkl. USt	9,–
– 20% USt auf Hundert	1,50
= Stundenhonorar Putzfrau ohne USt	7,50

Geschirrspüler:

a) Investition:

	€
Investition:	
Geschirrspüler inkl. USt	1.200,–
– 20% USt auf Hundert	200,–
= Geschirrspüler ohne USt	1.000,–
+ Servicevertrag ohne USt	206,–
= Investitionssumme ohne USt	1.206,–

b) Betriebskosten:

	€
Betriebskosten inkl. USt	1,44
– 20% USt auf Hundert	0,24
= Betriebskosten ohne USt	1,20

c) Zinskosten:

10% vom durchschnittlich gebundenen Kapital:

$$\text{durchschnittlich gebundenes Kapital} = \frac{\text{Investitionssumme}}{2} = \frac{€\ 1.206,–}{2} = €\ 603,–$$

davon 10% Zinsen = € 60,30 für fünf Jahre = € 301,50

Kritische Menge:

€ 301,50 + € 1.206,– + € 1,20 × $\frac{2}{3}\,y$ = € 7,50 × y
€ 1.507,50 = 67 × y
y = 225 Wochen
Ab 225 Wochen ist das Geschirrspülgerät kostengünstiger als eine Putzfrau.

		Einsatz Wochen	Jahre	€
Gesamtkosten Putzfrau	€ 7,50	× 52	× 5	= 1.950,–
Gesamtkosten Geschirrspüler	€ 301,50 + € 1.206,– + € 1,20 ⅔	× 52	× 5	= 1.715,50
Kosteneinsparung durch Geschirrspüler:				234,50

D.5.9

a) Gesamtkosten je Betriebsstunde:

	€
Abschreibung/Betriebsstunde (€ 300.000,– : 5 Jahre) : 1.200 h	50,–
+ Wartungskosten/Betriebsstunde € 25.000,– : 1.200 h	20,83
+ Betriebskosten/Betriebsstunde	100,–
+ Personalkosten/Betriebsstunde € 15,– + 100%	30,–
+ Zinskosten/Betriebsstunde € 300.000,– : 2 × 10% : 1.200 h	12,50
= volle Selbstkosten/Betriebsstunde	213,33

b) fixe Kosten p. a. und variable Kosten je Betriebsstunde:

	€
Abschreibung p. a.	60.000,–
+ Wartungskosten p. a.	25.000,–
+ Zinskosten p. a.	15.000,–
= Summe Fixkosten p. a.	100.000,–

	€
variable Betriebskosten/Stunde	100,–
+ variable Personalkosten/Stunde	30,–
= Summe variable Kosten/h	130,–

Kritische Menge (Verfahrensvergleich):

€ 100.000,– + € 130,– × y = € 250,– × y
y = 833,33

Ab 834 Betriebsstunden p. a. ist das eigene Pistengerät kostengünstiger.

Kostenersparnis p. a.: (€ 100.000,– + € 130,– × 1.200 h) – (€ 250,– × × 1.200 h) = € 44.000,–

c) Verbesserung des Betriebsergebnisses:

(€ 110,–/h) – (€ 100,– kv/h) × 300 h = € 3.000,–

D.5.10

a) Ermittlung der Engpässe und deren Belegung:

	Maschine I	Maschine II
benötigte Mh für Sorte A	50	150
benötigte Mh für Sorte B	300	100
benötigte Mh für Sorte C	300	600
benötigte Mh für Sorte D	400	800
Summe	1.050	1.650
vorhandene Mh-Kapazität	1.080	1.500
	kein Engpaß	Engpaß

	Produkte			
	A	B	C	D
Nettoerlös/Stück in €	100,–	400,–	200,–	300,–
– variable Kosten/Stück in €	40,–	300,–	110,–	240,–
= Deckungsbeitrag/Stück in €	60,–	100,–	90,–	60,–
benötigte Mh in Maschine II	1,5	0,5	2,–	2,–
relativer Deckungsbeitrag in €	40,–	200,–	45,–	30,–
Rangfolge	❸	❶	❷	❹

Rang	Sorte	absetzbare Menge	produzierte Menge	benötigte Mh	Restkapazität
❶	B	200	200	100	1.400
❷	C	300	300	600	800
❸	A	100	100	150	650
❹	D	400	325	650	0

b) Gesamtabsatzmenge in 5 Jahren: 6.000 Stück

	€
Nettoerlös/Stück	110,–
– variable Produktionskosten	80,–
= Deckungsbeitrag/Stück	30,–

	€
Gesamt-Deckungsbeitrag in 5 Jahren (€ 30,– × 6.000 Stück) – Investitionskosten der Maschine	180.000,– 240.000,–
= Deckungsbeitrag nach Abzug der Investitionskosten	–60.000,–

Angebot nicht annehmen!

D.5.11

a) Graphische Lösung:

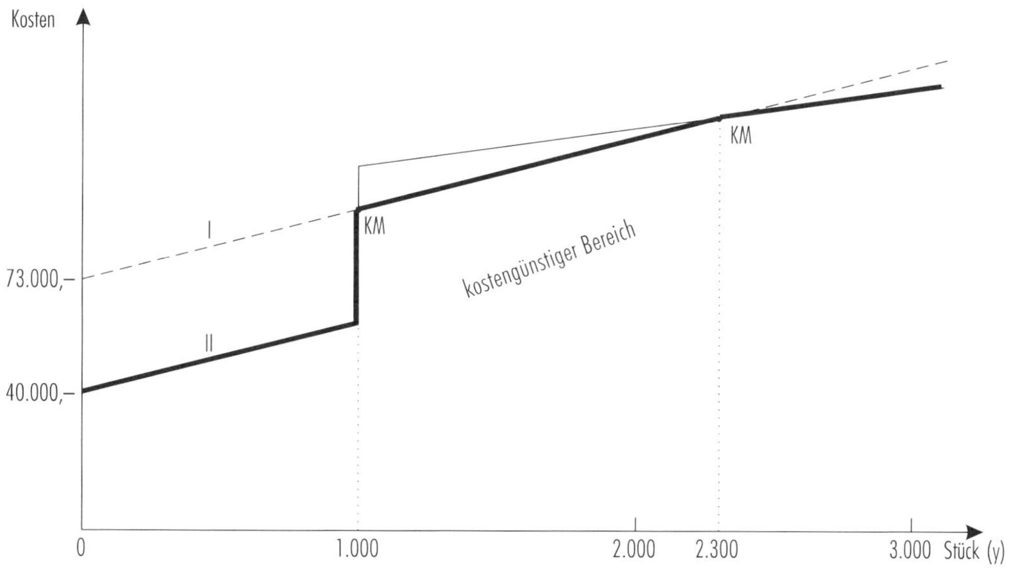

b) Rechnerische Lösung:

Kritische Menge I: (€ 365,– × 200) + € 20,– × y = € 40.000,– + € 21,– × y
€ 73.000,– = € 40.000,– + y
33.000 = y

Kritische Menge II: bei 1.000 Stück
Maschine I: € 73.000,– + € 20,– × 1.000 = € 93.000,–
Maschine II: € 40.000,– + € 21,– × 1.000 + € 45.000 =
= € 106.000,–

Kritische Menge III: € 93.000,– + € 20,– × y = € 106.000,– + € 10,– × y
10 y = € 13.000,–
y = 1.300
+ 1.000
= 2.300 Stück

von 0 bis 999 Stück: Maschine II
von 1.000 bis 2.300 Stück: Maschine I
von 2.300 bis 3.000 Stück: Maschine II

c) Kurzfristige Preisuntergrenze: € 10,–/Stück

D.5.12

a) Kritische Mengen:

kritische Menge 1:
€ 6.000,– + € 20,– × y = € 10.000,– + € 5,– × y
y = 266,67 = Kritische Menge 1

Kritische Menge 2:
€ 13.000,– + € 3,– × y = € 11.750,– + € 5,– × y
y = 625
+ 350
= 975 = Kritische Menge 2

Einsatz der Maschinen in Abhängigkeit von der Stückzahl:

0 – 266 → Maschine B
267 – 975 → Maschine A
ab 976 → Maschine B

b) Betriebsergebnis:

€ 13.000,– + € 1.000,– + € 3,– × y = € 4.550,– + € 13,– × y
y = 945
+ 350
= 1.295 Stück

Bei 1.295 Stück beträgt der Gewinn € 1.000,–.

c) Betriebsergebnis:

Gewinn bei 1.700 Stück Maschine A:

	€
Erlöse: 1.500 Stück à € 13–	19.500,–
+ zusätzliche Erlöse: 200 Stück à € 10,–	2.000,–
– Kosten: € 10.000,– + € 5,– × 1.700 Stück	18.500,–
= Gewinn	3.000,–

Gewinn bei 1.500 Stück Maschine B:

	€
Erlöse: 1.500 Stück à € 13,–	19.500,–
– Kosten: € 6.000,– + 350 × € 20,– + 1.150 × € 3,–	16.450,–
= Gewinn	3.050,–

Angebot nicht annehmen!

D.5.13

Rechnerische Lösung:

Möglichkeiten: **I** . . . Maschine I, **II** . . . Maschine II

a) **I** 1. Schicht (60.000 Stk.) + 2. Schicht (30.000 Stk.)
b) **I** 1. Schicht (60.000 Stk.) + **II** 1. Schicht (30.000 Stk.)
c) **II** 1. Schicht (80.000 Stk.) + **I** 1. Schicht (10.000 Stk.)
d) **II** 1. Schicht (80.000 Stk.) + 2. Schicht (10.000 Stk.)

Kosten in €:

a) 2.800,– + 60.000 × 0,78 + 2.800,– + 30.000 × 0,90 = 79.400,–
b) 2.800,– + 60.000 × 0,78 + 5.600,– + 30.000 × 0,76 = 78.000,–
c) 5.600,– + 80.000 × 0,76 + 2.800,– + 10.000 × 0,78 = 77.000,–
d) 5.600,– + 80.000 × 0,76 + 5.600,– + 10.000 × 0,84 = 80.400,–

Optimum:

c) II 1 Schicht (80.000 Stk.) + I 1. Schicht (10.000 Stk.)

Graphische Lösung:

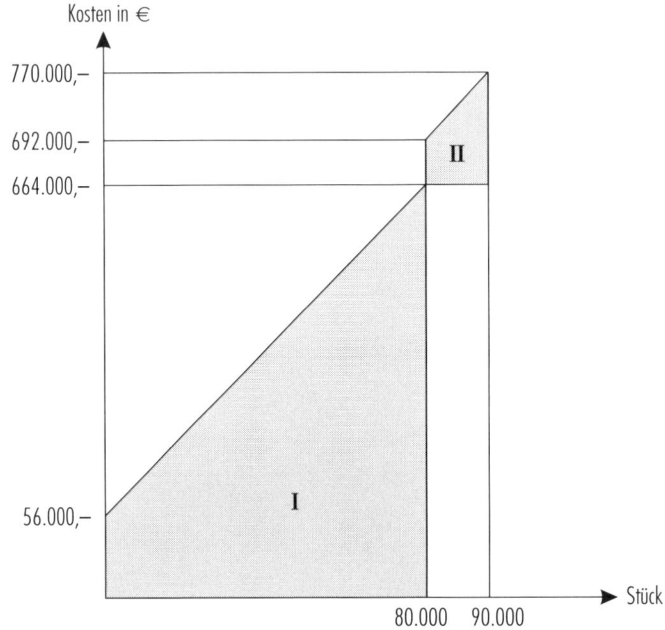

D.5.14

a)

p = Provision je Abschluß = € 45,–
kv = variable Kosten je Abschluß = Benzinkosten für 50 km = € 5,–

Kf = fixe Kosten:

	€	€
Versicherung p. a.		480,—
Kaufpreis Auto	28.000,—	
– Verkaufspreis	4.000,—	
= Abschreibungbasis	24.000,—	
+ Abschreibung für ein Jahr		4.800,—
= fixe Kosten p. a.		5.280,—
fixe Kosten pro Monat		440,—

Gewinn vor Steuer:

	€
Gewinn nach Steuer	1.500,–
+ 25% Steuer im Hundert	5.00,–
= Gewinn vor Steuer	2.000,–

(p – kv) × *y* – Kf = Gewinn vor Einkommensteuer
(€ 45,– – € 5,–) × *y* – € 440,– = € 2.000,–
y = 61 erforderliche Geschäftsabschlüsse

b)

(e – kv) × *y* – Kf = Gewinn vor Einkommensteuer

e = erforderliche Provision als Unbekannte

kv = variable Kosten je Abschluß

Benzinkosten für 25 km je Abschluß à € 1,20 je 10 km	€ 3,–
Abschreibung Auto: Abschreibungsbasis € 24.000,– für Gesamtkilometer 200.000 = € 0,12 je km für 25 km =	€ 3,–
variable Kosten je Abschluß	€ 6,–

y = Abschlüsse = 50 (hier gegeben)

Kf = fixe Kosten:

	€	€
Versicherung p. a.	480,–	
je Monat		40,–
Kosten Fähre 6 × p. a.	120,–	
je Monat		60,–
fixe Kosten		100,–

Gewinn vor Steuer siehe a:
(e – € 6,–) × 50 – € 100,– = € 2.000,–
e = € 48,– erforderliche Provision

D.5.15

	€
fixe Kosten Maschine A:	
Abschreibung pro Jahr	1.000,–
+ Wartung pro Jahr	500,–
= Summe	1.500,–
fixe Kosten Maschine B:	
Abschreibung pro Jahr	2.000,–
+ Wartung	600,–
= Summe	2.600,–

sprungfixe Kosten Maschine A ab 1.000 Stück € 100,–
sprungfixe Kosten Maschine B ab 330 Stück gesucht = y

	€
variable Herstellkosten Maschine A	10,–
variable Herstellkosten Maschine B	7,–

Rechenmethode: Verfahrensvergleich

€ 1.000,– + € 500,– + 5 × € 100,– + € 10,– × 5.400 = € 2.000,– + € 600,– +
+ € 7,– × 5.400 + 16 y

y = € 975,–

D.5.16

Rechnerische Lösung:

				1– 25	I
III/I	€ 1.000,– + € 10,– y = € 50,– y	y = 25	KM 1		
				25– 50	III
I/III	€ 1.500,– € 2.000,– > € 3.500,– > € 2.500,–	y = 50	KM 2		
				50– 60	I
I/II	€ 50,– y = € 3.000,–	y = 60	KM 3		
				60–133	II
II/I	€ 3.000,– + € 100,– (y – 100) =		KM 4		
	= € 5.000,– + € 40,– (y – 100)	y = 133,33			
				134–200	I

Graphische Lösung:

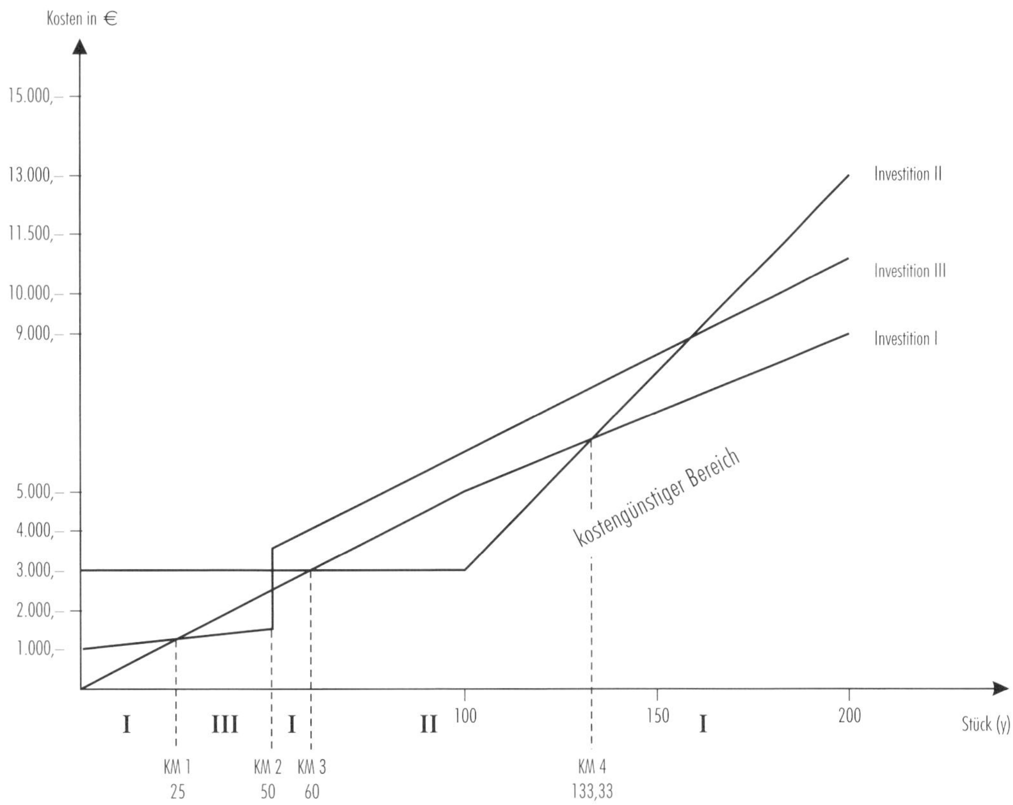

D.5.17

Vergleich I:

	Maschine I		Maschine II
	€ 400,– × 250 + € 20,– y	=	€ 40.000,– + € 25,– y
	y	=	12.000 Stück

Die kritische Menge liegt über der maximalen Produktion.

Vergleich II:

Maschine I	€ 400,– × 250 + € 36.000,–	=	136.000,–
Maschine II	€ 40.000,– + € 45.000,– + € 10.000,–	=	95.000,–

Vergleich III:

Maschine I		Maschine II
€ 136.000,– + € 20,– y	=	€ 95.000,– + € 30,– y
y	=	4.100 Stück
		+ 1.800 Stück
Kritische Menge	=	5.900 Stück

Graphische Lösung:

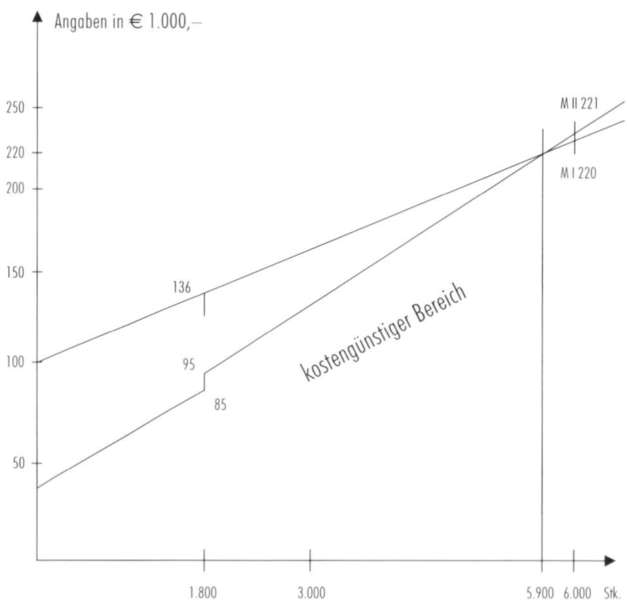

D.5.18

Ermittlung der Anwesenheitszeit:

	Wochen
Jahreswochen	52
– Urlaub	5
– Krankenstand	2
– bezahlte Feiertage	2
– bezahlte Verginderungszeit	1
= Anwesenheitszeit	42
– 10% Hilfszeit	4,2
= Leistungszeit	37,8

Ermittlung der Personalkosten:

	Brutto-wochenlöhne
Jahreswochenlöhne	52
– Weihnachtsremuneration	4,3
– Urlaubszuschuss	4,3
= Basis für soziale Lasten	60,6
+ soziale Lasten (30%)	18,18
= Summe der Personalkosten in Bruttowochenlöhnen	78,78

Ermittlung der lohnabhängigen Gemeinkosten:

lohnabhängige Gemeinkosten in Bruttowochenlöhnen (78,78 – 37,8)	40,98

$$\frac{40{,}98 \times 100}{37{,}8} = 108{,}4127\%$$ Zuschlagsatz der lohnabhängigen Gemeinkosten

a) **Kosten je Computer:**

Lohnkosten einer Leistungsstunde:	€ 13,– + 108,4127% = € 27,0937
Lohnkosten je Computer (0,5 Stunden):	€ 27,0937 × 0,5 = € 13,5468

b) Kostenvergleich zwischen Selbstinstallation und externer Vergabe:

Kosten Selbstinstallation pro Computer	€ 13,5468
Kosten bei externer Vergabe:	€ 15,–
→ Selbstinstallation günstiger	

D.5.19

a) **Ermittlung der optimalen Grenzen aus Kundensicht bei „Best One":**

Kritische Menge 1: € 7,– + € 0,25 x = € 10,– + € 0,2 x
x = 60 (statt 69)

Kritische Menge 2: € 10,– + € 0,2 x = € 15,– + € 0,15 x
x = 100 (statt 149)

Kritische Menge 3: € 15,– + € 0,15 x = € 25,– + € 0,1 x
x = 200 (statt 249)

b) Ermittlung des kostengünstigsten Tarifs bei „T-Starr":

Kostenvergleich zwischen „Glücklich8" und „DollarMini":

€ 7,– + € 0,2 x = € 10,– + € 0,3 × 0,1 x + € 0,7 × 0,3 x
€ 7,– + € 0,2 x = € 10,– + € 0,24 x
→ „Glücklich8" ist immer günstiger

Kostenvergleich zwischen „Glücklich8" und „DollarFreizeit":

€ 7,– + € 0,2 x = € 15,– + € 0,3 × 0,1 x + € 0,7 × 0,2 x
x = 267
→ ab 267 Minuten ist „DollarFreizeit" günstiger

c) **Errechnung des günstigsten Tarifs der Anbieter:**

Zusätzlich zu obigen Gleichungen berechnen:

Bis 69' (Vergleich „BestONE" [erste Tarifstufe] und „Glücklich8")

€ 7,– + € 0,25 x = € 7,– + € 0,2 x
→ „Glücklich8" ist immer günstiger

Bis 149' (Vergleich „BestONE" [zweite Tarifstufe] und „Glücklich8")

€ 10,– + € 0,2 x = € 7,– + € 0,2 x

→ „Glücklich8" ist immer günstiger

Bis 249' (Vergleich „BestONE" [dritte Tarifstufe] und „Glücklich8")

€ 15,– + € 0,15 x = € 7,– + € 0,2 x

x = 160

(In dem Bereich ist „Glücklich8" jedenfalls besser als „DollarFreizeit" – siehe oben.)

→ bis 159' ist „Glücklich8" günstiger, ab 160' ist „BestOne" günstiger bis zum Beginn der vierten Tarifstufe (249')

Vergleich im Bereich 250' bis 266'
(Vergleich „BestONE" [vierte Tarifstufe] und „Glücklich8")

€ 25,– + € 0,1 x = € 7,– + € 0,2 x

x = 180

→ bis 179' ist „Glücklich8" günstiger, ab 180' ist „BestOne" günstiger

(Das bedeutet, dass im Bereich 250' bis 266' die vierte Tarifstufe von „BestONE" ebenfalls günstiger ist.)

Über 266' (Vergleich „BestONE" [vierte Tarifstufe] und „DollarFreizeit")

€ 25,– + € 0,1 x = € 15,– + € 0,3 × 0,1 x + € 0,7 × 0,2 x

x = 143

→ ab 267' ist „BestONE" günstiger

(Achtung! Bis 143' ist „DollarFreizeit" zwar günstiger als „BestOne", aber „Glücklich8" ist noch günstiger als „DollarFreizeit" – siehe oben)

Ergebnis:

Bis 159 Minuten:	„Glücklich8"
Ab 160 Minuten:	„BestOne"

D.6. Beispiele zur Ermittlung von Gewinnschwellen (Break-Even-Points)

D.6.1

a) Zielsetzung der Break-Even-Rechnung ist es, jene Absatzmenge zu berechnen, bei der eine exakte (genaue) Vollkostendeckung vorliegt. Diese entsprechende (Mindest-)Absatzmenge ist dann gegeben, wenn die Gesamtkosten (K) dem Gesamterlös (E) bzw. Umsatz (U) entsprechen.

E = K bzw. U = K

Unter der Annahme, daß lineare Kostenverläufe vorliegen, läßt sich diese Gleichung dahingehend umformen, daß

$$\underbrace{\text{Nettoerlös/Stück (p)} \quad \text{Stück (y)}}_{\text{(E) bzw. (U)}} = \underbrace{\text{Fixkosten } (K_f) + \text{Variable Kosten } (k_v) \quad \text{Stück (y)}}_{\text{(K)}}$$

Damit ergibt sich für das vorliegende Beispiel folgender Gleichungsansatz:

Nettoerlös/Stück € 5,– × Stück y = Fixkosten € 90.000,– + variable Herstellkosten € 2,– × Stück y + variable Vertriebskosten € 1,– × Stück y

€ 5,– (p) × y = € 90.000,– (K_f) + € 3,– (k_v Selbstkosten) × y

€ 2,– × y = € 90.000,–

y = 45.000 Stück (Mindestabsatzmenge)

graphisch:
Siehe folgende Seite.

Ermittlung des Break-Even-Points:

Siehe Graphik auf der übernächsten Seite.

b) Mindestabsatzmenge bei gegebenem Betriebsergebnis:

Variante 1:

€ 5,– (p) × y (Stück) = € 90.000,– (K_f) + € 3,– (k_v) × y + + € 10.000,– (Betriebsergebnis)

Da ein Betriebsergebnis von € 10.000,– erzielt werden soll, ist dieses im Gleichungsansatz wie „Fixkosten“ zu behandeln.

€ 2,– × y = € 100.000,–

y = 50.000 Stück

graphisch:

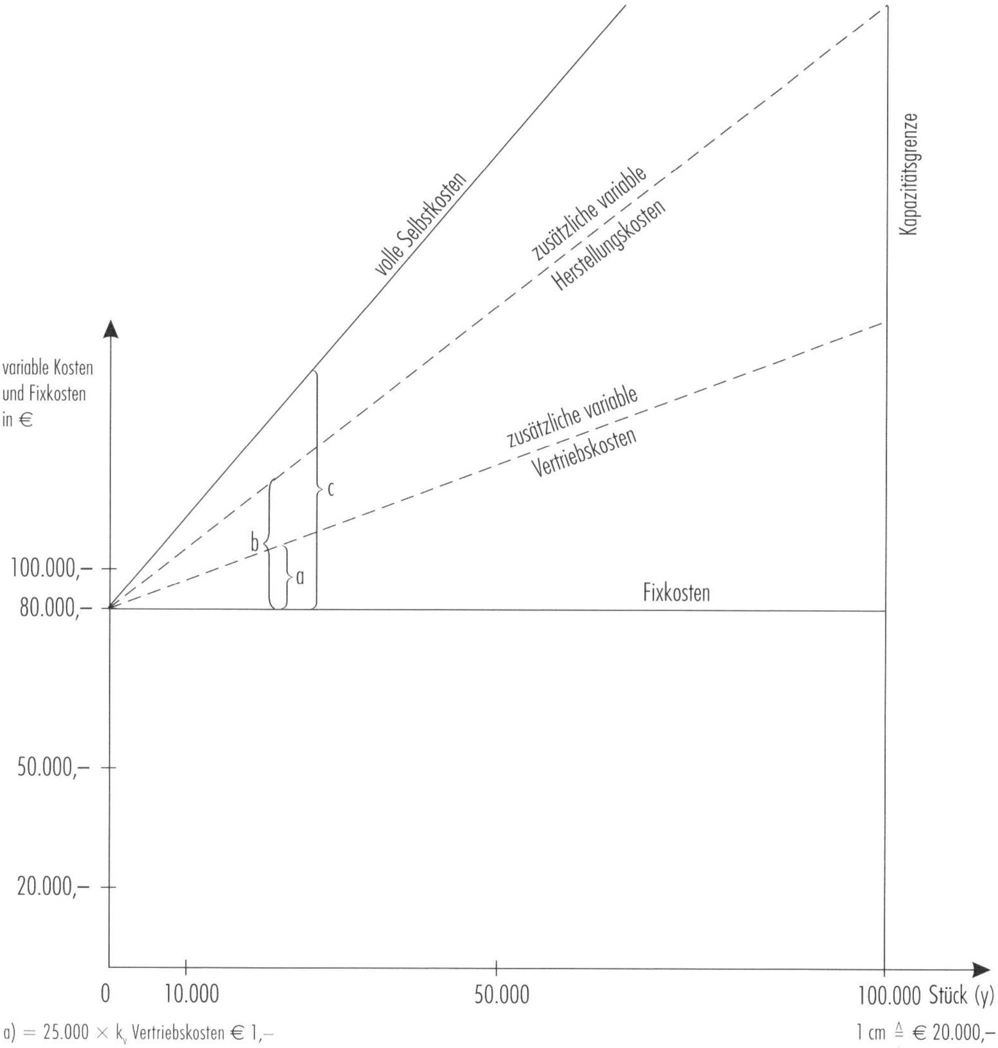

a) = 25.000 × k_v Vertriebskosten € 1,–

b) = 25.000 × k_v Herstellkosten € 2,–

c) = a + b bzw. 25.000 Stück × k_v Selbstkosten € 3,–

1 cm ≙ € 20.000,–

1 cm ≙ 10.000 Stück

Variante 2:

Betriebsergebnis	= Gesamterlöse	– Gesamtkosten
€ 10.000,– (BE)	= € 5,– (p) × *y*	– [€ 90.000,– (K_f) + € 3,– (k_v) × *y*]
€ 10.000,– (BE)	= € 5,– (p) × *y*	– € 90.000,– (K_f) – € 3,– (k_v) × *y*

y = 50.000 Stück

Ermittlung des Break-Even-Points:

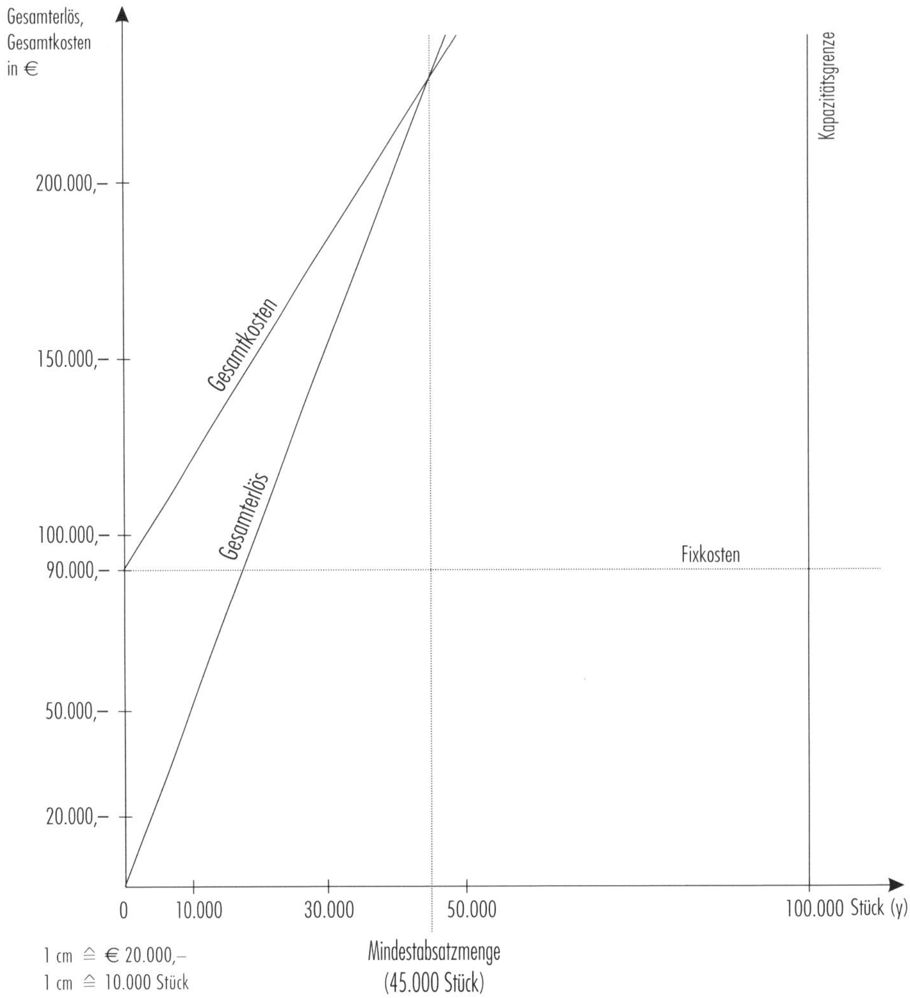

c) Berechnung des maximalen Betriebsergebnisses:

	€
Gesamtnettoerlös (maximale Absatzmenge 70.000 Stück × € 5,–)	350.000,—
– Fixkosten	90.000,—
– variable Herstellkosten (70.000 Stück × € 2,–)	140.000,—
– variable Vertriebskosten (70.000 Stück × € 1,–)	70.000,—
= Betriebsergebnis	50.000,—

Erläuterungen:

Eine noch einfachere Berechnung der Mindestabsatzmenge ist nach Umformung der Ausgangsgleichung folgendermaßen möglich:

$p \times y = K_f + k_v \times y$

$p \times y - k_v \times y = K_f$

$y \times (p - k_v) = K_f$

$$y = \frac{K_f}{(p - k_v)}$$

Stückdeckungsbeitrag (dB) = $p - k_v$

$$y = \frac{K_f}{dB}$$

$$y = \frac{\text{€ 90.000,– Fixkosten}}{\text{€ 2,– Deckungsbeitrag}^1} = \text{45.000 Stück}^1$$

D.6.2

Errechnung der kalkulatorischen Abschreibung:

	€
Anschaffungswert	67.500,—
– Restwert	25.000,—
= Abschreibungsbasis	42.500,—

$$\text{Kalkulatorische Abschreibung pro Jahr} = \frac{\text{Abschreibungsbasis in €}}{\text{Nutzungsdauer in Jahren}} = \frac{\text{€ 42.500,–}}{\text{5 Jahre}} = \text{€ 8.500,–}$$

Ermittlung der kalkulatorischen Zinsen:

Basis der Zinsenberechnung ist das durchschnittlich gebundene Kapital.

$$\text{Durchschnittlich gebundenes Kapital} = \frac{\text{Anschaffungswert + Restwert}}{2} =$$

$$= \frac{\text{€ 67.500,– + € 25.000,–}}{2} = \text{€ 46.250,–}$$

1 dB = Nettoerlös € 5,– – variable Herstellkosten € 2,– – variable Vertriebskosten € 1,– = € 2,–

Eine weitere Variante zur Errechnung des durchschnittlich gebundenen Kapitals ist die folgende:

$$\frac{\text{Abschreibungsbasis}}{2} + \text{Restwert} = \frac{€\ 42.500,–}{2} + €\ 25.000,– = €\ 46.250,–$$

$$\text{davon 9\% kalkulatorische Zinsen} = \frac{€\ 46.250,– \times 9}{100} = €\ 4.162,50$$

Ermittlung der fixen Kosten pro Jahr:

	€
kalkulatorische Abschreibung	8.500,–
+ kalkulatorische Zinsen	4.162,50
+ Raumkosten	7.000,–
+ Versicherung	1.500,–
= fixe Kosten pro Jahr	21.162,50

Ermittlung der variablen Kosten je Wäsche:

	€
Materialkosten	0,200
+ Wasser 0,2 m^3 zu € 1,94 je m^3	0,388
+ Strom 2 Kilowattstunden zu € 0,195	0,390
+ Instandhaltung	1,425
= variable Kosten je Wäsche	2,403

Errechnung des Deckungsbeitrages je Wäsche:

	€
Bruttoerlös inkl. USt	4,50
– Umsatzsteuer 20% auf Hundert	0,75
= Nettoerlös	3,75
– variable Kosten	2,403
= Deckungsbeitrag je Wäsche	1,347

Errechnung des Mindestumsatzes:

$$\text{Mindestumsatz} = \frac{\text{fixe Kosten}}{\text{Stückdeckungsbeitrag}} = \frac{€\ 21.162{,}50}{€\ 1{,}347} = 15.711 \text{ Wäschen / Jahr} = 44 \text{ Wäschen / Tag}$$

D.6.3

a) Variante 1:

€ 36,– (p) × y = € 42.000,– (K_f) + € 21,– (k_v) × y

€ 15,– × y = € 42.000,–

y = 2.800 Stück

Variante 2:

DB = € 36,– (p) – € 21,– (k_v) = € 15,–

$$y = \frac{€\ 42.000,\text{– } (K_f)}{€\ 15,\text{– } (DB)} = 2.800 \text{ Stück}$$

Berechnung des Betriebsergebnisses:

	€
Gesamterlös (10.200 Stück × € 36,–)	367.200,–
– Fixkosten	42.000,–
– variable Selbstkosten (10.200 Stück × € 21,–)	214.200,–
= Betriebsergebnis	111.000,–

b) € 42.000,– (K_f) + € 24,– (k_v) × y + € 111.000,– (BE) = € 36,– (p) × y

€ 153.000,– = € 12,– × y

y = 12.750 Stück

c) € 42,– (p) × y = € 42.000,– (K_f) + € 126.000,– (BE) + € 21,– (k_v) × y

€ 21,– × y = € 168.000,–

y = 8.000 Stück

D.6.4

a) Mindestumsatz je Monat:

Errechnung der fixen Kosten pro Monat:

	€
Personalkosten 3 Mitarbeiter à € 2.700,–	8.100,—
+ Betriebskosten	3.200,—
+ Abschreibungen	2.200,—
= fixe Kosten pro Monat	13.500,—

Errechnung des Mindestumsatzes:

	€
Nettoerlös je Pizza	6,—
– variable Kosten je Pizza	1,3
= Deckungsbeitrag je Pizza	4,7

$$\text{Mindestumsatz} = \frac{\text{fixe Kosten}}{\text{Deckungsbeitrag je Stück}} = \frac{€\ 13.500,–}{€\ 4,70} = 2.873\ \text{Pizze/Monat}$$

b) Betriebsergebnis bei 5.000 Pizze je Monat:

	€
Deckungsbeitrag je Monat bei 5.000 Stück € 4,70 × 5.000 Stück	23.500,—
– fixe Kosten je Monat	13.500,—
= Betriebsergebnis	10.000,—

c) monatliche Vollkosten bei 1.000 Stück:

	€
variable Kosten € 1,30 × 1.000 Stück	1.300,–
+ fixe Kosten	13.500,–
= Vollkosten für 1.000 Stück	14.800,–
= Vollkosten je Stück	14,80

d) Zusatzauftrag:

	€
Nettoerlös je Stück	3,–
– variable Kosten je Stück	1,30
= zusätzlicher Deckungsbeitrag	1,70

Der Auftrag soll angenommen werden, da er einen positiven zusätzlichen Deckungsbeitrag bringt und damit zur Gewinnerhöhung beiträgt.

Zusatzgewinn insgesamt pro Monat:
€ 1,70 × 800 Stück pro Woche × 4 Wochen = € 5.440,–

D.6.5

	Wochen
Jahreswochenlöhne = Basis für soziale Lasten	60,50
+ 25,62% soziale Lasten	15,50
= Summe Personalkosten	76,–
– direkt verrechenbare Anwesenheitszeit (1.520 h : 40 h)	38,–
= lohnabhängige Gemeinkosten	38,–

$$\text{Zuschlagsatz der lohnabhängigen Gemeinkosten} = \frac{\text{lohnabhängige Gemeinkosten in Wochen } 38 \times 100}{\text{Leistungszeit in Wochen } 38} = 100\%$$

	€
Bruttostundenlohn	12,–
+ 100% lohnabhängige Gemeinkosten	12,–
= Lohnkosten je Leistungsstunde	24,–

	€
Unternehmerlohn	30.800,–
+ sonstige Gemeinkosten	159.200,–
= gesamte Gemeinkosten (= Fixkosten)	190.000,–

€ 44,– (Nettoerlös) × y = € 190.000,– (K_f) + € 24,– (k_v) × y
€ 20,– × y = € 190.000,–
y = 9.500 Stunden

D.6.6

a) Mindestumsatz:

€			€
Personalkosten 2.000,–	Angestellte		
+ 670,–	Lehrling 1		
+ 670,–	Lehrling 2		
= 3.340,–	× 14		46.760,–
		(Geschäftsführer)	+ 70.000,–
			116.760,–
		+ 30% soziale Lasten	35.028,–
			151.788,–
Mietkosten: 1.300,–			
+ 250,–			
1.550,–	× 12		18.600,–
Zinskosten: FK-Zinsen: 130.000,–	× 12%		15.600,–
EK-Zinsen: 100.000,–	× 7%		7.000,–
			22.600,–
Sonstige Kosten: 1.500,–	× 12		18.000,–
Gesamtkosten pro Jahr:			210.988,–

Notwendiger Nettoumsatz zur Kostendeckung:

€ 210.988,– : 3 = € 70.329,333
€ 70.329,333 × 10 = € 703.293,33 Mindestumsatz

b) Notwendige Einsparung beim Geschäftsführergehalt:

	€
Handelsspanne bei € 650.000,– Umsatz: € 650.000,– × 0,3	195.000,–
– fixe Kosten	210.988,–
= notwendige Einsparung bei Geschäftsführerkosten	– 15.988,–
= Verminderung des Jahresbruttogehalts des Geschäftsführers: € 15.988,– : 1,3	12.298,462

D.6.7

Betriebsüberleitungsbogen und Aufteilung in variable und fixe Kosten:

	(Angaben in €)			
Aufwands- bzw. Kostenart	Aufwand	Kosten	Fixkosten	variable Kosten
Fertigungsmaterialien	307.875,–	307.875,-	0,-	307.875,-
Hilfs- und Betriebsstoffe	180.000,–	180.000,- [1]	54.000,-	126.000,-
Fertigungslöhne	400.000,–	400.000,-	0,-	400.000,-
Hilfslöhne	90.000,–	90.000,- [2]	22.500,-	67.500,-
Lohnnebenkosten für Fertigungs- und Hilfslöhne	367.500,–	367.500,- [3]	16.875,-	350.625,-
Gehälter inkl. Nebenkosten	514.625,–	514.625,-	514.625,-	0,-
Zinsenaufwand	80.000,–	0,- [4]	0,-	0,-
Abschreibungen	130.000,–	0,- [4]	0,-	0,-
Dotierung Pensionsrückstellung	40.000,–	40.000,-	40.000,-	0,-
Dotierung Abfertigungsrückstellung	80.000,–	80.000,-	80.000,-	0,-
kalkulatorische Unternehmerlöhne	0,–	140.000,-	140.000,-	0,-
kalkulatorische Abschreibungen	0,–	80.000,- [5]	32.000,-	48.000,-
kalkulatorische Zinsen	0,–	90.000,-	90.000,-	0,-
kalkulatorische Wagnisse	0,–	10.000,-	10.000,-	0,-
Summen	2,190.000,–	2,300.000,-	1,000.000,-	1,300.000,-

① Hilfs- und Betriebsstoffe:

€ 180.000,– Gesamtkosten × 0,70 beschäftigungsabhängige Kosten =
= € 126.000,– variable Kosten

	€
Gesamtkosten	180.000,–
– variable Kosten	126.000,–
= Fixkosten	54.000,–

② Hilfslöhne:

€ 90.000,– Gesamtkosten × 0,75 beschäftigungsabhängige Kosten =
= € 67.500,– variable Kosten

	€
Gesamtkosten	90.000,–
– variable Kosten	67.500,–
= Fixkosten	22.500,–

③ Lohnnebenkosten für Fertigungs- und Hilfslöhne:

Da die Fertigungs- und Hilfslöhne in unterschiedlichem Ausmaß von der Beschäftigung abhängig sind, ist es vorerst notwendig, den Lohnnebenkostensatz zu ermitteln. Im Anschluß daran müssen die Lohnnebenkosten den Fertigungs- und Hilfslöhnen zugeordnet werden.

	€
Fertigungslöhne	400.000,–
+ Hilfslöhne	90.000,–
= gesamte Lohnkosten	490.000,–

$$\text{Lohnnebenkostensatz} = \frac{\text{Lohnnebenkosten € 367.500,–} \times 100}{\text{gesamte Lohnkosten € 490.000,–}} = 75\%$$

		Aufteilung der Lohnnebenkosten (Angaben in €)		
		davon 75% Lohnnebenkosten	Fixkosten	variable Kosten
Fertigungslöhne	400.000,–	300.000,–[1]	0,–	300.000,–
Hilfslöhne	90.000,–	67.500,–[2]	16.875,–	50.625,–
Summen	490.000,–	367.500,–	16.875,–	350.625,–

1 Lohnnebenkosten der Fertigungslöhne sind zu 100% von der Beschäftigung abhängig.
2 € 67.500,– (Lohnnebenkosten) × 0,75 beschäftigungsabhängige Kosten = € 50.625,– variable Kosten

	€
Gesamtkosten	67.500,–
– variable Kosten	50.625,–
= Fixkosten	16.875,–

④ Zinsenaufwand und Abschreibungen sind deswegen auszuscheiden, weil kalkulatorische Kosten zu berücksichtigen sind.

⑤ kalkulatorische Abschreibungen:

€ 80.000,– (Gesamtkosten) × 0,6 beschäftigungsabhängige Kosten =
= € 48.000,– variable Kosten

	€
Gesamtkosten	80.000,–
– variable Kosten	48.000,–
= Fixkosten	32.000,–

Ermittlung des Verkaufspreises pro Stück:

Verkaufserlöse € 2,190.000,– : 18.250 Stück (abgesetzte Menge) =
= € 120,– pro Stück

Ermittlung der variablen Kosten pro Stück:

variable Gesamtkosten € 1,300.000,– : 25.000 Stück (erzeugte Menge) =
= € 52,– pro Stück

Ermittlung der Mindestabsatzmenge:

€ 120,– (p) × y = € 1,000.000,– (K_f) + € 52,– (k_v) × y

€ 68,– × y = € 1,000.000,–

y = 14.705,882 ≙ 14.706 Stück

D.6.8

Variante 1:

€ 1.100,– (K_f) + € 605,– (K_fGNK)[1] + € 15,50[2] × (y – 50 „Fänge") =
= € 25,– × 0,9 (Barzahler) × y + € 80,– × 0,1y (Anzeige)

€ 1.705,– + € 15,50 × y – € 775,– = € 30,50 × y
€ 930,– = € 15,– × y

y = 62 „Fänge" pro Monat

62 („Fänge" pro Monat) : 20 Arbeitstage = ∅ 3,1 „Fänge" pro Tag

Variante 2:

€ 1.705,– (K_f + K_fGNK) + € 15,50 y =
= € 25,– × 0,9y + € 80,– × 0,1y + 50 × (€ 25,– × 0,9 + € 80,– × 0,1)

€ 1.705,– - € 1.525,– = € 15,– y

y = 12 „Fänge" mit Prämie

12 „Fänge" mit Prämie
+ 50 „Fänge" ohne Prämie

62 „Fänge" pro Monat : 20 Arbeitstage = ∅ 3,1 „Fänge" pro Tag

D.6.9

Infolge der Änderung von fixen und variablen Kosten in Abhängigkeit von der Beschäftigung ergeben sich folgende Intervalle:

Intervall	Menge in Stück	absolut fixe Kosten in €	Änderung			
			sprungfixe Kosten in €		variable Kosten in €	
a)	0/1–20.000	1,500.000,–	nein	0,–	nein	40,–
b)	20.001–40.000	1,500.000,–	ja	+120.000,–	nein	40,–
c)	40.001–50.000	1,500.000,–	ja	+120.000,–	nein	40,–
d)	50.001–60.000	1,500.000,–	nein	0,–	ja	30,–

1 € 1.100,– Gehalt × 55% GNK = € 605,–
2 € 10,– Prämie + 55% GNK = € 15,50

a) € 1,500.000,– (K_f) + € 40,– (k_{vI}) × y = € 70,– × y

y = 50.000 Stück

Im Intervall von 0–20.000 wird die Mindestabsatzmenge nicht erreicht; die Maschine erwirtschaftet einen Verlust.

b) € 1,500.000,– (K_f) + € 120.000,– (K_fSprung I) + € 40,– (k_{vI}) × y = € 70,– × y

€ 1,620.000,– = € 30,– × y

y = 54.000 Stück

Auch im Intervall von 20.001– 40.000 Stück wird die Mindestabsatzmenge nicht erreicht; die Maschine arbeitet mit Verlust.

c) € 1,500.000,– (K_f) + € 120.000,– (K_fSprung I) + € 120.000,– (K_fSprung II) + + € 40,– (k_{vI}) × y = € 70,– × y

€ 1,740.000,– = € 30,– × y

y = 58.000 Stück

Die Maschine erwirtschaftet auch im Intervall von 40.001– 50.000 Stück einen Verlust.

d) € 1,500.000,– (K_f) + € 120.000,– (K_fSprung I) + € 120.000,– (K_fSprung II) + + € 40,– (k_{vI}) × 50.000 (Stück) + € 30,– (k_{vII}) × (y – 50.000) = € 70,– × y

€ 3,740.000,– + € 30,– × y – € 1,500.000,– = € 70,– × y

€ 2,240.000,– = € 40,– × y

y = 56.000 Stück

Die Mindestabsatzmenge beträgt 56.000 Stück. Werden mehr als 56.000 Stück produziert, erwirtschaftet die Maschine einen Gewinn.

D.6.10

a) Variante 1:

	Produkte (Angaben in €)			
	A	B	C	D
Nettoerlös	180,–	200,–	250,–	230,–
– Fertigungsmaterial	50,–	35,–	170,–	90,–
– Fertigungslohn	70,–	96,–	40,–	75,–
– sonstige variable Gemeinkosten	20,–	19,–	10,–	15,–
= Deckungsbeitrag (DB)	40,–	50,–	30,–	50,–

Produkt	DB in €	abgesetzte Menge je Sorte bei insgesamt 18 verkauften Stück	gewichteter DB (DB je Sorte)
A	40,–	5	200,–
B	50,–	3	150,–
C	30,–	2	60,–
D	50,–	8	400,–
Summe		18	810,– (= Deckungsbeitragssumme für 18 Stück)

$$\frac{\text{Deckungsbeitrag für 18 Stück € 810,–}}{\text{Summe der abgesetzten Menge 18}} = \text{€ 45,–} \begin{array}{l}\text{gewichteter durchschnittlicher}\\ \text{Deckungsbeitrag / Stück}\end{array}$$

$$\frac{\text{Fixkosten € 162.000,–}}{\text{gewichteter durchschnittlicher Deckungsbeitrag / Stück € 45,–}} = \begin{array}{l}\text{3.600 Stück}\\ \text{(Mindestabsatzmenge)}\end{array}$$

Produkt	abgesetzte Menge je Sorte bei insgesamt 18 verkauften Stück	Verhältniszahl × Stück je abgesetzter Menge①	abgesetzte Menge in Stück
A	5	5 × 200	1.000
B	3	3 × 200	600
C	2	2 × 200	400
D	8	8 × 200	1.600
Summe	18		3.600

① $\frac{\text{3.600 Stück}}{\text{Summe der abgesetzten Mengen 18}} = \text{200 Stück / abgesetzter Menge}$

Variante 2:

y = BEP BEP ≙ [Deckungsbeitragssumme = fixe Kosten]

$$\frac{5y + 3y + 2y + 8y}{18} = y$$

$$\frac{\text{A € 40,–} \times 5y + \text{B € 50,–} \times 3y + \text{C € 30,–} \times 2y + \text{D € 50,–} \times 8y}{18} = \text{€ 162.000,– } (K_f)$$

$200y + 150y + 60y + 400y = \text{€ 2,916.000,–}$

$y = 3.600$ Stück

$$A = \frac{5 \times 3.600}{18} = 1.000 \text{ Stück}$$

$$B = \frac{3 \times 3.600}{18} = 600 \text{ Stück}$$

$$C = \frac{2 \times 3.600}{18} = 400 \text{ Stück}$$

$$D = \frac{8 \times 3.600}{18} = 1.600 \text{ Stück}$$

b) Variante 1:

Produkt	Nettoerlös in €	abgesetzte Menge in Stück	Gesamterlös in €
A	180,–	1.000	180.000,–
B	200,–	600	120.000,–
C	250,–	400	100.000,–
D	230,–	1.600	368.000,–
		3.600	768.000,– (= Mindestumsatz)

	€
Gesamterlös	768.000,–
– variable Gesamtkosten A (€ 140,– × 1.000 Stück)	140.000,–
– variable Gesamtkosten B (€ 150,– × 600 Stück)	90.000,–
– variable Gesamtkosten C (€ 220,– × 400 Stück)	88.000,–
– variable Gesamtkosten D (€ 180,– × 1.600 Stück)	288.000,–
– Unternehmensfixkosten	162.000,–
= Betriebsergebnis	0,–

Variante 2:

$$K_f + k_v \times y = p \times y$$

$$K_f = p \times y - k_v \times y \qquad | : (p \times y - k_v \times y)$$

$$\frac{K_f}{p \times y - k_v \times y} = 1 \qquad | \times (p \times y)$$

$$\frac{K_f}{\frac{p \times y}{p \times y} - \frac{k_v \times y}{p \times y}} = p \times y \qquad | \text{ daraus folgt}$$

$$\frac{\text{Fixe Kosten}}{1 - \frac{\text{variable Kosten}}{\text{Nettoerlös}}} = \text{Mindestumsatz}$$

Produkt	abgesetzte Mengeneinheiten	(Angaben in €)			
		variable Kosten pro Stück	gewichtete variable Kosten	Erlös pro Stück	gewichteter Erlös
A	5	140,–	700,–	180,–	900,–
B	3	150,–	450,–	200,–	600,–
C	2	220,–	440,–	250,–	500,–
D	8	180,–	1.440,–	230,–	1.840,–
Summen	18		3.030,–		3.840,–

$$\frac{\text{Fixe Kosten € 162.000,–}}{1-\dfrac{\text{Summe der gewichteten variablen Kosten € 3.030,–}}{\text{Summe der gewichteten Erlöse € 3.840,–}}} = \text{€ 768.000,– Mindestumsatz}$$

Variante 3:

Mindestumsatz = Mindestabsatz × gewichtetem Erlös

$$\text{gewichteter Erlös} = \frac{\text{€ 3.840,–}}{18} = \text{€ 213,33}$$

Mindestumsatz = 3.600 Stück × € 213,33

Mindestumsatz = € 768.000,–

D.6.11

Errechnung der fixen Kosten pro Monat:

	€
Abschreibung Fahrzeug	
Anschaffungspreis	28.000,–
– Verkaufserlös	8.000,–
= Abschreibungsbasis	20.000,–
Kalkulatorische Abschreibung = $\frac{\text{Abschreibungsbasis € 20.000,–}}{\text{Nutzungsdauer 5 Jahre}}$	4.000,–
+ Versicherung	600,–
+ Sonstige Kosten	5.000,–
= fixe Kosten pro Jahr	9.600,–
= fixe Kosten pro Monat	800,–

Errechnung des monatlichen Einkommens vor Einkommensteuer:

	€
Einkommen nach 25% Einkommensteuer (75%)	3.000,–
Einkommen vor 25% Einkommensteuer (100%)	4.000,–

Errechnung der variablen Kosten und des Deckungsbeitrages pro Geschäftsabschluß:

	€
100 km zu 10 Liter à € 1,– je Liter	10,–
Deckungsbeitrag pro Geschäftsabschluß:	
Provision je Geschäftsabschluß	50,–
– variable Kosten je Geschäftsabschluß	10,–
= Deckungsbeitrag je Geschäftsabschluß	40,–

Errechnung der monatlich erforderlichen Abschlüsse:

$$\text{Mindestabschlüsse} = \frac{\text{fixe Kosten pro Monat} + \text{Monatseinkommen vor ESt pro Monat}}{\text{Deckungsbeitrag je Geschäftsabschluß}} =$$

$$= \frac{€\ 800,– + €\ 4.000,–}{€\ 40,–} = 120 \text{ Geschäftsabschlüsse pro Monat}$$

D.6.12

a) Leistungsstunden pro Jahr:

Errechnung der lohnabhängigen Gemeinkosten:

	%
Anwesenheitszeit	100
+ 90% Lohnnebenkosten	90
= gesamte Personalkosten	190
– direkt verrechenbare Zeit	80
= lohnabhängige Gemeinkosten	110

lohnabhängige Gemeinkosten in % der direkt verrechenbaren Zeit $\frac{110 \times 100}{80} = 137{,}5\%$

Errechnung des Deckungsbeitrages je direkt verrechenbare Stunde:

	€
Bruttoverkaufspreis	72,–
– 20% Umsatzsteuer auf Hundert	12,–
= Nettoverkaufspreis	60,–
– Bruttostundenlohn	16,–
– 137,5% lohnabhängige Gemeinkosten vom Bruttostundenlohn	22,–
– sonstige variable Kosten	6,–
= Deckungsbeitrag je direkt verrechenbare Stunde	16,–

Errechnung der Mindeststundenzahl pro Jahr:

$$\text{Mindestumsatz} = \frac{\text{fixe Kosten}}{\text{Deckungsbeitrag pro Stunde}} = \frac{€\ 160.000,–}{€\ 16,–} = 10.000\ \text{Stunden}$$

b) Mindestverkaufspreis pro Stunde:

Leistungsstunden pro Jahr:

$$\frac{(5\ \text{Mitarbeiter} \times 41\ \text{Wochen zu}\ 40\ \text{Stunden}) \times 80}{100} = 6.560\ \text{Leistungsstunden pro Jahr}$$

Mindestverkaufspreis pro Stunde:

	€
Bruttostundenlohn	16,–
+ 137,5% lohnabhängige Gemeinkosten	22,–
+ sonstige variable Kosten	6,–
+ fixe Kosten pro Stunde = $\frac{\text{fixe Kosten}\ €\ 160.000,–}{\text{Leistungsstunden pro Jahr}\ 6.560}$	24,39
= Selbstkosten	68,39
+ 20% Umsatzsteuer	13,678
= Mindestverkaufspreis pro Stunde	82,068

D.6.13

a) fixe Kosten + variable Kosten je Stück × Stückzahl = Stückpreis × Stückzahl

€ 10.000,– + € 26,– × y = € 30,– × y
y = 2.500 Stück

ab einer Verkaufsmenge von 2.501 Stück arbeitet das Unternehmen gewinnbringend

€ 10.000,– + € 26,– × 3.000 + € 26,– × y = 3.000 × € 30,– + € 25,– × y

y = 2.000 Stück
+ 3.000 Stück im Ansatz
= 5.000 Stück

Zwischen 2.501 und 4.999 Stück arbeitet das Unternehmen gewinnbringend.

b) bei 3.000 Stück

c) variable Kosten je Stück der Kuppelproduktion:

	€
ursprüngliche variable Kosten	26,—
+ zusätzliche variable Kosten	4,—
– wegfallende Entsorgungskosten	0,50
– Erlöse für 2 B	8,—
– Erlöse für 1/2 C	3,—
= gekuppelte variable Kosten	18,50

Kritische Menge:

fixe Kosten Verfahren 1 + variable Kosten Verfahren 1 × Stückzahl = fixe Kosten Verfahren 1 + fixe Kosten Verfahren 2 + variable Kosten Verfahren 2 × Stückzahl

€ 10.000,– + € 26,– × y = € 40.000,– + € 18,50 × y
y = 4.000 Stück

Bei einer Menge unter 4.000 Stück ist das bisher praktizierte Verfahren kostengünstiger.
Bei einer Menge über 4.000 Stück ist die Kuppelproduktion kostengünstiger.

D.6.14

Monat	Tage/ Monat Shop 1	Tage/ Woche Shop 2	Mitarbeitertage in Summe①	in €			
				sonstige Fixkosten	Personalkosten②	Summe Fixkosten	BE-Umsatz③
September	16	4	28,29	500,–	2.546,10	3.046,10	8.703,143
Oktober	31	4	54,80	1.000,–	4.932,–	5.932,–	16.948,571
November	30	2	43,39	1.000,–	3.905,10	4.905,10	14.014,571
Dezember	31	2	44,84	1.000,–	4.035,60	5.035,60	14.387,429
Summe	108		171,32	3.500,–	15.418,80	18.918,80	54.053,714

① Errechnung der Mitarbeitertage

September 16 Tage × 9 h/8 h + 4 Tage/7 Tage × (16 Tage × 9 h/8 h) = 28,29 Mitarbeitertage
Oktober 31 Tage × 9 h/8 h + 4 Tage/7 Tage × (31 Tage × 9 h/8 h) = 54,80 Mitarbeitertage
November 30 Tage × 9 h/8 h + 2 Tage/7 Tage × (30 Tage × 9 h/8 h) = 43,39 Mitarbeitertage
Dezember 31 Tage × 9 h/8 h + 2 Tage/7 Tage × (31 Tage × 9 h/8 h) = 44,84 Mitarbeitertage

② Errechnung der Personalkosten

September € 90,– × 28,29 Tage = € 2.546,10 Personalkosten
Oktober € 90,– × 54,80 Tage = € 4.932,– Personalkosten
November € 90,– × 43,39 Tage = € 3.905,10 Personalkosten
Dezember € 90,– × 44,84 Tage = € 4.035,60 Personalkosten

③ Errechnung der Break-Even-Umsätze in den vier Monaten und insgesamt

September Summe Fixkosten € 3.046,10 × 100%/35%[1] = € 8.703,143 Break-Even-Umsatz
Oktober Summe Fixkosten € 5.932,– × 100%/35%[1] = € 16.948,571 Break-Even-Umsatz
November Summe Fixkosten € 4.905,10 × 100%/35%[1] = € 14.014,571 Break-Even-Umsatz
Dezember Summe Fixkosten € 5.035,60 × 100%/35%[1] = € 14.387,429 Break-Even-Umsatz

1 35% = 100% – 40% Wareneinsatz – 25% Umsatzpacht

Wolfgang Kemmetmüller
Stefan Bogensberger

Handbuch der Kostenrechnung

Das Grundlagenwerk zu Kostenrechnung und Kostenmanagement

Service Fachverlag 2004, 8. Auflage
ca. 400 Seiten, broschiert
ISBN 3-85428-463-2
ca. EUR 36,–

Das Lehrbuch und Nachschlagewerk für Kostenrechnung in Österreich. Es bietet Studierenden wie auch Praktikern einen grundlegenden, leichten und ausführlichen Einstieg in dieses zentrale betriebswirtschaftliche Wissensgebiet.

- Die Systeme der Kostenrechnung
- Vollkosten-, Teilkosten- und Plankostenrechnung
- Modernes, strategisches Kostenmanagement

www.facultas.at